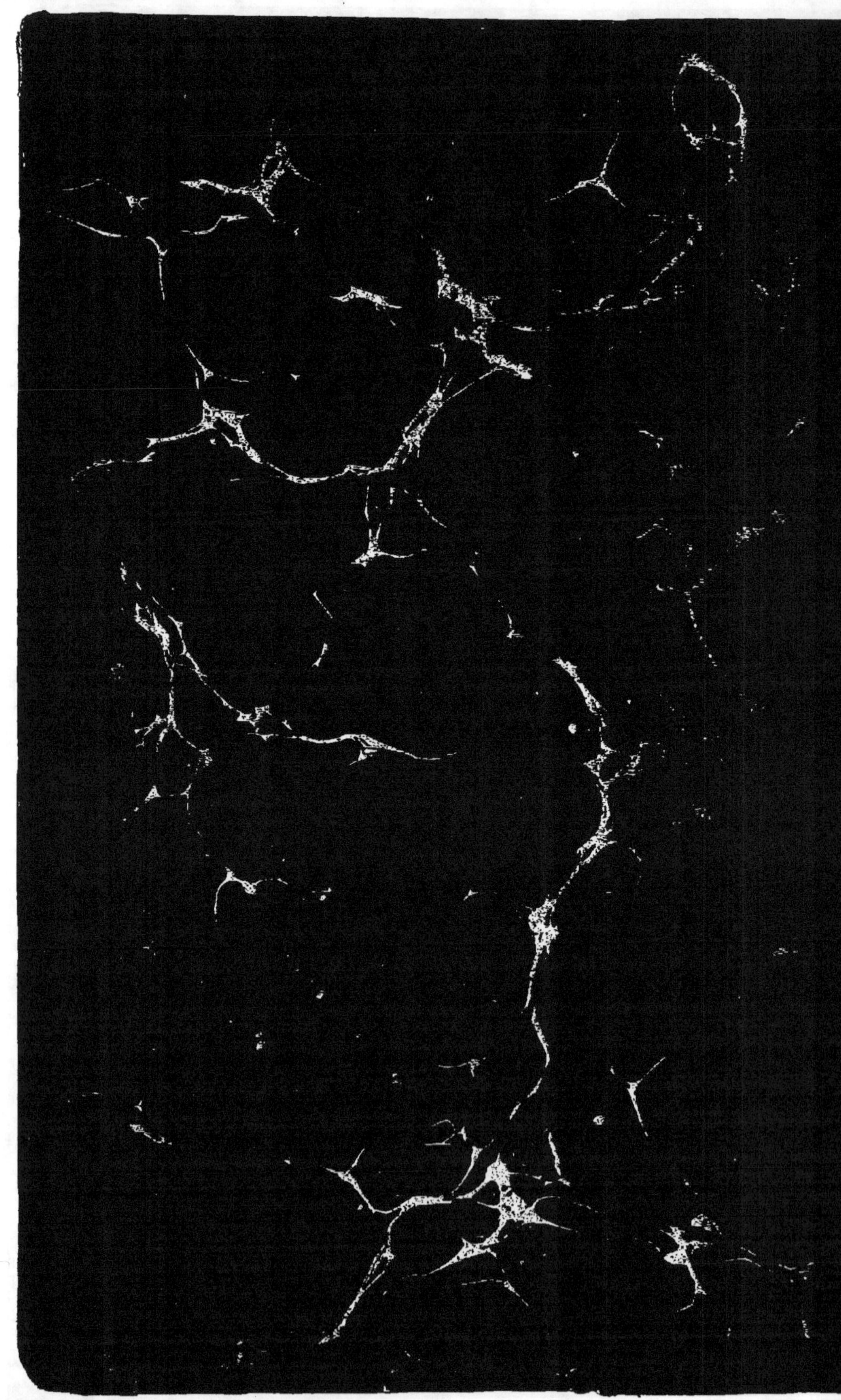

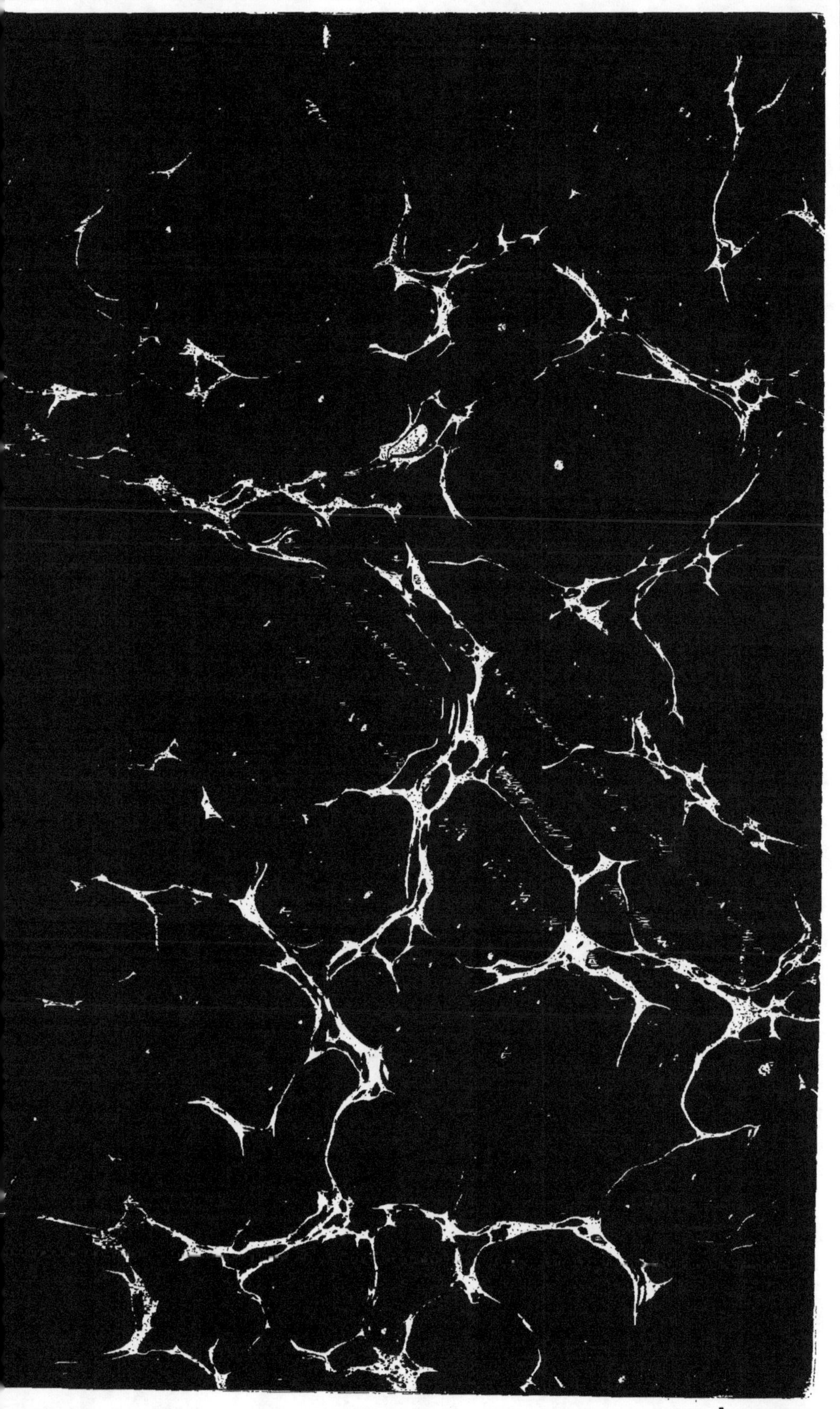

LE
COMTE DE PLÉLO

PARIS. TYPOGRAPHIE DE E. PLON ET Cie, RUE GARANCIÈRE, 8.

LE
COMTE DE PLÉLO

UN GENTILHOMME FRANÇAIS

AU DIX-HUITIÈME SIÈCLE

GUERRIER, LITTÉRATEUR ET DIPLOMATE

D'APRÈS DES PAPIERS DE FAMILLE
ET LES ARCHIVES DU MINISTÈRE DE LA GUERRE
ET DES AFFAIRES ÉTRANGÈRES

PAR

E. J. B. RATHERY

CONSERVATEUR A LA BIBLIOTHÈQUE NATIONALE

PARIS

E. PLON ET Cie**, IMPRIMEURS-ÉDITEURS**

10, RUE GARANCIÈRE

—

1876

Tous droits réservés

NOTICE

SUR

LA VIE DE E. J. B. RATHERY

Il nous a paru que les dernières pages écrites par
M. Rathery [1] devaient être précédées de l'hommage qui
convient le mieux à sa mémoire, c'est-à-dire de la simple
et fidèle analyse de ses travaux. Nous avons pensé que
les lecteurs nous sauraient gré de leur présenter ainsi,
même faiblement esquissée, l'image de cet homme de
goût, de cet érudit aimable, de ce travailleur opiniâtre
qui garda jusqu'à la fin la pleine possession de son intel-

---

[1] M. Rathery est mort conservateur sous-directeur adjoint à la
Bibliothèque nationale (département des imprimés). Il avait été
appelé à cette fonction par décret du 14 juin 1864.

Il avait été nommé membre du comité des travaux historiques
et des sociétés savantes, par arrêté du ministre de l'instruction
publique en date du 21 décembre 1855.

Le Conseil de la Société de l'Histoire de France l'avait choisi
pour son premier vice-président en 1875.

Il avait été nommé chevalier de la Légion d'honneur le 16 juin
1856 et officier d'Académie le 15 septembre 1873.

a

ligence et de son talent. En dehors des sentiments et des souvenirs personnels qui nous faisaient accepter l'honneur de cette tâche avec reconnaissance, n'est-ce pas, aujourd'hui surtout, un utile et rare exemple à proposer que celui d'une vie simple et laborieuse, étrangère à l'ambition, et qui fut heureuse en définitive parce qu'elle demanda au devoir la paix de l'esprit et au foyer domestique les joies du cœur ?

Edme-Jacques-Benoît Rathery était né à Paris le 19 novembre 1807. Le souvenir des études brillantes qu'il fit au lycée Charlemagne ne s'est pas conservé seulement dans les annales du concours général. Un recueil très-apprécié dans l'Université, et composé des plus remarquables devoirs que M. Pierrot avait recueillis pendant ses années d'enseignement, renferme plusieurs pièces de vers composées en 1825 par M. Rathery. Elles sont désignées par les initiales B. R. Sur les sujets les plus divers, depuis la plainte des captives troyennes après la prise de leur ville, jusqu'à la peinture de l'ivresse du pauvre, ou des plaisirs traditionnels de la Saint-Charlemagne, le jeune rhétoricien montrait, avec une connaissance familière de la langue poétique des Latins, un heureux mélange d'imagination délicate, de sensibilité discrète et de finesse ingénieuse.

Un esprit si bien doué, et fortifié encore par une haute culture littéraire, ne pouvait rester insensible au courant de studieuse émulation qui sollicitait alors toutes

les intelligences jeunes et actives. Pendant que M. Rathery faisait son droit, il suivait avec un intérêt chaque
jour plus vif le mouvement de renaissance historique
que provoquaient avec éclat les travaux des Guizot et
des Augustin Thierry, et bientôt il se sentait lui-même
passionnément attiré vers un genre d'étude qui offrait
aux esprits les plus divers de larges perspectives de travail et de succès. Il semble qu'un signe particulier ait
marqué, dans notre siècle, la génération qui atteignit
sa pleine adolescence dans les dernières années de la
Restauration : elle fut plus jeune que celles qui la suivirent, et chez beaucoup cette activité et cet entrain se
sont conservés dans le déclin de l'âge, et malgré les dé-
ceptions qui ne leur ont pas été épargnées. M. Rathery
garda comme l'empreinte de cette date heureuse, et ce
mélange de gravité et de jeunesse fut un des charmes de
son esprit comme de son caractère.

Il avait renoncé presque aussitôt à l'exercice actif du
barreau, et il s'était tourné tout d'abord vers l'étude historique du droit. Mais son goût sévère et exact l'avait
mis en garde contre les dangers d'une publicité prématurée, et ce fut seulement en 1839 qu'il donna à la
Revue française un premier essai sur les *Institutions judiciaires de la Normandie.* Cette étude fait le plus grand
honneur à la science étendue et précise du jeune légiste,
à la fermeté de sa plume comme à la maturité de son
jugement. Les curieux détails qu'il réunit sur les insti-

a.

tutions judiciaires de la Normandie ne lui font pas perdre de vue la pensée générale qu'il veut mettre en lumière, et qui est de montrer la marche parallèle qu'ont suivie les mœurs et la législation coutumière d'une province dont la vivace nationalité s'est prolongée si longtemps. Dans ce travail, qui résume tant de recherches longues et laborieuses, on trouve déjà, avec les qualités naturelles de M. Rathery, la passion de l'exactitude, et l'éloignement pour toute idée banale ou vague, cet effort qu'il porta peut-être trop loin pour resserrer ses développements dans les limites strictement nécessaires. M. Rathery fut l'opposé de ces savants qui ne consentent pas à garder pour eux seuls la confidence et les preuves écrites de leurs fatigues.

Cette pensée heureuse de ressaisir quelques côtés de l'histoire des mœurs et des idées dans l'histoire même des législations et de leurs formes diverses donne encore un sérieux intérêt à des fragments que M. Rathery publia en 1843 d'un mémoire récompensé d'une première mention honorable par l'Académie des sciences morales et politiques. Ses recherches sur l'*Histoire du droit de succession des femmes* nous font parcourir les degrés que la femme dut franchir pour arriver à la dignité de la personne, et à cette possession du *moi* dont le droit d'hérédité n'est que la conséquence. M. Rathery marque avec sa rigueur habituelle comment ainsi la condition des femmes fut changée par le christianisme et les mœurs germaines, et la condition de l'hérédité par l'esprit féodal.

L'étude parallèle que M. Rathery avait faite du droit et de l'histoire, sa connaissance de nos antiquités nationales, la méthode sévère qu'il apportait dans l'interprétation des textes, l'avaient bien préparé à aborder la question si difficile sur laquelle l'Académie des sciences morales et politiques ouvrait en 1840 un concours public : l'histoire des états généraux, depuis 1302 jusqu'en 1614, et l'examen comparatif de ces grandes assemblées nationales avec les parlements d'Angleterre. Le mémoire de M. Rathery, couronné au mois de mai 1844 et publié l'année suivante, après une sévère révision, sous le titre d'*Histoire des états généraux en France,* restera l'un des titres qui assurent à l'écrivain une place élevée parmi ceux qui ont bien mérité de notre histoire nationale. M. Rathery a même dépassé les limites fixées par l'Académie, et, quoique la première assemblée connue des trois états, convoquée par Philippe le Bel à l'occasion de son démêlé avec Boniface VIII, date en effet de 1302, l'historien, dans une introduction étendue, remonte jusqu'au germe même de nos assemblées représentatives, à ces assemblées de guerriers en armes, où les questions étaient résolues par des acclamations tumultueuses. Là encore on pourrait reprocher à M. Rathery d'avoir renfermé des faits trop nombreux dans un cadre qui voudrait être élargi pour qu'ils eussent tout leur relief, et

peut-être aussi de n'avoir pas mis dans tout leur jour
ces grandes assemblées du quinzième siècle, où de puissants orateurs, tout en gardant un sincère respect pour
une monarchie dont ils comprenaient le rôle bienfai-
sant, proclamèrent ces principes de saine liberté que la
Révolution prétend avoir découverts, quand elle n'a fait
souvent que les compromettre. Mais si l'on peut regretter
que la couleur soit trop sobre, le dessin trop sévèrement
uniforme, l'ouvrage n'en garde pas moins tout son prix
par la nouveauté des recherches comme par la fermeté
des conclusions. La science historique n'avait pas encore, nous le croyons, démêlé avec autant de patience
et de clarté l'inextricable tissu d'usages qui, à défaut de
lois et d'ordonnances, réglaient, sous l'ancienne monarchie, les formes et les attributions des états généraux.

M. Rathery surtout, par une comparaison précise et
serrée entre les états généraux en France et les parlements en Angleterre, découvre les vraies raisons de leur
fortune toute contraire. Si profonde que soit la sympathie de l'historien pour les spectacles qu'il nous retrace,
pour les généreuses protestations qui s'élevèrent dans
les états contre des abus toujours dénoncés et jamais
vaincus, il ne laisse pas d'opposer au progrès régulier
des parlements anglais la décadence rapide de nos
assemblées, toujours saluées à leur début par les mêmes
espérances, et bientôt s'affaiblissant elles-mêmes par
leurs divisions, leurs intrigues, leur habitude de cher-

cher plutôt le triomphe d'un principe abstrait que d'un intérêt pratique, et tombant à la fin sous une impopularité et des sarcasmes qui étaient comme les représailles des mécomptes de la nation !

M. Rathery, l'année même où il publiait l'*Histoire des États généraux,* était attaché à la Bibliothèque du Louvre. Nulle situation ne répondait mieux à ses goûts. M. Rathery avait la passion des livres, et sa chère bibliothèque, qu'il enrichissait chaque année, était comme une partie de sa famille. Mais il n'apporta pas dans le poste qui lui était confié la pensée d'en retirer avant tout de précieuses ressources pour ses travaux personnels. Les heures qu'il devait à ses devoirs professionnels, il les donna toujours sans réserve à ceux qui s'adressaient à lui. Bientôt il connut à fond toutes les richesses, aujourd'hui perdues, que possédait le Louvre ; il était devenu le *genius loci,* et beaucoup pourraient dire encore tout ce que la science bibliographique de M. Rathery leur épargna de rebutantes recherches.

Par voie de permutation il était appelé en 1859 à la Bibliothèque impériale, avec le titre de conservateur adjoint du département des imprimés. Peut-être ne quitta-t-il pas sans regret cette bibliothèque du Louvre qui ne s'ouvrait pas, comme la Bibliothèque nationale, à un public mêlé, parfois capricieux dans ses demandes, ou d'une curiosité un peu vague. M. Rathery n'en remplit pas moins ses nouvelles fonctions avec cette con-

science scrupuleuse qui fut le trait dominant de son
caractère, et M. Léopold Delisle, administrateur général
de la Bibliothèque nationale, n'a pas manqué de lui
rendre ce témoignage. « M. Rathery, disait-il, comprit
sur-le-champ l'étendue des obligations que comportait
cette charge nouvelle. Quelles que fussent sa science et
son expérience bibliographique, il reconnut vite que
dans un dépôt soumis comme le nôtre à des habitudes
et à des classements bientôt deux fois séculaires, rien
ne peut tenir lieu des traditions. Il se mit donc à l'œuvre
avec la patience et la docilité d'un débutant ; il se rendit
compte des moindres détails de l'organisation, et après
des années de travail il était au courant de toutes les
règles et aussi de toutes les anomalies dont il faut tenir
compte, si l'on ne veut pas faire fausse route dans notre
labyrinthe bibliographique. Il obtint ainsi au département des imprimés une autorité dont il n'usa jamais
qu'au profit de l'établissement. Respecté de tous, il se
concilia l'amitié de ses collaborateurs et gagna la confiance absolue du chef du département, qui voyait en
lui un frère plutôt qu'un lieutenant[1]. »

M. Rathery passa ainsi trente-deux ans dans cette studieuse et paisible activité. Il ne demanda rien de plus à

[1] Paroles prononcées le 27 novembre 1875, par M. Léopold
Delisle, membre de l'Institut, administrateur général de la Bibliothèque nationale, sur la tombe de M. E. J. B. Rathery ; insérées
au *Journal officiel* du 2 décembre 1875.

la fortune, et, dans cette mesure où la sagesse humaine peut donner le bonheur, il vécut heureux, attaché à ses devoirs, plein de sérénité et même d'enjouement, attendant sans impatience les progrès naturels de sa carrière, et ne demandant aux lettres d'autre récompense qu'elles-mêmes ; sévère dans l'emploi de son temps, sachant défendre contre les distractions du monde, auxquelles il ne demeura pas étranger, les heures d'un studieux recueillement, bienveillant à l'égard de tous, et sûr de retrouver toujours le repos du travail dans les joies intimes d'une famille qui l'entourait de son plus tendre respect.

Nous ne saurions nommer, dans une courte notice, toutes les études détachées que M. Rathery, à diverses époques, donna aux revues savantes. Profondément versé dans notre histoire nationale, maître de la langue comme de la littérature anglaise et italienne, il pouvait élargir sans cesse le cadre de ses travaux et, sur les sujets les plus variés, apporter le fruit de recherches toujours personnelles et neuves. De précieuses notices sur plusieurs poëtes du seizième siècle (Nicolas Denisot, François Perrin d'Autun, Vauquelin des Yveteaux), deux articles étendus sur les *Mémoires* de Horace Walpole, et remplis d'intéressants détails sur la société française et anglaise du dix-huitième siècle ; des documents inédits sur Crébillon et Saurin ; des notes savantes sur Cervantes et la Fontaine ; un portrait vivement dessiné de la princesse palatine, mère du régent, ce furent là, pour les citer selon le hasard de leur rencontre, quelques-unes des excursions littéraires de M. Rathery.

Mais ces études variées, dont nous pourrions étendre la liste, n'étaient pour M. Rathery que le délassement de travaux plus suivis et d'un intérêt plus général. Au mois d'août 1852, l'Académie française couronnait de lui un nouveau mémoire qu'il publiait l'année suivante sous ce titre : *Influence de l'Italie sur les lettres françaises, depuis le treizième siècle jusqu'au règne de Louis XIV*. On sait l'extrème délicatesse de ce genre de recherches, et combien il est facile, si la science n'est pas éclairée par le goût, de se laisser tromper par des analogies superficielles, d'en créer d'imaginaires et de méconnaître celles qui sont vraies. Mais il ne suffit pas de dégager les points où s'est produite cette sorte d'infiltration secrète et lente par laquelle l'esprit d'un peuple a pénétré celui d'un autre ; il faut encore juger avec fermeté ce qu'une nation a gagné ou perdu dans ce rapprochement avec un génie étranger, dont, à un moment de son histoire, elle a subi le charme. Indiquer les écueils du sujet, rappeler ce qu'il exige de science et de tact chez l'écrivain qui l'aborde, c'est dire en même temps la qualité principale de l'ouvrage de M. Rathery. Quoiqu'il élargisse encore le cadre de la question proposée par l'Académie, et qu'il ne sépare pas de l'influence littéraire venue de l'Italie celle que recevaient nos arts et nos mœurs d'un pays ci-

vilisé jusqu'au raffinement, quand nous-mêmes sortions
à peine de la barbarie, M. Rathery garde toutes ses qualités, et il déroule ainsi, mais trop rapidement à notre
gré, les anneaux de cette longue chaîne, en marquant
sur chacun d'eux l'empreinte de son esprit exact, ferme,
surtout ennemi des vagues généralités.

Sans y être déterminé par l'appel d'une académie,
M. Rathery essayait quelques années plus tard un travail analogue sur les relations sociales et intellectuelles
entre la France et l'Angleterre depuis la conquête des
Normands jusqu'à la révolution française, et sous ce
titre même il donnait à la *Revue contemporaine* un article
étendu, et du plus grave intérêt. Le mot de Joseph de
Maistre : « La France et l'Angleterre sont comme deux
aimants prodigieux qui s'attirent par un côté et se fuient
par l'autre », pourrait servir d'épigraphe à l'étude de
M. Rathery qui nous raconte, avec sa précision ordinaire, les alternatives d'attraction et de répulsion par
lesquelles les deux peuples ont passé, et nous cite les
jugements infiniment curieux qu'ils se sont renvoyés
l'un à l'autre par-dessus le détroit. Ce travail trop res-
serré encore est une ferme esquisse qui pouvait devenir
un vaste tableau d'histoire morale et politique.

Ces recherches n'épuisaient pas l'activité de M. Rathery. Depuis longtemps déjà, sa curiosité s'était portée
du côté de la littérature populaire, « de cette littérature,
disait-il lui-même, qui va trouver le paysan dans sa chau-

mière, se glisse dans la mansarde de l'ouvrier, anime le travail en commun, ou charme les rares loisirs du travailleur solitaire ». M. Rathery croyait avec raison que l'histoire a de ce côté bien des découvertes à faire, et il aimait à citer la spirituelle réflexion d'un humoriste anglais : « C'est une plume et non une pierre que vous jetez au vent quand vous voulez savoir d'où il souffle. Ainsi la chanson, chose légère, vous dit souvent plus sur la direction de l'esprit public que de lourds chroniqueurs ou de graves historiens. » Suivre chez nous et chez d'autres l'histoire des chants populaires, montrer comment chaque nation, en s'empruntant les mêmes motifs, les a marqués d'une empreinte originale; étudier de plus près les chants que la mémoire populaire a plus fidèlement retenus, pour y retrouver l'écho prolongé d'un grand événement national, ou pour y ressaisir l'expression railleuse d'un mécontentement public; chercher enfin si la chanson est aussi inoffensive qu'on le dit, et s'il n'y a pas plutôt une profonde vérité dans ce mot : « Laissez-moi faire les chansons d'un peuple, et je vous permets de faire ses lois » : c'était là un vaste programme, mais bien digne d'attirer et de passionner un esprit aussi curieux que celui de M. Rathery.

Le temps lui a manqué pour remplir, comme il eût voulu le faire, toutes les parties d'un aussi vaste ensemble. C'était là sans doute cet ouvrage de prédilection que sa pensée réservait aux loisirs d'une prochaine retraite [1]. Du moins M. Rathery a pu donner au public lettré de précieuses études détachées qui, sur un grand nombre de points, ouvrent la route et la dégagent. C'est ainsi que le *Moniteur universel* recevait en 1853 de M. Rathery une série d'articles sur les *Chansons populaires et historiques en France,* dans lesquelles le savant écrivain essayait une classification de nos chants populaires du moyen âge. En 1862, M. Rathery donnait à la *Revue des Deux Mondes* une étude très-personnelle sur les *Chants populaires de l'Italie,* et il déterminait avec netteté ce que la poésie populaire d'Italie doit aux réminiscences de l'antiquité et à la profonde influence du catholicisme. Les *Chants populaires de l'Angleterre* furent aussi, dans la même revue, l'objet d'un autre article, et nulle part n'apparaît sous des traits plus distincts ce qui compose le caractère original de la race anglo-saxonne, l'amour du foyer, le sentiment de la dignité individuelle, et le goût du merveilleux se mêlant à un esprit très-positif. A cette partie considérable des travaux de M. Rathery se rattacheraient encore plusieurs articles insérés dans le *Français* en 1874, et dans lesquels il montrait comment nos vieilles chansons nationales se sont transformées, en passant de la mère patrie au Canada.

M. Rathery semblait ne vouloir encore que recon-

---

[1] M. Rathery avait été chargé de recueillir les chants populaires de la France en qualité de membre du Comité des travaux historiques, auquel il appartenait depuis 1855.

naître un pays où il se proposait de s'établir un jour. Le meilleur de son temps était pris par d'autres publications d'une importance considérable. La Société de l'histoire de France, dont il était l'un des membres les plus actifs, l'avait chargé de publier dans son intégrité le texte original du *Journal et mémoires* de l'un des témoins les plus attentifs de la première partie du dix-huitième siècle, du marquis d'Argenson, fils aîné du célèbre lieutenant de police, connu jusqu'alors par son court ministère et quelques opuscules. On savait tout le scrupule et le tact que M. Rathery apporterait à sa tâche. Les neuf volumes in-8° donnés à partir de 1859 sont précédés d'une excellente introduction, portrait pris sur le vif de ce personnage singulier, formé de contrastes, incrédule et parlant avec attendrissement de « notre sainte religion », rêvant le bonheur de l'humanité, et ennemi déclaré pour les hautes classes du lien conjugal dont il assure que « la mode passera », mêlant des chimères à des vues justes et pratiques, et comme animé à certains moments d'un véritable esprit prophétique. M. Rathery provoquait ainsi un nouveau mouvement d'études non-seulement sur celui qu'on appela bien à tort d'Argenson *la Bête,* mais encore sur un siècle qu'il nous importe de connaître si nous voulons essayer de déchiffrer celui où nous sommes.

Ce devoir d'éditeur, si peu récompensé par la faveur publique, M. Rathery l'avait déjà rempli à l'égard d'un

nom autrement célèbre, et, en 1857, avec la collabora-
tion de M. Burgaud des Marets, il avait donné une édition nouvelle de Rabelais, collationnée pour la première
fois sur les éditions originales. La notice due à M. Rathery, sans éclaircir tous les mystères, ni combler toutes
les lacunes de la vie de Rabelais, avait ce mérite, les
meilleurs critiques le reconnurent, de faire disparaître
bon nombre de légendes ridicules et, par quelques côtés,
de lever le masque sous lequel semble s'être caché l'auteur de *Pantagruel*. Une seconde édition, revue avec le
plus grand soin, fut donnée par M. Rathery en 1872.

M. Rathery ne semblait pas encore avoir senti le poids
des années, et, après l'inévitable accablement où le jetèrent nos calamités nationales, il était revenu à ses
livres comme avec un redoublement de jeunesse et d'ardeur. Sa famille et ses amis pouvaient-ils concevoir quelque crainte, quand ils recevaient de lui-même la confidence de ses longs projets de travail, et qu'ils lisaient
cette étude charmante, couronnée par l'Académie française, et dans laquelle revit si fidèlement mademoiselle
de Scudéri, avec son cœur simple et son esprit maniéré?

A peine M. Rathery avait-il achevé ce portrait d'une
touche si fine, qu'il s'essayait à peindre une autre figure,
inconnue de la plupart d'entre nous, et dont le charme
l'avait vivement saisi. En étudiant les *Mémoires* d'Argenson, il avait suivi non sans émotion la carrière courte
et tragiquement terminée du comte de Plélo, ambassa-

deur de France en Danemark. Bientôt d'une étude plus approfondie s'était dégagée à ses yeux une physionomie sympathique, un caractère loyal et d'une aimable vivacité, un esprit distingué, délicat, et, ce qui vaut mieux, un cœur généreux, ardent, héroïque. N'était-ce pas aussi une piquante découverte que ce chapitre, presque cette idylle d'amour conjugal égarée en plein dix-huitième siècle, cette union formée d'abord par les convenances mondaines, mais bientôt resserrée par une tendresse mutuelle et passionnée, et, après la mort de Plélo, continuée par le deuil inconsolable de sa jeune femme ? M. Rathery, comme si un obscur pressentiment l'avertissait de se presser, redoubla d'application, et il put achever son ouvrage, avant que la maladie lui fît tomber des mains une plume qui ne fut jamais, le lecteur en jugera, plus souple, plus facile et plus jeune.

Hélas ! les dernières pages de ce livre venaient d'être écrites quand un malheur cruel et imprévu frappa douloureusement M. Rathery. Le chagrin acheva de troubler une santé que le travail avait peut-être secrètement altérée, et ce fut pendant son dernier voyage à Marseille, ce voyage si rempli pour lui de douces pensées et qui le ramenait presque chaque année auprès d'une fille tendrement aimée, qu'il ressentit les premières crises d'une maladie bientôt sans espoir. Ramené avec peine à Paris, M. Rathery se sentit vaincu par le mal, et si de son lit de souffrance l'écrivain et le lettré eut

encore quelque souvenir pour l'œuvre aimée qui allait
être livrée à l'impression, ce fut à de plus graves pensées
qu'il donna ses derniers jours. M. Rathery s'éteignit le
25 novembre 1875, laissant à sa famille, comme suprême
consolation, le souvenir d'une mort acceptée avec la
fermeté, la foi et l'espérance d'un chrétien.

Les hommages n'ont pas manqué à la mémoire du savant littérateur et de l'érudit ingénieux qui a enrichi la
critique française de travaux si variés et d'une science
si exacte. Cette simple notice n'a pas le droit peut-être
de dépasser cette limite. Elle eût aimé cependant à faire
entrevoir, derrière le savant, l'homme lui-même, le
père si plein de sollicitude pour des fils dont il voulut
lui-même diriger les études, et auxquels il laisse, avec
un douloureux regret qui ne s'affaiblira pas, la haute et
grave leçon d'une vie tout entière consacrée au devoir;
le causeur délicat et distingué, d'une parole fine et discrète; l'homme enfin, malgré une certaine réserve dans
l'expression, si bon et si sensible, bienveillant pour tous,
aimant la jeunesse, se mêlant à ses jeux et les animant
par son esprit enjoué. Mais des souvenirs personnels ne
sauraient rien apprendre à ceux qui ne l'ont pas appro-
ché, et sans doute ils paraîtraient insuffisants et trop
incomplets à ceux qui l'ont connu et aimé.

Gaston FEUGÈRE.

b

OUVRAGES

DE M. E. J. B. RATHERY

----

*Études historiques sur les institutions judiciaires de la Nor-
mandie.* — Paris, Delamotte, 1839, in-8°. (Extrait de la *Revue
française.*)

Recherches sur l'histoire du droit de succession des femmes. —
Mémoire auquel l'Académie des sciences morales a décerné une
première mention honorable. — Paris, Cosson, 1843, in-8°.
(Extrait de la *Revue de législation et de jurisprudence.*)

Histoire des États généraux de France. — Mémoire couronné
par l'Académie des sciences morales en 1844. — Paris, Cosse et
Delamotte, 1845, 1 volume in-8°.

*Influence de l'Italie sur les lettres françaises, depuis le treizième
siècle jusqu'au règne de Louis XIV.* — Mémoire auquel l'Académie
française a décerné une récompense en 1852. — Paris, Firmin-
Didot, 1853, 1 volume in-8°.

Vauquelin des Yveteaux. — Paris, Aubry, 1854, brochure in-8°.

OEuvres de Rabelais, collationnées pour la première fois sur les
éditions originales, accompagnées d'un commentaire nouveau par
MM. Burgaud des Marets et Rathery; 2 volumes in-18, première
édition. Paris, Firmin-Didot, 1857. Deuxième édition, Paris,
Firmin-Didot, 1872.

*Notice historique sur l'ancien cabinet du Roi et sur la Bbiblio-
thèque du Louvre.* — Paris, Techener, 1858, brochure in-8°.

Journal et Mémoires du marquis d'Argenson, publiés pour la
Société de l'histoire de France, avec une introduction et des

notes par M. E. J. B. Rathery. — Paris, veuve Renouard, 1859, 9 volumes in-8°.

Mademoiselle de Scudéri, sa vie, sa correspondance, avec un choix de ses poésies, par MM. Rathery et Boutron. — Paris, Techener, 1873, 1 volume in-8°.

PRINCIPAUX ARTICLES

DE M. E. J. B. RATHERY

DANS LES JOURNAUX, REVUES ET RECUEILS DIVERS.

La Silhouette. — 1829. La Sainte-Cécile, etc. — Bonhomie des gens de lettres, etc.

Le Cabinet de lecture. — 1833. De la chanson en Angleterre. — 1836. Une Ballade de Villon.

Le Droit. — 1836, 6 *juillet.* De l'étude du droit et de la profession d'avocat en Angleterre.

Nouvelle Revue encyclopédique. — 1847, *mai* et *août.* Deux articles sur Horace Walpole.

Encyclopédie des gens du monde (Paris, Treuttel et Wurtz). — 1833-1844. Articles : Élisabeth. — Essex (comte d'). — Guillon (l'abbé). — Holland (lord). — Hume. — Jackson. — La Fayette. — Napier (famille). — Orléans (ducs d'). — Patois. — Pucelle d'Orléans. — Scott (Walter). — Shakespeare. — Thierry (Augustin). — Wellington, etc., etc.

Bulletin du bibliophile. — 1850. Nicolas Denisot. — Notes du libraire Prault sur quelques littérateurs : Crébillon, Saurin, etc. — 1851. L'auteur de *Don Quichotte* racheté d'esclavage par un

b.

Français. — 1852. Un livre de classe de la Fontaine. — François Perrin, Autunois. — 1855. Documents inédits sur Montaigne, etc.

Revue contemporaine. — 1853, *janvier.* Les grands écrivains de l'Italie en France. — 1854, *juin.* Une princesse allemande à la cour de Louis XIV. — *Décembre.* De la littérature populaire. — 1855, *juillet à décembre.* Relations sociales et intellectuelles de la France et de l'Angleterre (cinq articles). — 1857, *décembre.* Papiers de Louis XVI, etc.

Le Moniteur universel. — 1853, *du 19 mars au 27 août.* Les Chansons populaires et historiques en France (sept articles). — *Du* 30 *décembre* 1853 *au* 28 *janvier* 1854. Un voyage en Orient (quatre articles). — 1854, 13 *janvier.* Tallemant des Réaux. — *Du* 24 *février au* 13 *juillet.* Les anciennes universités (six articles). — 1855, 9 *mai et* 25 *juillet.* Sur le catalogue de la Bibliothèque impériale. — 1856, 10 *juin.* Glossaire du centre de la France, par M. le comte Jaubert, etc.

L'Athenæum français. — 1853, 12 *février.* Bibliographie des mazarinades. — 24 *septembre.* Documents inédits sur Turgot. — 1854, 19 *août.* Lettres de madame de Grignan. — 1855, 10 *novembre.* Étude sur Bossuet, par M. Floquet, etc.

Le Constitutionnel. — 1856, 5 *septembre.* Les Estienne.

Journal de l'instruction publique. — *Du* 4 *octobre* 1854 *au* 5 *août* 1857. Les anciens colléges (vingt articles). — 1855. Vie publique de Montaigne (trois articles), etc.

La Gazette des tribunaux. — 1854, 17 *novembre.* Charles-Quint, par M. Mignet. — 1860, 7 *août.* Histoire du droit français de Laferrière. — 1865, 14 *avril.* Lettres de Colbert, publiées par M. Pierre Clément, etc.

Revue européenne. — 1859, *février.* Sur Racan. — *Août.* Piron, par M. Honoré Bonhomme. — 1860, *avril.* Sur Pellisson.

Bulletin du bouquiniste. — 1860, *octobre.* Lettres inédites du président Bouhier, du Père Long, etc. — 1863. Lettres inédites de madame des Ursins et de madame de Maintenon, publiées par

M. C. Hippeau. — 1872. Un épisode de la vente des livres du cardinal Mazarin, etc.

Revue des sociétés savantes. — 1861, *septembre.* Sur la Flandre maritime. — 1869, *janvier.* Sur les chants de Lot-et-Garonne, etc.

Revue des Deux Mondes. — 1862, *mars.* Les chants populaires de l'Italie.— 1863, *décembre.* Les chants populaires de l'Angleterre.

Nouvelle Biographie générale (Paris, Firmin-Didot). — 1862. Articles sur Marie Stuart, O'Connell, Pitt, Rabelais, Racan, etc.

Le Cabinet historique. — 1863, *mai.* Vie de mademoiselle de la Fayette.

La Correspondance littéraire. — 1864, 11 *septembre.* Lettres et poésies de Marie Stuart.

Le Français. — 1874, 19 *février.* Chants populaires canadiens-français.

PRÉFACE

Lorsque, en préparant notre édition des *Mémoires du marquis d'Argenson,* nous rencontrâmes le nom du comte de Plélo, ce nom, jusque-là presque inconnu pour nous, comme il le sera peut-être pour la plupart de nos lecteurs[1], piqua vivement notre curiosité. Dans les quelques lignes sympathiques que l'écrivain frondeur consacre au membre de la Société de l'*Entresol,* à l'ambassadeur de France en Danemark, son ami et son parent, nous crûmes

---

[1] Le continuateur du *Président Hénault* l'appelle *Pléco;* le *Journal de la Campagne de Dantzick, Pleto.* On trouve son nom écrit *Prelot* et *Brelot* dans les dépêches des officiers qui marchèrent avec lui à l'attaque des retranchements russes. Le *Moréri* de 1759, en le mentionnant dans la série généalogique des Bréhant, ne dit pas un mot de sa mort.

entrevoir un esprit charmant, une âme d'élite, un type bien caractérisé du gentilhomme français au commencement du dix-huitième siècle. Puis, en l'étudiant de plus près, nous nous sentîmes attirés vers cette physionomie à peu près oubliée, et nous fûmes étonné de tous les côtés intéressants qu'elle présentait au biographe, indépendamment de l'admiration qui ne pouvait manquer de s'attacher à une mort héroïque et prématurée.

Issu d'une vieille famille bretonne, petit-neveu de madame de Sévigné, allié aux Phelypeaux, il eut des nobles de son temps l'insouciance et la prodigalité, mais non l'immoralité et le mépris du lien conjugal. Il réalisa le phénomène si rare à cette époque de l'amour dans le mariage, et sut associer la jeune fille que le hasard d'une alliance aristocratique avait jetée dans ses bras, à ses goûts intellectuels comme à ses sentiments les plus exaltés.

Ami de Voltaire, qui l'avait connu et qui en
a parlé dignement, de Fontenelle, de Mairan, il
savait allier à l'amour de la poésie et de la littérature l'aptitude aux recherches scientifiques.
L'Académie des sciences, la Bibliothèque du
Roi s'enrichirent de ses communications zélées
et intelligentes. Les recueils du temps avaient
conservé de lui des vers faciles et empreints
d'un aimable enjouement. Nous avons été assez
heureux pour recueillir un certain nombre de
lettres, dont plusieurs — oserons-nous le dire?
— ne sont pas trop indignes de la charmante
épistolaire dont le nom s'était allié à celui de
Bréhan; quelques-unes en prose et en vers,
d'autres adressées à des amis[1], savants, littérateurs ou hommes du monde, espèce de chronique de Copenhague et surtout de Paris, où

[1] Parmi ceux avec lesquels le comte de Plélo entretint des cor-
respondances, citons ici, avec espoir qu'elles ne sont pas perdues
sans retour, le marquis d'Argenson, le marquis de Vérac, le
chevalier de la Vieuville.

sont passées en revue sous les yeux du lecteur, avec les anecdotes du jour, les nouveautés littéraires, académiques, dramatiques, etc.

Mais c'est surtout dans les archives de la famille de Chabrillan, dépositaire des papiers du comte de Plélo, par suite du mariage de sa petite-fille, en 1766, avec le marquis Guigues de Moreton de Chabrillan, qu'il nous a été donné, grâce à de libérales communications, de puiser nos matériaux les plus précieux, à commencer par une *Vie manuscrite du comte de Plélo*, due à la plume du chevalier de la Vieuville, guide à peu près unique, mais sûr, pour les premières années qu'il avait passées avec son contemporain, frère d'armes et ami. C'est là que, avec les copies des dépêches officielles de l'ambassade en Danemark, que nous avons complétées et contrôlées à l'aide des originaux déposés aux archives des Affaires étrangères et de la Guerre, nous avons trouvé la correspondance confidentielle de Plélo avec son beau-frère Maurepas, qui en est le complément et souvent la contre-partie; rare bonne fortune que de pouvoir étudier dans le dessous des cartes le jeu de la politique!

Entré dans la carrière des armes, comme il convenait à un gentilhomme, Plélo fait des dettes, comme cela n'était que trop ordinaire; mais, ce qui l'était moins, il en rougit et veut les payer. Dans ce but, il se défait de son régiment et accepte un poste diplomatique pour achever de racheter le passé. Il porte dans ces fonctions, si nouvelles pour lui, la vive intelligence, la capacité de travail, le sentiment exalté de patriotisme qui étaient dans sa nature, et, malgré les révolutions politiques de l'Europe, les changements qui ont profondément modifié les intérêts et les alliances, on trouvera, dans les actes de cette ambassade, des données dont quelques-unes n'ont pas perdu leur à-propos.

En conclurons-nous que Plélo fut un parfait diplomate? Un grand maître en ces matières, M. de Talleyrand, répondrait sans hésiter par la négative : *Il eut trop de zèle!* Chez lui, ce zèle alla jusqu'à se faire tuer à trente-cinq ans, laissant une épouse et des enfants qu'il adorait, et cela sans nécessité[1], contre toutes les règles de la diplomatie, pour sauver le père de sa souveraine, dévouement qu'on ne comprend guère aujourd'hui, pour sauver l'honneur de la France, sentiment que du moins, nous l'espérons, on comprendra toujours.

Le spectacle d'une de ces dernières diètes polonaises si dramatiques dans leur appareil, quoique souvent si stériles dans leurs résultats;

---

[1] La Beaumelle dit que Plélo se fit tuer parce qu'il s'ennuyait *à périr* à Copenhague. L'expression est heureuse. On est fâché de lire, dans la relation d'un des officiers qui l'accompagnèrent, cette phrase où l'odieux le dispute au ridicule : « Il n'auroit point eu ce sort s'il fût resté dans le fort de Vechselmunde, ou plutôt à Copenhague, comme M. de la Motte l'en avoit prié. »

le dévouement d'une partie de la noblesse du pays et de la population de Dantzick pour la cause du roi Stanislas, dont la fin placide et souriante dans son bon duché de Lorraine a fait oublier les aventures romanesques de la première moitié de sa vie ; ce siége de Dantzick un peu sacrifié dans l'histoire au profit des campagnes plus brillantes de l'Italie et du Rhin ; enfin les fautes politiques qui rendirent inutiles tant d'efforts généreux, et firent sacrifier en pure perte de braves soldats envoyés à une mort certaine, tels sont les faits qui ressortiront, nous osons l'espérer, avec quelque intérêt et quelque nouveauté, de l'étude consacrée par nous au comte de Plélo.

Il est bon que l'histoire ne dédaigne pas d'enregistrer ce qui se dépense d'héroïsme dans une cause perdue ; il est bon aussi que la biographie ne réserve pas toute son attention pour ceux qui meurent pleins de jours et d'œuvres,

mais qu'elle montre quelquefois ce qu'une destinée tranchée avant le temps renfermait de
promesses pour l'avenir.

Que serait devenu le comte de Plélo s'il lui
avait été donné de vivre? Aurait-il persisté dans
la carrière de la diplomatie? N'aurait-il pas
plutôt repris l'épée, combattu à Fontenoy, à
Lawfeldt, dans les rangs de cette noblesse où
il comptait tant d'amis et de contemporains,
ou secondé à Saint-Cast le duc d'Aiguillon,
son gendre, pour chasser l'Anglais de sa province natale?

On se le figure volontiers, militaire philosophe et lettré, une espèce de Vauvenargues
breton, menant de front le défrichement de ses
landes et la culture de son esprit, revenant vers
la fin de sa vie à ses chères études, correspondant de l'Académie des sciences, si même ses
amitiés, son dilettantisme littéraire ne l'avaient
pas conduit à l'Académie française avec un

bagage au moins égal à celui du marquis de Saint-Aulaire et avec plus d'orthographe que le maréchal de Saxe.

Sans insister sur ces conjectures, et nous en tenant à la réalité des faits qui se rattachent à cette existence si courte et si remplie, nous osons nous flatter d'avoir ajouté à la galerie si variée des hommes du dix-huitième siècle une physionomie peu connue et digne de l'être, un type bien français d'esprit et de caractère, et qui, sans être tout à fait exempt des taches inhérentes à son époque, reproduit quelques-unes des fortes empreintes du siècle précédent.

LE
COMTE DE PLÉLO

CHAPITRE PREMIER

UN MARIAGE DU GRAND MONDE EN 1722.

Le 21 mai 1722, il y avait grand bruit aux abords
de l'hôtel qu'habitait le secrétaire d'État la Vrillière, dans la rue Saint-Dominique, au faubourg
Saint-Germain[1]. C'était d'abord une foule empressée
et curieuse qui s'ouvrait non sans peine devant les
coureurs à la toque empanachée, à la canne d'argent, frayant un passage à leurs maîtres; puis les

[1] L'ancien hôtel de la Vrillière, rue de la Vrillière, avait été
acheté en 1705 par le maître des requêtes Rouillé, et, en 1715,
par le comte de Toulouse

voitures armoriées, garnies de domestiques portant
le double flambeau, privilége des personnes titrées ;
des chaises à porteurs, quelques modestes voitures
de louage. A mesure qu'on avançait dans la cour
vers le grand perron, à travers le bruit des por-
tières et des marchepieds, la lueur rougeâtre des
torches qui se mêlait à l'illumination de la façade,
le frou-frou des habits brodés et des robes de soie,
on reconnaissait des secrétaires d'État, des gens en
place, des familiers du Palais-Royal, des membres
du Parlement, quelques gentilshommes bretons,
des jeunes officiers de mousquetaires, de dragons,
de gendarmerie, voire même quelques savants et
hommes de lettres dont on se disait les noms malgré la simplicité de leur équipage et de leur costume.

Enfin, lorsqu'on arrivait dans le grand salon, au
milieu du groupe de plus en plus pressé des intimes
et de la famille, on se montrait le marié, jeune
homme de vingt-trois ans, qui portait avec aisance,
sinon avec grâce, l'habit écarlate galonné d'argent, uniforme de sous-lieutenant des gendarmes de
Flandre. Son teint basané, sa taille un peu ramas-
sée semblaient justifier le surnom d'*Armoricain le
Trapu* qu'il se donnait à lui-même ; mais des yeux

pleins d'esprit et de vivacité, des signes d'une énergie toute virile plaidaient en sa faveur auprès des femmes et des hommes qui se piquaient d'être physionomistes.

Quant à la mariée, les curieux la devinaient difficilement dans une jeune fille de quatorze ans à peine, dont les grâces enfantines s'effaçaient devant la beauté épanouie de sa mère, comme sa mignonne personne disparaissait elle-même sous la riche toilette de celle-ci qui, très-entourée, très-courtisée, semblait la véritable reine de la fête.

Quel était ce brillant mariage? Le *Mercure de France* de mai 1722 va nous l'apprendre.

« M. Louis-Robert-Hippolyte de Bréhan, comte de Plélo, mestre de camp de cavalerie, et sous-lieutenant des gendarmes de Flandres, âgé de 23 ans, fils de M. Jean-René-François-Almaric de Bréhan, chevalier, comte de Mauron et de Plélo, baron de Pordic et autres lieux, et de défunte dame Catherine-Françoise Le Fèvre de la Faluère, a épousé demoiselle Louise-Françoise Phelypeaux de la Vrillière, âgée de 14 ans, fille de M. Louis Phelypeaux, marquis de la Vrillière et de Châteauneuf-sur-Loire, comte de Saint-Florentin et autres lieux, conseiller du Roy ordinaire en tous ses Conseils, et au Conseil de régence, ministre et secrétaire d'État, et de dame Françoise de Mailly. Le Roy a signé ce contrat de mariage le 14 de ce mois. »

Fille, sœur et belle-sœur[1] de secrétaires d'État, la jeune comtesse de Plélo était ainsi dépeinte et comparée avec sa mère, par un ami intime de son mari, le chevalier de la Vieuville, qui les vit toutes deux alors, et les encadra dans le galant tableau qui suit :

« Née d'une mère à qui la nature sembloit avoir prodigué tous les agrémens, et qui, par un avantage peu commun, les a conservés au delà du tems qui les détruit[2], mademoiselle de la Vrillière en avoit toutes les grâces; sans être aussi piquantes, elles étoient relevées par cette fleur que répand sur le teint la jeunesse, et par un air de douceur et de simplicité qui sembloit y ajouter encore[3]. »

En considération du mariage[4], le comte de Mau-

[1] Le comte de Maurepas avait épousé, en 1718, Marie-Jeanne de la Vrillière, sœur aînée de la comtesse de Plélo.

[2] Madame de Mailly, depuis duchesse de Mazarin et dame d'atour de la Reine, avait alors trente-quatre ans, étant née le 30 août 1688.

[3] *Vie de Louis-Robert-Hippolyte de Bréhan, comte de Plélo.* Ce manuscrit, qui fait partie des archives de la famille de Chabrillan, nous a beaucoup servi pour les premières années de la vie du comte, et aussi pour les dernières de la vie de la comtesse.

[4] Nous puisons les renseignements qui suivent dans une notice de M. le marquis de Bréhan : *le Comte de Plélo;* Nantes, 1874, in-8°, p. 6. Il cite le contrat de mariage en date du 7 mai 1722.

ron donnait à son fils sa charge de sous-lieutenant
des gendarmes flamands, estimée 90,000 livres,
prix de l'achat qu'il en avait fait le 15 septembre
1715; — la baronnie de Mauron et la terre du
Pelem, situées en Bretagne; — un hôtel sis à
Paris [1], etc.

Quant à ce qu'on appelle des espérances, voici
ce que dit le chevalier de la Vieuville :

« Le comte de Mauron étoit fils d'un cadet de Bretagne, peu avantagé des biens de la fortune, dans un pays
où la coutume défère tout aux aînés. Mais la mort de son
frère, qui ne laissa point de postérité, le mit tout à coup
en possession d'un bien considérable dont le comte de
Plélo devoit être le seul héritier. Outre les biens que son
père avoit réunis dans sa personne, il avoit des préten-
tions considérables sur la plus grande partie de ceux du
duc de Coislin, de la duchesse de Sully et de l'évêque de
Metz, ses oncles et tante à la mode de Bretagne; cette
succession devoit monter à plus de 1,200,000 livres. Il
avoit encore du côté de sa mère des droits sur les biens

Mathieu Marais dit dans ses *Mémoires*, tome II, page 289 : « Le
marquis de Plélo épouse mademoiselle de la Vrillière. Il est fils
du comte de Mauron. On lui donne soixante mille livres de rente. »

[1] Peut-être la maison rue de Verneuil, dont il est question dans
des actes du 7 mars et du 15 septembre 1723, comme appartenant au comte de Mauron. *Généalogie de la maison de Bréhant,
en Bretagne,* par le marquis DE BRÉHAN; Paris, Bachelin-De-
florenne, 1867, in-8°, p. 165.

de MM. Ferrand, ses oncles, tellement qu'il pouvoit espérer de se trouver un jour avec plus de 40,000 écus de rente. Mais ces grandes richesses n'ont jamais été pour lui qu'une perspective de courte durée, et, soit par des événements fortuits, soit par l'humeur de ses parents, soit même un peu par sa faute, ainsi qu'il en est convenu plus d'une fois avec ses amis, il n'a pas été un seul instant de sa vie dans le cas d'être riche, pas même d'être à son aise. »

Mais nous en sommes encore au moment des illusions, des rêves d'avenir.

Le mariage s'était fait comme se faisaient alors les mariages du grand monde. « Un jour, dit la Vieuville, le comte de Mauron envoya chercher son fils pour lui dire qu'il le marioit avec mademoiselle de la Vrillière. » Et le mariage se fit, comme nous l'avons vu, le 21 mai 1722.

Cette manière sommaire de procéder à l'un des actes les plus importants de la vie se retrouvait dans presque toutes les unions aristocratiques à cette époque. Aussi ne nous ferons-nous pas scrupule d'emprunter à la correspondance inédite d'une famille en relations de parenté et d'amitié avec celle de Plélo[1] les détails qui suivent et qui

---

[1] *Correspondance de la marquise de la Cour de Balleroy, de 1693 à 1724*; 8 vol. in-4°, Mss. de la Bibliothèque Mazarine.

donneront une idée exacte de la manière dont les choses se passaient en pareille circonstance.

Le 31 octobre 1718, le marquis d'Argenson annonçait à sa tante, madame de la Cour, son prochain mariage avec mademoiselle Méliand, fille de l'intendant de Lille :

« Je suis encore en état de vous demander votre consentement : je n'ai rien signé, rien promis; je puis reculer ou avancer selon les conseils qui me viendront. On ne me dit pourtant pas de rompre. Il y a, sans exagérer, des millions à revenir quelque jour. J'entre dans une famille de très-honnêtes gens. La fille est bien élevée : elle sait danser, chanter, jouer de l'épinette, etc. »

Le 19 novembre, un membre de la famille écrivait à son tour :

« M. de Voyer se marie mercredi, je crois. L'entrevue se fit vendredi. M. le Garde et madame la Garde des sceaux, messieurs leurs enfants allèrent chez M. Méliand où ils furent à une heure. De là ils allèrent voir la demoiselle aux Filles de Sainte-Marie, qui avoit appris de la veille qu'elle épousoit M. d'Argenson. Le cadet n'alla point au couvent; il vint à *OEdipe* où je le vis un moment... »

Quelques jours après, un autre parent — un Caumartin, croyons-nous, — car ces lettres n'ont parfois ni date ni signature, — se chargeait de continuer le journal.

« L'on n'a pas encore pris jour pour le mariage de d'Argenson. Sa prétendue vint hier avec sa grand'mère chez la nôtre. Elle aura quinze ans au mois de janvier; c'est une bamboche haute comme une poupée du Palais. Sa figure est jolie à ce que l'on dit, et elle paroît avoir de l'esprit, mais elle est enfant comme celle que l'on mène à la lisière. Elle se mit sur une chaise; ses petites jambes ne venoient qu'à un pied de terre... »

Enfin M. de la Cour écrit le 30 novembre :

« Les futurs époux furent fiancés hier soir par l'archevêque d'Embrun... Ils vont être mariés ce matin; après quoi tout le monde dînera ensemble chez M. d'Argenson, où il y a deux tables de quinze couverts chacune ; je ne crois pas qu'elles suffisent. Grande musique après le dîner, grande illumination le soir, force lampions dans le dehors, et un ambigu pour ceux qui voudront encore dîner le soir. »

Nouvelle et dernière lettre du même le lendemain :

« Hier notre noce se fit avec toute la magnificence possible. Il y eut deux tables : l'une pour les dames et les jeunes mariés, tenue par madame la Garde des sceaux, et l'autre pour les hommes, par le Garde des

sceaux, toutes deux servies magnifiquement. On se mit à
table à environ trois heures et demie, on en sortit à
sept heures. Après cela bien des tables de jeu et une
musique composée de tout ce qu'il y a de meilleur à
l'Opéra. Sur les onze heures, un ambigu, et enfin à
deux heures on mit les mariés au lit. »

Cette dernière partie du cérémonial manqua à la
noce du comte de Plélo. Voici ce que nous apprend
à cet égard le chevalier de la Vieuville :

« Comme mademoiselle de la Vrillière n'avoit pas encore
quatorze ans et que, par la petitesse de sa taille d'ailleurs
bien proportionnée, elle ne paraissoit pas même les avoir,
on étoit convenu que son époux, qui en avoit alors vingt-
trois, n'habiteroit point avec elle jusqu'à ce qu'elle fût plus
formée. Madame de la Vrillière les logea dans sa maison,
et fut longtemps sans leur permettre de se voir en particulier. »

Nous verrons ce qu'il advint de cette interdiction,
et nous ferons connaître le passé et l'avenir des
principaux personnages que nous venons de présenter à nos lecteurs. Bornons-nous à dire maintenant
que cette union, contractée en pleine Régence,
entre une enfant et celui qu'on pouvait regarder
comme un aimable étourdi, avec un père de mœurs
faciles d'une part, et de l'autre une mère coquette,

peu faits tous deux pour inspirer le respect ou donner l'exemple, cette union rapprochait deux cœurs d'élite, doués de tous les agréments qui font le charme de la vie et capables de tous les dévouements qui l'ennoblissent.

CHAPITRE II

La maison de Bréhan, à laquelle appartenaient le comte de Mauron et le comte de Plélo, figurait déjà au onzième et au douzième siècles parmi les plus anciennes familles de la Bretagne. Leur devise était : *Foy de Bréhant,* et quelques-uns de leurs ancêtres avaient eu pour cri de guerre : *De plus Bréhant.* Leurs armes étaient de gueules à un léopard d'argent. Cette famille avait pris et donné des alliances dans les maisons de Rohan, de Beaufort, d'Herford, de Penthièvre, de Chateaubriand, de Montfort, de Boisgelin, de Malétroit, d'Andigné, de Guébriant, de Quélen, de Rostrenen, de Pembroke, de Montgommery, de Sesmaisons, de Du Chastel, de Sévigné, etc.

Tous les lecteurs de notre charmante épistolaire se rappellent cette épouse de Charles, marquis de

Sévigné, dont la physionomie, mieux que dans le portrait de Largillière possédé par la famille, revit dans les pages de sa spirituelle belle-mère :

« Ma belle-fille n'a que des moments de gaieté, car elle est tout accablée de vapeurs ; elle change cent fois le jour de visage, sans en trouver un bon ; elle est d'une extrême délicatesse ; elle ne se promène quasi pas ; elle a toujours froid ; à neuf heures du soir elle est tout éteinte ; les jours sont trop longs pour elle, et le besoin qu'elle a d'être paresseuse fait qu'elle me laisse toute ma liberté, afin que je lui laisse la sienne : cela me fait un extrême plaisir[1]. »

Cette bru vaporeuse de la pétulante marquise était Jeanne de Bréhan, femme de Charles de Sévigné, sœur du comte de Mauron, et tante de celui dont il nous reste à tracer la biographie jusqu'au moment de son mariage.

Né à Rennes le 28 mars 1699, comme nous l'avons vu, d'un conseiller au parlement de Bretagne et de la fille du président de ce parlement, il ne paraît pas avoir jamais songé pour son compte à la profession de la robe, et s'il y eut quelque influence secrète autour de son berceau, nous croyons

_____
[1] Lettre du 27 septembre 1684.

que ce fut un mélange de l'esprit chevaleresque de
Bréhan le Vieux et du caractère enjoué de la marquise, grand'tante de l'enfant. Dès ses premières
années, il montra pour les sciences un goût qui ne
se démentit pas depuis. Dès lors aussi, il aima les
livres, et il n'avait pas de plus grand plaisir, pendant sa liaison avec le marquis de Vérac [1], l'un des
premiers amis de sa jeunesse, que d'échanger avec
lui les impressions de leurs lectures. Il eut pour précepteur un M. Robert, qui paraît lui avoir donné des
soins éclairés, du moins si l'on en juge par la
reconnaissance que lui témoignèrent plus tard et
la famille et son élève [2].

Il ne faut pas croire que Plélo fût insensible aux
plaisirs de son âge, mais il ne leur donnait que les
moments dérobés à l'étude. C'est du moins ce
qu'assure, un peu complaisamment peut-être, le
chevalier de la Vieuville, son biographe et son

[1] Probablement César de Saint-Georges, marquis de Vérac,
dont Saint-Simon a dit : « . . . . . Vérac a été plus heureux. Son
fils est mort cette année (1741), estimé, aimé, considéré, lieutenant général et chevalier de l'ordre en 1724. » Voyez aussi PINART,
Chronologie militaire, t. V, p. 88.

[2] Il devint, en 1730, premier commis du comte de Saint-Florentin, et s'occupa jusqu'à la fin des affaires du comte de Plélo
à Paris.

ami[1]; et il ajoute : « Quelque plaisantes que soient
certaines aventures de sa jeunesse, je ne m'arrêteroi
point à les raconter. On peut aisément se figurer
quels en furent les objets. » Il faut se contenter de
ces demi-révélations qui piquent notre curiosité sans
la satisfaire.

En 1713, Plélo perdit sa mère, mais il est probable qu'il l'avait peu connue, car voici ce que
Mathieu Marais nous révèle sur les affaires de ménage du comte de Mauron :

« Il avoit une maîtresse que la famille de sa femme fit
enlever; il se brouilla avec sa femme, ne la voulut jamais
voir, et elle est ainsi morte sans s'être raccommodés; elle
étoit à Paris et lui en Bretagne[2]. »

De son côté, le comte de Mauron dit dans ses
mémoires manuscrits[3] :

« Mon fils me pria de le mettre dans le service... je

[1] Charles-Marie de la Vieuville, né le 20 août 1697, était le
frère de la fameuse comtesse de Parabère, maîtresse du Régent.
Plélo ne cessa de le voir ou de correspondre avec lui jusqu'à la fin
de sa vie. L'une de ses lettres, dont nous possédons l'original,
porte pour adresse : *A Monsieur le chevalier de la Vieuville, enseigne des gendarmes dauphins, chez madame la comtesse de Parabère, place Louis-le-Grand.* Nous verrons qu'il assista aux derniers
moments de madame de Plélo, et qu'elle le rendit dépositaire de
tous les papiers de son mari.

[2] *Mémoires,* t. II, p. 289.

[3] « Le comte de Mauron, dit l'auteur de la notice intitulée

lui accordai sa demande et le fis entrer dans les Mousquetaires sous le nom de comte de Plélo que je lui fis
prendre. »

On n'a sur cette phase critique de la vie du jeune
homme que des renseignements assez incomplets ;
mais, avec les données que nous possédons, nous
n'avons pas de peine à croire ce que dit un de ses
biographes, que les relations du fils avec son père
devinrent très-tendues, et nous comprenons que
celui-ci, dans une lettre que l'on a citée, ait pu lui
reprocher son défaut d'ordre, son insouciance en
matière d'argent, sa facilité à contracter des dettes.
Nous verrons l'objet de ces reproches reconnaître
amèrement ses torts et expier cruellement les
erreurs de jeunesse qui pesèrent sur toute sa vie.
Mais nous doutons que le comte de Mauron, si
jaloux de son autorité paternelle, s'il eut le mérite
de comprendre pour son fils la nécessité de fortes
études, ait compris également l'obligation d'une
éducation morale digne d'un gentilhomme, et qu'il
ait eu le droit de joindre à la sévérité des conseils
et des leçons l'autorité plus sûre des exemples. L'un

le Comte de Plélo, avait écrit des Mémoires dont il ne subsiste
malheureusement que des fragments. Ces fragments, d'un tour
piquant et original, font regretter la perte du reste du manuscrit. »

cédait aux entraînements de la jeunesse; l'autre, sans avoir la même excuse, payait son tribut à l'immoralité du siècle. A la place du vieil esprit de famille, on n'aperçoit chez lui que l'orgueil d'un nom à soutenir.

C'est vers cette époque (1713 à 1719) que doit se placer un voyage de Plélo en Hollande et en Angleterre. On a conservé le souvenir d'un accident qui lui arriva dans les rues de Londres, et à l'occasion duquel il aurait eu peu à se louer de la courtoisie britannique [1]. Néanmoins la littérature de ce pays, encore peu connue chez nous, ne lui demeura pas étrangère, comme nous aurons occasion de le voir.

Lors de son retour, il se trouva réduit à un état de gêne tel qu'il fut heureux de partager le modeste logement du marquis de Monti, gentilhomme italien naturalisé en France, que nous retrouverons plus tard lieutenant général et ambassadeur en Pologne. Cette gêne, dont la Vieuville trace une description

---

[1] Voici comment la Vieuville rapporte le fait : « Son cocher l'avoit versé dans les fondements d'une maison en construction. Le peuple accourut à ses cris; mais, l'ayant reconnu pour un François, il se contenta de lui donner les épithètes que nous prodigue *cette nation féroce,* et le laissa se tirer lui-même de ce danger. » *Vie du comte de Plélo*, p. 20.

navrante, ne fait que rendre plus méritoire la conduite de Plélo au milieu des défaillances morales
amenées par le Système. Il ne voulut pas, comme
tant de noms illustres, aller mendier la fortune dans
les antichambres de Law; il refusa même de profiter de la baisse des billets pour exercer un retrait
avantageux sur une terre aliénée par son père.
Toutefois, M. de Rochefort, président au parlement
de Rennes, l'ayant forcé d'accepter vingt mille livres
pour renoncer à cette faculté, il s'en servit pour
acquitter quelques dettes criardes; mais en ce moment où la décadence du Système resserrait toutes
les bourses et renchérissait toutes choses, il se
trouva bientôt dans de nouveaux embarras.

Les traverses du comte de Plélo, dit la Vieuville,
datent du temps où il entra dans la gendarmerie.
Trop de négligence sur ses affaires, l'espoir d'avoir
un jour de grands biens, les injustices et la dureté
de son père, en furent les principales causes.

« Ce père, ajoute-t-il, le laissoit dans une misère hon-
teuse. Des personnes intéressées à l'éloigner de son fils[1]
empoisonnoient à ses yeux les moindres démarches de
celui-ci. Je n'entrerai pas dans le détail de ses mauvais

---

[1] Voyez plus loin le passage sur *la petite Gilonne*.

procédés. Je veux avoir pour sa mémoire les mêmes égards que Plélo eut pour lui tant qu'il vécut. »

Dans la malheureuse situation de ses affaires, qui lui faisait redouter le séjour de Paris, et par suite d'un arrangement avec son père, qui par là se déchargeait d'autant envers lui, Plélo accepta cette sous-lieutenance des gendarmes flamands [1], alors en garnison à Metz, que nous avons vue former le principal de sa dot. C'est à Metz qu'il connut le chevalier de la Vieuville, qui resta en liaison et en correspondance avec lui jusqu'à sa mort, et qui résume ainsi dans sa notice l'impression qu'il en reçut tout d'abord :

« Plélo avoit l'air ouvert et prévenant, l'humeur naturellement gaie, la douceur, l'enjouement, la vivacité qui font le charme de la conversation. Sans être doué de grâces, il savoit en mettre dans ses moindres discours.

« Comme moi, il étoit paresseux sans être fainéant et désiroit le loisir que donne la paresse pour le consacrer à la philosophie. »

---

[1] Les quatre compagnies de gendarmerie se composaient des gendarmes écossais, anglais, bourguignons et flamands. Elles avaient le Roi pour capitaine, et chacune d'elles était commandée par un capitaine-lieutenant ayant le grade de mestre de camp, qui s'étendait aussi aux sous-lieutenants.

Cette philosophie, vantée par la Vieuville, nous paraît toucher de bien près à l'épicurisme ; mais si les deux mois que notre jeune sous-lieutenant passa alors avec son ami furent donnés aux plaisirs de leur âge, nous avons lieu de croire que Plélo, intéressé à faire oublier les écarts et les prodigalités de sa première jeunesse, consacra les loisirs de sa vie de garnison, qui fut en tout de dix-huit mois, à acquérir ces talents agréables et ces connaissances solides dont témoigne la suite de sa trop courte carrière.

CHAPITRE III

Nous avons dit les cérémonies du mariage, et nous avons laissé les très-jeunes époux logés séparément dans le même hôtel, sous la surveillance d'une belle-mère fort éclairée sur toutes les questions qui se rattachent aux rapports entre les deux sexes, et qui voyait dans cette séparation une espèce de lutte, de gageure à soutenir, dont elle s'amusait. Les fêtes qui accompagnèrent et suivirent le sacre de Louis XV (octobre et novembre 1722) furent pour le jeune couple une occasion de paraître à la cour et dans le monde. Ils ne l'aimaient ni l'un ni l'autre, mais, chose étrange, ils y trouvèrent pour s'entretenir, pour s'observer, pour faire connaissance enfin, une facilité plus grande qu'à l'hôtel de la rue de Grenelle-Saint-Germain. Plélo devint plus empressé auprès de sa femme, dont le caractère aimable com-

mençait à se développer. Le jeune comte, à défaut
de la régularité des traits et de l'élégance de la
taille, avait des yeux pleins d'esprit et de vivacité. Sa
conversation, son humeur tenaient tout ce que pro-
mettaient ses yeux. La comtesse, toujours timide,
regardait comme un crime d'avouer à son époux le
plaisir d'en être aimée. Enfin, ce secret lui échappa.
Cette petite intrigue conjugale, commencée au milieu d'un monde qu'elle eût bien étonné, s'il lui eût
été donné de la comprendre, finit où et comme elle
devait finir. Le mari, devenu amant, subit toutes
les nécessités de ce rôle ; bientôt, il ne lui resta plus
qu'à corrompre une espèce de duègne, chargée de
défendre l'accès de la chambre conjugale; il y réussit,
et pendant quelque temps encore leur rapprochement
eut le charme du mystère et l'attrait du fruit défendu.
Enfin tout fut connu alors qu'il n'était plus temps de
rien cacher. A quelque temps de là naquit une fille [1]
dont la mort suivit de quelques mois la naissance.

Cependant tous deux étaient las de la vie mon-
daine qu'on menait à l'hôtel de la Vrillière, et pres-
sés du besoin d'être tout entiers l'un à l'autre. Notre
jeune couple chercha un nid pour y cacher ses

[1] Rose-Hyacinthe-Julienne.

amours. Il les cacha si bien que le biographe curieux est embarrassé de retrouver leurs traces. Habitèrent-ils alors cette maison de la rue de Verneuil qui paraît désignée dans leur contrat de mariage? Ce qui nous le ferait supposer, c'est ce passage d'une lettre de Plélo à Monti, du 3 février 1734 :

« Ma femme me charge de la rappeler à votre souvenir. Notre pauvre rue de Verneuil!... Quelle différence! »

N'est-il pas naturel d'y voir une allusion où Plélo, s'adressant à l'ami, au témoin des bons et des mauvais jours, oppose aux préoccupations politiques qui l'obsédaient alors la vie modeste et tranquille des premiers temps de son mariage? C'est un croissant de la lune de miel entrevu au milieu d'un ciel orageux.

Quoi qu'il en soit, nous retrouvons bientôt notre jeune ménage dans un asile encore plus éloigné du monde et du bruit. Madame de Sévigné et le marquis d'Argenson vont nous le faire connaître :

« Nous trouvâmes plaisant, écrivait la première, à la date du 4 décembre 1673, d'aller remener madame Scarron à minuit au fin fond du faubourg Saint-Germain, fort au delà de madame de la Fayette, quasi auprès de Vaugirard, dans la campagne : une belle et

grande maison où on n'entre point; il y a un grand jardin,
de beaux et grands appartements... Nous revînmes gaie-
ment à la faveur des lanternes et dans la sûreté des
voleurs. »

Plus d'un demi-siècle après, le marquis d'Argenson enregistrait ce souvenir dans son *Journal :*

« *Mai* 1736. — Je suis allé ce matin à une lieue de chez
moi rendre une visite à M. le marquis de Vilaines, quelques maisons après la barrière de Vaugirard. J'y ai été
voir autrefois M. et madame de Plélo... C'est dans cette
maison que furent élevés secrètement les enfants légi-
timés de Louis XIV... Ils y étaient sous la gouvernance
de madame de Maintenon, et ce fut là aussi où commencèrent les amours du Roi avec cette dame. Aujourd'hui
cette maison tombe en ruine [1]. »

On ne parlait alors que des complices de Car-
touche qui, malgré la prise et l'exécution de leur
chef, continuaient à semer la terreur dans Paris,
multipliant les vols, ne reculant pas au besoin devant l'assassinat et répandant partout une espèce de
crainte mystérieuse, soit par leurs méfaits réels,
soit par ceux que leur attribuait l'imagination populaire. On assurait que nul quartier de la capitale et

____

[1] *Journal et Mémoires du marquis d'Argenson,* publiés par la
Société de l'Histoire de France, t. III, p. 85.

des environs n'était à l'abri de leurs visites : les
vieux hôtels du Marais et du faubourg Saint-Germain, les riches demeures des parvenus du jour,
les quartiers populeux du commerce et de l'indus-
trie servaient également de théâtre à leurs exploits
vrais ou supposés.

La maison de Vaugirard, telle que nous venons
de la décrire, semblait, quoi qu'en eût dit madame
de Sévigné, désignée d'avance aux entreprises des
Cartouchiens. Un matin, Plélo est réveillé par le
bruit d'une arme à feu : il monte dans la chambre
d'un de ses domestiques qui lui avait servi de gouverneur. Il le trouve expirant d'un coup de pistolet
dans la gorge et d'un coup de couteau dans la poi-
trine. Le malheureux ne put prononcer que ces
mots : « J'ai fait ce que j'ai pu... » On arrête l'as-
sassin qui se trouvait encore dans la chambre, le
pistolet à la main. Il y a tout lieu de croire, dit la
Vieuville auquel nous empruntons ce récit, qu'il
avait voulu forcer le gouverneur, qui faisait alors le
service de valet de chambre, à lui donner la clef de
l'appartement de son maître pour l'assassiner ainsi
que madame de Plélo, et leur voler dix mille écus
qui étaient au chevet de leur lit.

Cette somme si heureusement sauvée venait probablement de la vente qu'il fit vers cette époque (1723) de sa sous-lieutenance des gendarmes de Flandre, partie en argent, partie en un contrat de rente qui devait être au denier vingt, et qui ne fut qu'au denier cinquante, dit la Vieuville, par la mauvaise foi du père de l'acquéreur. Plélo, ajoute-t-il, ne s'en aperçut que quand il n'était plus temps. Il acheta pour cent soixante-trois mille livres le régiment de dragons de Belabre [1] dont il ne devait retirer quatre ans après que cent vingt mille livres. Cette manière de traiter les affaires devait tôt ou tard porter ses fruits. La plume amie qui nous retrace l'histoire de ces années d'épreuves ne peut en dissimuler les tristes conséquences.

« L'acquisition du régiment, les dettes que Plélo avoit contractées avant son mariage et depuis pour être à la cour convenablement à son état, d'ailleurs l'envie de dépenser qui ne lui étoit que trop naturelle, comme il le

---

[1] 13 *octobre* 1723 : Commission de mestre de camp d'un régiment de dragons, ladite charge vacante par la démission du sieur de Belabre, pour le sieur comte de Plélo, sous-lieutenant des gendarmes de Flandre, avec rang de mestre de camp de cavalerie. Ce régiment, qui porta le nom de Plélo de 1723 à 1727, avait été créé le 11 décembre 1675 pour le comte de Dreux-Nancré, et devint régiment de chasseurs de Franche-Comté (4e de l'arme) en mai 1788. *Archives de la guerre.*

dit lui-même dans le compte qu'il rend de sa conduite [1] ;
des ajustemens trop recherchés qu'il fit faire à sa maison,
un esprit de paresse qui l'éloignoit de tout détail d'affaires, une jeune femme qui n'avoit pas plus d'expérience
que lui sur l'économie, et qui se contentoit d'arrêter les
comptes sans y rien entendre ; des domestiques qui met-
toient tout au pillage, de nouvelles injustices de son père,
tout concourut au désordre dans lequel il tomba, et qui
ne fit qu'augmenter dans la suite. »

Ce tableau du budget d'un jeune ménage avait
sans doute plus d'un pendant au dix-huitième siècle
dans les familles de noblesse ou de roture ; mais
tous ne possédaient pas, pour lutter contre les difficultés de la vie commune, les deux armes que leur
opposaient M. et madame de Plélo : l'amour et la
philosophie. C'est ce que leur biographe exprime en
termes touchants, bien qu'un peu empreints de la
phraséologie du jour.

« Sa jeune épouse l'aidoit à supporter toutes ces con-
trariétés. Ils s'aimoient tendrement ; ils trouvoient tous

---

[1] La Vieuville renvoie ici au tome Ier d'un manuscrit de la
main de Plélo, intitulé *Miscellanea,* et qui ne s'est pas retrouvé
dans les papiers de famille. Nous regrettons d'autant plus vivement la perte de ce manuscrit, qu'il paraît avoir renfermé, avec
des extraits de lectures et des projets de travaux, des détails
intimes, et, comme on le voit ici, des espèces de confessions.

les charmes de l'amour dans une union *qui le plus souvent sert à le détruire.* Elle avoit de l'esprit, du bon sens, une fermeté peu commune à son sexe. Il ne manquoit à leur bonheur qu'un peu plus d'aisance. Leur solitude étoit égayée le soir par un repas modeste que venoit animer la présence de quelques amis, et dont la bonne humeur, la franchise, la liberté faisoient tous les frais. »

Cependant la nécessité de rejoindre son régiment en Saintonge, puis quelques mois passés dans ses terres de Bretagne pour travailler au rétablissement de ses affaires, éloignèrent Plélo de sa jeune femme jusqu'au commencement de l'année 1725. C'est d'une de ces terres qu'il écrivait la lettre suivante au plus ancien de ses amis, le marquis de Saint-Georges, qu'il venait de retrouver en Saintonge après une séparation de sept ans :

« A Mauron[1], le 19 septembre 1724.

« La dernière de vos lettres m'a fait plus de plaisir que les autres. Elle m'a fait voir que vous aimiez les trois seules choses que je permette à mes amis d'aimer : moi, Horace et la philosophie. Vous ne pouvez être malheureux avec ces trois goûts réunis ensemble. Le premier vous fournira la ressource de la plus forte et de la plus sin-

---

[1] Près Ploermel (Morbihan). La seigneurie de Mauron avait été érigée en vicomté, l'an 1656, en faveur de Maurille de Bréhan, sieur de Mauron, conseiller au parlement de Bretagne.

cère amitié, un attachement à toute épreuve, et une
discrétion inviolable. Le second vous procurera sans
cesse l'amusement le plus digne d'un homme d'esprit,
et les principes les plus sûrs pour goûter les vrais
plaisirs. A l'égard de la philosophie, une esquisse de
l'idée que je m'en fais suffira pour vous en faire comprendre tous les avantages. Savoir se contenter de ce
que l'on a, n'envisager jamais le passé ni l'avenir que
dans une perspective gracieuse, ne point chercher des
sujets d'inquiétude ni de remords dans l'un ni dans
l'autre, d'autant que le premier ne peut se changer, et
que le dernier est incertain; mettre le présent de son
mieux à profit, se satisfaire autant que possible sur tous
ses goûts[1], ne se faire que peu de devoirs de société,
et les ajuster à son inclination, ne connoître d'autre
maître que soi, être d'une humeur égale dans l'adver-
sité, ainsi que dans la prospérité; regarder le chagrin
comme un poison, chercher à jouir du monde plutôt qu'à
le connoître, mépriser les jugements du vulgaire, ne
s'embarrasser de plaire qu'à ceux qui nous plaisent,
voilà à peu près ce que j'appelle la philosophie. Notre ami
Horace étoit bien de notre secte; écoutez-le parler sur
quelques points principaux de notre système, etc... »

Suivent des citations d'Horace, accompagnées

[1] La marquise de Lambert, dont Plélo fréquenta le salon,
disait à son fils : « Mon enfant, ne vous permettez que les folies
qui vous feront grand plaisir. »

d'une traduction élégante et facile par Plélo, qui conserva toujours une prédilection marquée pour cet auteur.

Chaque année ramenait pour le comte l'obligation de rejoindre son régiment, qui tenait garnison en différents lieux, tantôt en Rouergue, tantôt en Hainaut (à Landrecies); mais, chaque année aussi, le commencement de l'hiver rendait les deux époux à leur tendresse réciproque, bientôt resserrée par la naissance de deux enfants : un fils qui mourut jeune [1], et une fille, la seule de leur postérité qui ait survécu et qui devint plus tard duchesse d'Aiguillon [2].

[1] Théodore-Cerbonnet de Bréhan, comte de Plélo, né le 29 octobre 1725, mort en 1739, à l'âge de quatorze ans.

[2] Louise-Félicité de Bréhan, née le 30 novembre 1726.

CHAPITRE IV

Nous avons montré nos jeunes époux soutenus dans leurs premières épreuves par l'amour et la philosophie. Il faut y ajouter l'étude, dont le goût n'avait jamais abandonné l'un à travers les dissipations de sa première jeunesse, et que l'autre, en dépit de son éducation de couvent, restée toujours fort imparfaite, se mit à aimer dès qu'elle vit que son mari l'aimait. Cette aimable ignorante de dix-sept ans tâcha de se faire savante et studieuse, comme elle se faisait belle, pour être agréable à son époux. Il se plaisait à tourner : elle s'exerça au tour; aux expériences de physique et de chimie; elle se fit son aide et sa préparatrice. Plélo possédait une bibliothèque de livres choisis; il fut toute sa vie sinon un bibliomane[1], du moins un

---

[1] Nous avons à cet égard sa profession de foi dans une lettre

véritable bibliophile [1], et il aimait à se tenir au courant des principales publications de la France et de
l'étranger, depuis les plus frivoles jusqu'aux plus
sérieuses. Elle l'entendit un jour exprimer le regret
de ne pas posséder les actes de la Tour de Londres
que Rymer faisait alors paraître en Angleterre.
L'ouvrage était cher, le besoin d'économie impérieux ; et pourtant, à son retour de 'garnison, Plélo
trouva les précieux in-folio dans son cabinet. Sa
femme avait vendu ses boucles d'oreilles pour lui
procurer cette surprise. Nous imaginons qu'il y eut

écrite à l'abbé Alary, à propos de la vente des livres de M. de
Cangé, 9 juin 1733 :

« Je suis bien de votre avis sur l'agrément de trouver tout d'un
coup une jolie bibliothèque, comme celle de M. de Cangé, à
acheter. Une pareille rencontre, et deux ou trois autres encore,
sont les seules occasions où je regrette de n'être pas plus riche.
Mais qu'y faire ? Le plus court est de se contenter de ce qu'on a.
Dans le fond, il me semble que plus on lit et plus on trouve qu'il
y a peu de bons livres à lire ; j'en fais l'expérience. Otez les nouveautés, dont je suis toujours assez avide ; d'ailleurs, je me tiens
renfermé dans un cercle d'une centaine d'auteurs que je repasse
volontiers. Chez la plupart des autres, la peine passe le plaisir.
J'avoue de plus — ne le dites pas à M. de Sardières — que je ne
fais pas grand cas des ouvrages purement rares.

» Adieu, mon cher comte ; je vous embrasse de tout mon
cœur. »

[1] Ses armes figurent à ce titre dans l'*Armorial du Bibliophile*
de M. GUIGARD, page 167.

là un moment assez doux pour l'époux et pour le bibliophile.

Plélo aimait aussi la poésie. Les premiers vers que nous trouvons de lui sont adressés à sa femme, au moment où il quittait pour sa garnison du Rouergue le paisible séjour qui les réunissait à Paris (mai 1726).

> Jours heureux que je passe en cette solitude,
> Ne précipitez point un trop rapide cours;
> Coulez plus lentement, jours si chers aux amours,
> Suspendez, s'il se peut, la dure servitude
> Que du jaloux destin nous impose la loi.
> Laissez aux tristes jours des amants misérables
> Le soin de révérer ses décrets redoutables;
> Pour vous qui ne luisez que pour Clarice et moi,
> Qui voyez de nos cœurs les délices extrêmes,
> Et dans qui nous perdons tout autre souvenir
> Pour ne plus être qu'à nous-mêmes,
> Jours charmants, jours si beaux, faut-il vous voir finir!

On reconnaît un contemporain de Chaulieu à ces accents attendris, à cette poésie qui coule sans effort et dont une émotion sincère fait tous les frais.

Plus tard, il écrivait de Danemark au chevalier de la Vieuville des lettres mêlées de prose et de vers où nous retrouverons les mêmes idées et la même allure facile. Il connaissait mieux que beaucoup de ses contemporains nos vieux auteurs des

quinzième et seizième siècles, prosateurs ou poëtes,
Villon, Rabelais, etc., et il ne dédaignait pas d'en
faire à l'occasion d'agréables pastiches, témoin
ses lettres *en vieux langage* à l'abbé Alary, que nous
citerons plus loin, et ce gracieux couplet recueilli
par Moncrif[1] « entre quelques autres, dit-il, que
l'auteur avoit composés », et qui, fort répandu
alors, fut plusieurs fois mis en musique :

> Mieux vaut liesse,
> L'accueil sans finesse
> Des bergers pasteurs,
> Qu'avoir à largesse
> Or, argent, richesse,
> Ni la gentillesse
> De ces grands seigneurs.

Il parut en 1728 à Paris une traduction de l'*Essai sur le poëme épique* que Voltaire avait publié à
Londres en anglais l'année précédente. L'abbé Des-

---

[1] *Recueil de chansons*, 1755, in-8°, deuxième partie, page 25.
On trouve des vers de Plélo dans les recueils suivants :
Élite de poésies fugitives.
Recueil des meilleurs contes en vers, 1774-1784, 2 vol. in-8°.
Une pièce assez médiocre, intitulée *la Manière de prendre les
oiseaux*, avait été attribuée à Plélo par l'abbé de la Porte dans la
première édition de son *Portefeuille d'un homme de goût;* dans la
seconde, tome II, page 383, il la restitue à un auteur qu'il
nomme Betlencourt.

fontaines, qui se l'était d'abord laissé attribuer, déclara plus tard qu'elle était du comte de Plélo. « Il l'avoit faite, dit-il, pour s'exercer dans le temps qu'il apprenoit l'anglais à Paris[1]. » Nous ne voyons pas de raison pour douter de l'exactitude de cette déclaration[2] qui excita, nous ne savons pourquoi, la bile de Voltaire. Sous prétexte que la traduction dont il s'agit renfermait quelques contre-sens, il prétendit que c'était vouloir flétrir *du ridicule le plus avilissant* « un ministre, un guerrier digne d'être comparé aux Grecs et aux Romains ». Puis, apostrophant l'abbé :

« Pouvez-vous, s'écriait-il, insulter ainsi à la mémoire d'un homme aussi cher à la France ! Qui l'eût cru, qu'un

---

[1] *La Voltairomanie* (1738), page 26. — GOUJET, *Bibliothèque françoise*, tome III, page 170.

[2] Nous apprenons par une lettre de Plélo à l'abbé Conti que son attention s'était portée sur cet ouvrage : « Voltaire vient de faire imprimer à Londres un livre en anglois de sa façon, qui est un *Essai sur les guerres civiles de France,* servant d'introduction à son poëme de la *Ligue,* avec des réflexions sur les poëmes d'Homère, de Virgile, du Tasse et de Milton. C'est tout ce que j'ai pu savoir jusqu'à présent de cet ouvrage, auquel cependant on m'a assuré que M. Pope avait grande part. » 22 février 1728.

D'un autre côté Voltaire, dans une lettre à Thiriot, datée de Wantsworth, 14 juin 1727, dit qu'il a reçu *d'une main inconnue* une traduction de son *Essai* anglais (*English Essay*). Ce pourrait être la traduction de Plélo.

3.

ambassadeur qui a versé son sang pour la patrie... dût être avec vous en compromis[1]? »

Il y a là, ce nous semble, une dépense d'indignation bien gratuite. Nous retrouverons avec plaisir Voltaire parmi les admirateurs de l'héroïsme du comte de Plélo, mais ici nous ne pouvons guère voir autre chose que le désir d'injurier à toute occasion l'abbé Desfontaines.

La poésie ne fut jamais pour Plélo qu'une distraction à des travaux plus sérieux. Depuis quelque temps (1724-1725), il s'était formé à Paris une réunion d'esprits curieux et indépendants, qui s'occupait des matières de droit public, d'administration, de finances, etc. Renouvelant un premier essai tenté en 1692 pour cultiver des études qui ne rentraient point dans les travaux des trois Académies existantes, ils se réunissaient l'hiver dans un entresol loué par l'abbé Alary dans l'hôtel du président Hénault, place Vendôme, puis à la Bibliothèque du Roi, quand l'abbé y reprit son ancien logement. L'été, on allait se promener aux Tuileries sur les terrasses ou dans quelque allée

---

[1] *Mémoires du sieur de Voltaire; OEuvres*, édition Beuchot, tome **XXXVIII**, page 304.

à l'écart, causant de ce qui avait fait l'objet de la conférence.

La Société de l'*Entresol* compte parmi ses premiers membres l'abbé Alary, de l'Académie française et précepteur du Dauphin, qui en fut le fondateur et le président, et le marquis d'Argenson, dont les *Mémoires* renferment à cet égard d'intéressants détails. Seulement, à ce qui est dit dans le texte et dans les notes de l'édition donnée par nous de cet ouvrage [1], nous croyons devoir ajouter ceci : c'est que, si l'*Entresol* fut, comme s'exprime Sainte-Beuve, « un essai de club à l'anglaise en même temps qu'un berceau d'Académie des sciences morales et politiques », il resta français par le soin qu'il prit d'écarter les étrangers, ou de ne les admettre qu'à titre exceptionnel, et sur des questions qu'on appellerait aujourd'hui de droit international [2].

Bornons-nous ici à ce que d'Argenson rapporte du comte de Plélo, et de la part très-active qu'il prit

---

[1] *Journal et Mémoires du marquis d'Argenson,* publiés par la Société de l'Histoire de France, 1859-1867 ; 9 vol. in-8º.

[2] Voyez ce qui concerne l'abbé Franchini et Horace Walpole, tome Iᵉʳ, page 96 de ces *Mémoires,* et les *Lettres de Bolingbroke* des 13 juillet et 6 octobre 1724.

aux travaux de cette société dont il était un des plus jeunes membres.

« Plélo, dit-il, étoit de mes amis. Nous avions beaucoup vécu ensemble cinq ou six ans avant son départ pour le Danemark [1]. »

Et ailleurs :

« M. de Plélo nous a lu le commencement d'une belle dissertation sur le gouvérnement monarchique et sur les autres formes de gouvernement [2]. »

Outre l'abbé Alary et le marquis d'Argenson, Plélo comptait parmi les membres de l'*Entresol* beaucoup d'amis et de futurs collègues dans l'administration et la diplomatie : le comte d'Autry, le duc de Noirmoutiers [3], MM. de Lassay, de Bal-

---

[1] Il ajoute : « J'ai plusieurs lettres de lui, écrites de Copenhague, que je garde et qui sont bien écrites. » T. I[r], p. 194.

[2] *Ibid.*, p. 98.

[3] Voici le bel éloge que fit Plélo du duc de Noirmoutiers dans une lettre à l'abbé Alary, lorsqu'il le perdit en 1733 :

« Quelle perte nous venons de faire, mon cher Monsieur ! j'en suis inconsolable : de pareils amis ne se remplacent point, surtout aujourd'hui. Cet esprit judicieux qui ne s'égaroit jamais dans la recherche de la vérité, ce cœur noble qui se faisoit un plaisir d'obliger, ce caractère droit, ferme et égal, cette conversation aussi agréable qu'instructive; enfin cet assemblage de la probité gauloise avec l'urbanité romaine, dites-moi, je vous prie, où nous retrouverons cela. »

leroy, de Vertillac, de Champeaux, de Saint-Contest, etc. Plus tard nous le verrons, au fond du Danemark, incessamment préoccupé de ce qu'on faisait « à ce cher *Entresol* », des passages de ses lettres dont il fallait ou non donner lecture, de l'effet qu'elles y produisaient : « Qu'en dit l'*Entresol?*... Y a-t-on lu mes lettres?... Ne lisez pas tel passage à l'*Entresol,* etc. »

A cette première époque, les réunions présidées par l'abbé Alary n'avaient pas encore excité les ombrages du pouvoir. Le vieux Torcy ne dédaignait pas d'y paraître quelquefois, et le premier ministre Fleury suivait les travaux qui s'y élaboraient avec une attention qui ne dégénérera que plus tard en défiance.

En un mot, l'*Entresol* passa pendant quelque temps pour une utile préparation aux emplois publics, et Plélo, — c'est encore d'Argenson qui nous l'atteste, — était du nombre des bons *Entresolistes.*

Ce que nous possédons de sa correspondance pendant les années 1727 et 1728 tendrait à nous le montrer exclusivement livré à des préoccupations scientifiques et littéraires, et ne laisserait pas soupçonner les soucis cuisants que des documents

plus intimes vont bientôt nous révéler. Il écrivait
au comte d'Autry le 10 janvier 1727 :

« On parle toujours ici alternativement de la guerre et
de la paix. Le matin, nous avons les armes à la main ;
jusqu'à midi nous faisons des conquêtes admirables. Le
dîner suspend un peu cette ardeur martiale que le soin
de la digestion ralentit encore. A l'heure des spectacles,
on commence à parler d'accommodement, et on se couche
dans une tranquillité profonde. Plaisanterie à part, je
crois que nous n'aurons point de guerre, et je vous avoue
que si je souhaite de me tromper en tant qu'officier, je
souhaite encore davantage de conjecturer juste en tant
que citoyen, qualité qui, chez moi, prévaut sur toutes les
autres. »

Viennent ensuite des nouvelles littéraires :

« Un jacobin français renégat va imprimer à Constantinople des manuscrits hébreux, grecs, latins, qui pour-
rissoient dans les galetas du sérail. On parle d'un Tite-
Live entier : quels trésors ! — Lesage vient de donner
une seconde édition du *Diable boiteux*. Crébillon prépare
Catilina, Boissy *Alceste*, et Néricault Destouches le *Philosophe marié*, comédie en cinq actes. »

Nous avons de la même époque plusieurs lettres
de Plélo à l'abbé Conti, savant italien qui avait
voyagé en France et en Angleterre, et qui, comme

son correspondant, cultivait à la fois les sciences et la littérature [1]. C'est une véritable chronique où sont passées en revue les publications nouvelles, les séances académiques, les premières représentations, les discussions scientifiques, parfois même les ventes importantes comme celle de M. de Seignelay, le tout pêle-mêle avec les faits de politique générale [2] ou d'intérêt personnel. On y voit figurer la traduction d'Horace par le Père Tarteron, à qui Plélo ne pardonne pas d'avoir défiguré son poëte favori, « dont il rend rarement le sens et jamais les finesses, sans parler des retranchements que la robe de l'auteur rendoit nécessaires, et qui me font toujours souhaiter que de pareilles gens ne touchent point à ce qu'ils ne peuvent pas nous rendre en entier ». Viennent ensuite Rollin et son *Traité des*

[1] Madame du Chastellet, l'Émilie de Voltaire, lui adressa les vers suivants, que nous croyons inédits :

> Conti, gloire de l'Italie,
> Conti, de qui l'esprit allie
> Les grâces et la profondeur,
> Vrai savant sans être docteur,
> Qui, d'une main si ferme et d'un air si facile,
> Maniez avec tant d'honneur
> Le compas d'Archimède et le luth de Virgile, etc.

[2] « Les théâtres de ce pays, tant comiques que politiques, ne fournissent rien de nouveau. » Lettre du 5 janvier 1728.

études, Vertot et son *Histoire de Malte*, la réception du duc de Saint-Aignan à l'Académie française, le *Philosophe marié*, qu'il annonçait déjà dans la lettre au comte d'Autry, et à propos duquel celle à l'abbé Conti, du 25 avril 1727, nous révèle un petit fait littéraire assez curieux, dont les futurs éditeurs de Destouches devront faire leur profit. En envoyant à son correspondant la pièce qui venait d'être imprimée, Plélo ajoute :

« L'auteur a corrigé quelques endroits, et a ajouté dans d'autres des choses qui n'avoient point paru aux représentations. Vous en verrez un exemple à la page 71, scène 13ᵉ du IIIᵉ acte, où le financier Géronte répond à son frère qui vient de lui dire que c'est son honneur qui l'a appauvri :

> Bon! conscience, honneur, probité, sont des termes
> Que nous n'entendons pas à notre hôtel des Fermes.

« M. le contrôleur général des finances n'a pas goûté cette augmentation, et, comme défenseur de tous les habitants de l'hôtel des Fermes, il a même ordonné que l'on mît dans cet endroit de la pièce un carton où les vers ne fussent point. Cet ordre n'étoit pas encore mis en exécution lorsque j'ai eu l'exemplaire que je vous envoie, lequel est dans son entier. »

Les critiques que renferment les lettres à l'abbé Conti, presque toujours judicieuses dans le fond, sont souvent piquantes dans la forme. S'agit-il par exemple du *Traité d'optique* du Père Gaujet? Plélo, qui a entendu la lecture de sa préface chez le Père Desmolets, montre d'abord en quoi sa méthode s'écarte de celle de Newton, puis il ajoute :

« Après tout, je souhaite que M. Gaujet tienne tout ce qu'il promet, et surtout qu'il soit moins ténébreux dans son livre que dans sa préface, car, s'il l'est autant, je ne sache personne qui veuille aller chercher la lumière au travers d'une semblable obscurité. »

Il se préoccupe aussi de ce qui se passe à l'étranger, notamment en Angleterre. Rien n'échappe à sa curiosité, soit qu'il s'agisse des *Voyages de Gulliver,* dont la traduction venait de paraître en France, ou de la *Chronologie* de Newton et de son *Traité des couleurs,* dont il ne parle nullement en aveugle. La mort de ce grand homme et les honneurs qui lui sont rendus de l'autre côté de la Manche inspirent à notre jeune philosophe une sortie contre les préjugés trop communs alors chez nous à l'égard de ceux qui cultivaient les sciences. Il se tient au courant des pamphlets politiques où Walpole et Bolingbroke « se disent réciproquement beaucoup de vilaines choses, quoique dans le style le plus orné

et le plus fleuri ». Plus tard, les incidents parle-
mentaires de l'année 1733 lui inspireront pour les
hommes d'État anglais des témoignages d'admiration
d'autant moins suspects qu'il se montrera toujours
opposé à la politique extérieure de la Grande-Bretagne [1]. Enfin sa curiosité cosmopolite s'étend jusqu'à la nouvelle imprimerie qu'on vient d'établir à
Constantinople, et nous avons vu avec quel enthousiasme il saluait l'espoir longtemps caressé d'y découvrir un manuscrit complet des *Histoires* de
Tite-Live.

Cette correspondance, qui nous montre l'auteur
exerçant sur les travaux des autres son infatigable
curiosité, nous initie en même temps à ses études
personnelles, à ses relations de littérature et de
société. Lié avec l'abbé Dubos, avec les Pères Sou-
ciet et Desmolets, avec les savants abbés italiens
Conti, Facciolati, Fontanini, etc., il l'était également avec Fontenelle, qui servait de trait d'union
entre l'esprit et la science. Mais il semble qu'il fré-

---

[1] « A propos des Anglois, que dites-vous de ce qui se passe chez
eux? Je vous avoue que la manière dont les lords Chesterfield,
Clinton et autres ont remis leurs charges me paroît avoir quelque
chose de bien noble. De pareils traits me *haussent le cœur.* »
A d'Autry, 9 juin 1733.

quentait avec une prédilection marquée les salons
ou les châteaux des personnes aimables et lettrées,
tels que ceux des ducs de Sully, de Noirmoutiers et
de Liancourt[1], de mesdames de Saint-Aulaire, de
Lambert et surtout de Caylus, la nièce de madame
de Maintenon, l'auteur des *Souvenirs*. Ici on le voit
traduire pour elle une savante *Dissertation* de Gra-
vina. Là, pour satisfaire à la curiosité des amies de la
marquise, dont quelques-unes lui touchaient de près,
il demande à son grave correspondant d'envoyer
à ces dames leur bonne aventure de Venise, où il
paraît que cette science était cultivée avec succès.

« Nous parlâmes, il y a quelques jours, chez madame
de Caylus, de la cabale de Venise[2] et de quelques réponses

---

[1] Le marquis de Liancourt (Alexandre), de la maison de la
Rochefoucauld, né le 29 septembre 1690, mort le 4 mars 1742,
recevait à son château de Liancourt une société choisie d'hommes
du plus haut rang, de savants et de littérateurs, sur laquelle on
peut consulter : *Prose e poesie dell' abbate Antonio Conti*, Venezia,
1756, t. II, p. 55. Parmi ces hôtes distingués, l'auteur de la
notice en tête du volume n'oublie pas de mentionner Plélo : « *Era
questi un giovane che accopiava allo studio sentimenti eroïci,
degni di miglior fortuna.* » — *Ibid.*, p. 55.

[2] « La *Cabale pratique*, dit le *Dictionnaire de Trévoux*, enseigne
à opérer des prodiges par une application artificielle des paroles
et des sentences de l'Écriture sainte et par leur différente combinaison... Les cabalistes disent qu'en arrangeant certains mots
dans un certain ordre, ils produisent des effets miraculeux. »

assez justes que cette singulière combinaison de lettres avoit faites. Cela piqua la curiosité de madame de Plélo, et elle me chargea de vous envoyer trois noms pour voir ce qu'ils produiront; les voici : *Louis de Bréhan* (son second fils, mort à Copenhague en 1732), — *Louise Phelypeaux* (sa femme), — *Jeanne Phelypeaux* (la comtesse de Maurepas, sa belle-sœur). Ne vous chargé-je pas là d'une belle commission? Mais, monsieur, que voulez-vous? Il faut bien donner quelque chose à la curiosité d'une femme et d'une femme qu'on aime. »

Et dans la lettre suivante, il explique que les questions pour lesquelles il réclame une réponse sont celles-ci : Quelle sera la fortune de Louis de Bréhan ? — Louise Phelypeaux sera-t-elle toujours heureuse? — Qu'est-ce que Jeanne Phelypeaux aime le mieux dans le monde ?

C'est peut-être à la même époque[1] qu'il faut rapporter l'horoscope de M. de Plélo, pièce singulière, conservée aux archives de la maison de Bréhan et possédée ensuite par la duchesse d'Aiguillon, sa fille. C'est l'œuvre d'un Italien qui, dans un jar-

---

[1] La pièce porte pour titre : *Indicio soprà il presente anno* 1734; mais, comme on va le voir, plusieurs passages supposent que Plélo était alors à Paris, et sans doute incertain encore s'il devait partir pour son ambassade. Il y est fait allusion à des avis du même genre, donnés auparavant et renouvelés alors.

gon mêlé de phrases de cette langue, de latin, de
français et de signes cabalistiques, cherche à détourner Plélo d'un voyage qu'on lui propose, et
pour lequel celui-ci lui avait demandé une heure
favorable. « Je sais que Votre Excellence a du courage et que rien ne lui fait peur ; mais qu'elle se
garde de l'âge de trente-sept à trente-huit ans : c'est
une époque fatale. » — Voyage malheureux..., ennemis puissants..., mort violente à la guerre..., blessures dangereuses ou prison..., péril dans l'eau...,
telles sont les menaces mystérieuses répétées à plusieurs reprises dans cet horoscope[1], et qui, rapprochées plus tard des circonstances de la mort du
comte, ne purent manquer de faire impression sur
sa famille.

Quant à lui, il y donne sans doute fort peu d'attention, car le prophète de malheur l'adjure de ne pas
mépriser ses avertissements, en lui répétant qu'il y
va de sa vie, et lui rappelant qu'il l'avait déjà averti,
il y a quelques années, de se défier du moment présent[2].

---

[1] *Viaggio infausto... morte violenta in bello... morte violenta
o prisione... periculo in aqua...*

[2] « *Veda Vostra Eccellenza che si tratta della sua vita... Certo
che qualche anni ho parlato à V. E. di questo tempo...* »

CHAPITRE V

AFFAIRES D'ARGENT. — LES DETTES.

Qui croirait, à lire cette correspondance toute remplie de l'amour de la science et des lettres, des distractions d'une société élégante et choisie, que celui qui l'écrivait, jouissant d'un nom et d'une position enviés de tous, époux d'une femme charmante qu'il adorait et qui le payait de retour, était rongé par cette plaie secrète qui dévorait tant de familles de notre ancienne noblesse?

En 1727, le comte de Plélo n'avait pas moins de quatre cent cinquante mille livres de dettes! C'est son ami le chevalier de la Vieuville qui nous l'atteste, et il ajoute : « Sans doute la négligence qu'il apportoit dans les affaires entra pour beaucoup dans cette fâcheuse situation, mais son père en fut la première et principale cause. » Lui-même, dans une lettre intime à son beau-frère Maurepas

(22 janvier 1728), soulève un coin du voile dont il s'efforçait de couvrir ce fatal secret.

« La plus grande partie de mes dettes provient de l'achat que je fis en 1723 d'un régiment moyennant cent soixante-trois mille livres, lequel je n'ai revendu en 1727 que cent vingt mille. Plusieurs engagements imprévus auxquels mon père m'a forcé de souscrire ont encore augmenté considérablement mes dettes. »

Et dans ses *Miscellanea,* malheureusement perdus, mais dont la Vieuville nous a conservé le passage qui suit, il s'écrie amèrement :

« Quelle vie que celle d'un homme qui doit! Je ne me levois point que je ne trouvasse dans mon antichambre une douzaine de créanciers ; obligé de caresser l'un, de renvoyer l'autre, de promettre sans cesse ce que je savois ne pouvoir tenir ; sûr que celui-ci abusoit du crédit que je lui demandois pour mettre sa marchandise quatre fois au dessus de sa valeur, et que par là il me ruinoit ; que, retenant le salaire de celui-là, mon retardement à le payer lui causoit, ainsi qu'à sa famille, un tort considérable... Non, ce n'est pas vivre! Aussi n'osois-je me montrer ni aux spectacles, ni même dans les rues de Paris. Je m'imaginois toujours voir le parterre rempli de gens à qui je devois, et qui me reprochoient d'y occuper une place, ou d'avoir des habits, des domestiques et un équipage. Toujours forcé d'ailleurs d'avoir besoin de res-

sources pour vivre, empruntant un louis à l'un, un écu à
l'autre, souvent pour avoir les choses les plus nécessaires ;
ceux qui me les fournissoient, lassés de ne me voir point
recevoir d'argent, refusoient quelquefois de me fournir
à crédit ce que la nécessité et le besoin m'obligeoient à
leur demander. Dans ma grande jeunesse, j'avois dû et
j'avois souffert ; mais, outre que mes dettes alors étoient
peu considérables et que je me flattois qu'un mariage
avantageux répareroit ce désordre, ma raison peu formée
et le tourbillon des passions et des plaisirs m'empêchoient
de réfléchir sérieusement ; il n'en étoit pas de même en
1727 : je me trouvois obéré de toutes parts, sans ressource, presque sans espérance, et je crois que j'aurois
accepté d'aller à Madagascar pour me dérober à une
situation aussi affreuse. »

La fatalité s'en mêla, et, comme si ce n'était pas
assez de la mauvaise foi des autres, Plélo trouva le
moyen de tourner à son détriment sa propre délicatesse. C'est ainsi qu'il écrivait à son beau-frère
(22 avril) :

« M. Robert m'a mandé qu'on lui avoit fait des propositions de la part du sieur de Puisneuf pour le remboursement de mon contrat de soixante-dix mille livres, ce
qui me conviendroit assez, mais il y avoit un article
d'une pension de dix mille livres pendant le cours du bail
des vivres, qui ne me convient pas. Vous savez ma déli-

catesse sur ces sortes de monopoles, et la plus grande
misère ne m'en feroit pas écarter. »

Non-seulement deux successions, — Coislin et
Ferrand — sur lesquelles il avait nourri des espérances plus ou moins fondées, lui échappèrent, mais
encore cette ressource suprême à laquelle il recou-
rut avec tant de répugnance, la vente du régiment
auquel il était fier de donner son nom [1], fut pour
lui la source de nouveaux mécomptes [2]. La Vieuville parle de la mauvaise foi d'un notaire qui aurait
fait espérer à Plélo cent cinquante mille livres de
cette transaction. De son côté, la famille de Nicolay,
avec laquelle il traita, comptait n'avoir à débourser
que cent mille livres, prix ordinaire des régiments
de cette arme. Mais il résulte des lettres échangées
à cette occasion entre le président de Nicolay et les
ministres que le Roi, en autorisant Plélo à vendre,
avait entendu qu'il lui serait payé cent vingt mille
livres, taux auquel il prétendait fixer les ventes

---

[1] « Je suis charmé que votre fils ait le régiment de Plélo, qui
est bon et beau. » Montmorency-Tingry au président de Nicolay,
24 août.

[2] « 9 *août* 1727. — Commission de mestre de camp d'un régiment de dragons, ladite charge vacante par la démission du sieur
comte de Plélo pour le sieur de Nicolay, capitaine au régiment
de cavalerie de Noailles. » *Archives de la guerre.*

semblables à l'avenir. Force fut aux acquéreurs de s'exécuter [1], mais on conçoit que ces circonstances aient amené entre les deux familles des tiraillements dont on aperçoit la trace dans l'exposé de l'affaire par le chevalier de la Vieuville.

Quoi qu'il en soit, ces quarante mille écus, ainsi qu'il le fait remarquer, auraient dû satisfaire un grand nombre de créanciers, mais ils furent distribués sans règle et sans ordre, de sorte qu'à la fin de 1727, Plélo devait encore trois cent vingt mille livres. Sans régiment, sans emploi, poursuivi par une meute de créanciers, presque abandonné de sa famille, il écrivait à son beau-frère Maurepas le 17 janvier 1728 :

« Vous verrez jusqu'à quel point je suis capable de m'exécuter quand il s'agit de mon honneur. »

Et quelques jours après :

« J'ai pris le parti d'abandonner à mes créanciers la

[1] « M. de Maurepas demande même que, si vous faisiez difficulté de donner les 120,000 livres, le régiment restât à M. de Plélo, dont lui et la famille de madame de la Vrillière tâcheroient d'arranger les affaires. » Le Blanc à M. de Nicolay, 17 août. Ce renseignement, ainsi que ceux qui précèdent, sont empruntés au premier volume des *Pièces justificatives pour servir à l'histoire de la maison de Nicolay,* d'où M. de Boislisle a bien voulu les détacher par avance pour nous les communiquer.

meilleure partie de mon bien, et d'aller cacher ma misère dans le fond d'une campagne. »

Enfin, dès le 5 janvier, il annonçait sa résolution
à l'abbé Conti, et lui racontait toutes les péripéties
des quatre mois d'angoisses qui venaient de s'écou-
ler, en des termes que nous nous reprocherions de
ne pas reproduire littéralement.

« Paris, le 5 janvier 1728.

« Quelque paresseux que je vous semble, monsieur,
et quelque raison même que vous ayez de me croire tel,
prenez-vous-en moins à moi de mon long silence envers
vous, qu'à une suite affreuse d'affaires et d'inquiétudes
qui m'ont à peine laissé respirer depuis quatre mois. La
vente de mon régiment a commencé : il m'a fallu essuyer
presque autant de peines et de soins pour faire ce premier
pas vers la liberté qu'on en essuie ordinairement pour
la perdre. Parents, créanciers, tout s'est ensuite réuni
pour me tourmenter. Pour comble de malheur, j'ai pensé
perdre mes enfants, et ma femme a été aussi assez mal.
Il m'a fallu faire face de tous côtés en même temps, et je
vous assure qu'il n'y a point de temps de ma vie où j'aie
eu plus de besoin d'un peu de penchant à la philosophie.
Heureusement cependant m'en voici presque entièrement
quitte : ma famille se porte bien, mes affaires s'arran-
gent, je suis libre, et je n'attends que la belle saison
pour aller à la campagne :

Ducere sollicitæ jucunda oblivia vitæ.

« L'endroit où je me retire [1] est en Normandie auprès de Vernon, à dix-sept lieues de Paris. La situation est belle et la maison commode. D'ailleurs j'y porte tous mes livres avec force instruments de physique : lunettes, microscopes, machines du vuide, fourneaux, alambics, tours, outils de toute espèce; je ne sais ce qui ne m'accompagnera pas dans mon voyage, de tout ce qui peut rendre l'étude instructive et amusante; mais ce qu'il y a de mieux, c'est que nous y portons, ma femme et moi, beaucoup de tendresse et d'estime l'un pour l'autre, un grand fonds de bonne humeur, et une entière indifférence pour tout ce que nous quittons. De plus, un très-galant homme, nommé M. de Beaufort, qui est un des bons géomètres de l'Académie des sciences, et homme de fort bonne compagnie, a bien voulu s'attacher à ma fortune, et venir partager avec moi ce que d'autres appelleroient les ennuis de la campagne [2].

« Je crois qu'après ce détail vous ne me plaindrez plus. Que ne pouvez-vous, mon cher monsieur, être un peu des nôtres! rien ne manqueroit à ma satisfaction. A défaut de ce bonheur, donnez-moi au moins souvent de vos nouvelles; je vous promets que notre commerce ne tarira point de mon côté. L'étude à laquelle je me suis enfin rendu tout entier, après ne m'être que trop longtemps

---

[1] Le château de Brécourt, qu'il venait de louer auprès de Vernon, le préférant à son château de Mauron, où il était obligé à trop de dépense.

[2] Plélo comptait lui confier l'éducation de son fils, quand il serait en âge.

défendu contre elle, me fournira de quoi vous entretenir. J'ai profité déjà du temps que j'avois à rester ici
pour prendre quelque teinture de chimie. La géométrie
et l'astronomie auront leur tour d'abord que je seroi
dans ma solitude; il y a tant de relations entre toutes les
sciences qu'on se sent entraîner nécessairement de l'une
à l'autre par elles-mêmes. Mais c'est trop vous ennuyer
de ma personne; soyez sûr cependant qu'il faut que je
vous croye bien de mes amis pour vous avoir si longtemps
parlé de moi. »

La Vieuville confirme et complète ce tableau.
Ainsi, à l'énumération des objets que M. et madame
de Plélo devaient emporter dans leur ermitage, il
ajoute des instruments pour la peinture et le dessin,
trois cents volumes de livres choisis, tant français
que latins, anglais et italiens, et, parmi les hôtes
qui devaient en charmer la solitude, un jeune mé-
decin nommé Laporte, versé dans la chimie, « trop
éclairé pour ne pas connoître le danger de cet art,
trop honnête homme pour en abuser »; enfin par-
dessus tout, comme principale ressource, « une
espèce de philosophie flexible à tout événement,
une humeur égale, une femme d'esprit et de courage qu'il adoroit et dont il étoit chéri ».

CHAPITRE VI

L'AMBASSADE DE DANEMARK.

Plélo avait dit : « Pour sortir de la situation où
je me trouve, j'irais, je crois, jusqu'à Madagascar. »
Il n'alla pas si loin, mais, au moment où il se disposait à partir pour son ermitage avec sa femme,
ses livres, ses instruments et sa provision de philosophie, il reçut une lettre par laquelle son beau-
frère Maurepas lui mandait que M. de Chauvelin,
garde des sceaux et ministre des affaires étrangères,
lui avait offert pour Plélo l'ambassade de Danemark,
le chevalier de Camilly [1], qui en était pourvu, ayant
demandé son rappel.

Au premier moment, Plélo fut abasourdi. Man-
quant de souplesse, ennemi de la dissimulation,
craignant la responsabilité, commençant à prendre

---

[1] Blouet de Camilly, d'une famille normande. Il ne figure
comme ambassadeur en Danemark que dans l'année 1728 de
l'*Almanach royal*.

goût à la vie privée et à l'économie, il semblait qu'une fée contrariante se fût étudiée à faire de lui le contraire d'un diplomate. En vain depuis quelques années ses amis, ceux-là surtout qui avaient été initiés à ses travaux de l'*Entresol* [1], — et M. de Camilly était du nombre, — lui affirmaient qu'il y avait en lui des aptitudes, ou comme on disait au dix-septième siècle, des parties d'un ambassadeur. Sa modestie résistait à leurs raisonnements, et, tout récemment encore, quand le marquis de Bonnac avait quitté l'ambassade de Constantinople, Plélo s'était obstinément refusé à se donner le moindre mouvement pour obtenir ce poste envié. D'ailleurs que deviendrait sa jeune femme? Faudrait-il donc se séparer d'elle ou l'emmener à l'étranger? Quelle pénible alternative !

Il courut à Fontainebleau conférer avec Maurepas, qui employa toute son adresse, — et l'on sait s'il en manquait, — pour le décider à accepter. Il renchérit sur les arguments de ses amis, lui représentant

______

[1] « Rien, dit d'Argenson, ne contribua davantage à envoyer M. de Plélo notre ambassadeur extraordinaire en Danemark, que de se trouver alors des bons *entresolistes*. Son Éminence avoit une médiocre opinion de lui; ce qu'il nous entendit dire le releva, et ses succès en ambassade ont rejailli sur l'*Entresol*. » — *Journal et Mémoires*, t. I, p. 104.

qu'il devait à son nom, à sa famille, de ne pas rester oisif à son âge. Puis réservant pour la fin, en avocat habile, ses deux arguments décisifs, il lui parla de sa femme, qui consentait à le suivre ; de ses enfants, envers qui il était tenu de tout faire pour rétablir sa fortune, laquelle était aussi la leur. Ses appointements suffiraient à ses dépenses ; son revenu serait appliqué tout entier à l'acquittement de ses dettes, qui se trouveraient ainsi plutôt éteintes.

Payer ses dettes, les payer promptement, mettre ainsi un terme au supplice que nous l'avons entendu décrire en termes si énergiques, dégager son nom, son honneur, celui des êtres qui lui étaient chers ; Plélo ne résista pas à de pareilles considérations, il céda, et, comme dit la Vieuville, la même raison qui l'avait fait renoncer au métier de la guerre le réengagea dans un autre.

Maurepas, pour fermer la porte à tout retour en arrière, l'avait conduit, séance tenante, chez le garde des sceaux Chauvelin, qui avait le département des affaires étrangères. Celui-ci, en prenant acte de son acceptation, lui recommanda le secret jusqu'à nouvel ordre. Tout ceci se passait dans les premiers mois de l'année 1728. Pendant ceux qui suivirent, Plélo commença résolûment son apprentissage de diplomate. Il se montra le moins possible, parla peu, s'interdit toute correspondance et se mit à étudier sans partage la politique et la diplomatie. Il était difficile que la chose restât entièrement secrète dans un certain monde, mais ce ne fut guère que vers le mois d'octobre qu'il crut pouvoir annoncer à ses amis du dehors l'événement qui était venu changer toutes ses résolutions. A l'abbé Conti, confident depuis quelques années de ses préoccupations littéraires, et, en dernier lieu, de ses projets de retraite champêtre et philosophique, il écrivait le 14 octobre une lettre charmante que nous croyons devoir reproduire tout entière.

« A Paris, ce 14 octobre 1728.

« Je ne scay si vous en aurez cru la Gazette, monsieur, lorsqu'elle vous aura appris que je vais ambassadeur extraordinaire en Danemark. Rien n'est cependant plus vray, et, malgré tous mes beaux projets de retraitte, me voicy rembarqué dans le monde plus que jamais. Je sens bien que vous pouvez m'appliquer là dessus les paroles d'Horace :

> Hæc ubi locutus fœnerator Alphius,
> Jamjam futurus rusticus,
> Omnem relegit Idibus pecuniam
> Quærit Calendis ponere.

« Mais qu'y faire ? toutte une famille enragée de me voir
oisif dès vingt-neuf ans, une trouppe d'amis auprès de qui
je voyois insensiblement que mon espèce de sagesse m'ac-
querroit la réputation d'un fou, peut-estre aussi un reste
d'ambition de ma part, et mille autres raisons encore se sont
touttes jointes pour me déterminer; enfin, soit persuasion,
soit foiblesse, je me suis laissé entraisner, et je pars dans
un mois ou six semaines pour Copenhague. Ne me faittes
pas cependant le tort de croire que ce changement dans
mes résolutions vienne d'un fonds d'inconstance dans le
cœur. Tousjours fidelle à mes anciens gousts, je ne re-
nonce à aucun d'eux. La philosophie, les belles lettres,
l'histoire auront une bonne partie de mon temps comme
elles l'auroient eu en Normandie; mais sur quoy j'ose
assurer qu'il y aura encore moins de changement chez
moy, c'est sur ma façon de penser pour mes amis. Ministre
comme particulier, courtisan comme campagnard, habitant du nord comme du midy, ils me seront toujours
également chers. Vous estes pour une trop grande part
dans cette protestation pour que je ne vous prie pas de
la regarder comme la plus sincère qui se puisse faire.
J'espère que, de vostre côté, vous voudrez bien me continuer à Copenhague les mesmes sentiments dont vous
m'avez honoré à Paris, et que cette différence de séjour
ne vous fera point cesser de me donner de vos nouvelles :
elle doit mesme vous engager à m'en donner plus souvent, et à ne pas estre, soit dit en passant, plus de huit
mois sans qu'on entende parler de vous. Je n'auray
point d'autre plaisir que celuy de voir mes amis ne me

point oublier, et il y auroit bien de la cruauté à vous à me le refuser.

« Il n'y a icy aucune nouvelle, ni en politique ni en littéraire. La paix de l'Église est ce qui occuppe présentement tout le monde; on espère qu'elle est plus d'à demy conclue. A l'égard de l'autre, elle vient lentement, mais à la fin elle viendra. Adieu, monsieur; j'ai l'honneur d'estre avec le plus parfait attachement vostre très humble et très obéissant serviteur.

« Plélo [1]. »

Restait à régler la question d'argent. Plélo donna à son beau-frère Maurepas une procuration générale par laquelle il s'engageait à ne rien toucher des quarante-huit mille livres d'appointements que la Cour devait lui donner. Avant le cardinal de Fleury, le traitement des ambassadeurs partait du jour de leur nomination, bien que leur départ fût souvent retardé; mais l'économie étroite de Fleury, qui devait, quelques années après, forcer d'Argenson à refuser l'ambassade de Portugal [2], se montra en

---

[1] Nous avons conservé fidèlement le texte et même l'orthographe de cette lettre, dont nous possédons l'original. Les autres lettres à l'abbé Conti, dont nous avons donné précédemment de nombreux extraits, nous ont été obligeamment communiquées par M. Chasles, membre de l'Institut, qui les avait acquises à la vente Renouard, 21 juin 1855, n° 566 du Catalogue.

[2] *Journal et Mémoires du marquis d'Argenson*, t. II, p. 186.

cette occasion : Plélo dut se contenter de douze
mille livres pour ses frais d'installation, et son traitement ne courut que du jour où on lui remit ses
instructions, novembre 1728.

Cependant la comtesse de Plélo n'était pas complétement remise des suites de sa dernière grossesse,
et madame de la Vrillière retardait tant qu'elle pouvait sa séparation d'avec sa fille, mais celle-ci déclara qu'elle voulait partir avec son mari, et tous
deux partirent en effet le 12 février 1729.

Ils eurent des chemins affreux jusqu'à la Haye,
où ils arrivèrent le 25 février. Plélo vit le grand
pensionnaire et le ministre de Danemark, qui lui
demandèrent le renouvellement de leurs traités de
commerce avec la France. Un mois après, il eut sur
le même objet des conférences avec M. Poussin,
envoyé extraordinaire du Roi dans les cercles de la
basse Allemagne. Il fallut commencer à faire de la
diplomatie, car la France se proposant d'établir des
relations commerciales directes avec le Danemark,
Hambourg et la Hollande, dont le commerce consistait surtout en opérations de courtage, n'auraient
pas manqué de les contrecarrer. Du reste Plélo
mettait un zèle louable à s'instruire. Auprès de
M. Poussin, qui avait déjà passé par ces prélimi-

naires, il s'enquérait des usages diplomatiques relatifs au cérémonial, aux présents. Il écrivait au garde des sceaux Chauvelin, son supérieur hiérarchique : « Guidez mes pas dans une carrière où je n'ai encore que ma bonne volonté pour me conduire, et où je sens qu'il me manque encore bien des lumières. » En même temps il appelait auprès de lui, comme secrétaire, M. Malbran de la Noue, cidevant secrétaire d'ambassade en Suisse, employé depuis en qualité de ministre de France à la diète de Ratisbonne.

Enfin, le Belt étant débarrassé de glaces, le comte et la comtesse de Plélo, partis de Hambourg le 9 avril, arrivèrent le 17 à Copenhague.

CHAPITRE VII

ARRIVÉE A COPENHAGUE. — ENTRÉE EN FONCTIONS.
FRÉDÉRIC IV ET SA COUR.

Nous laisserons Plélo décrire lui-même ses premières impressions. Le lendemain de son arrivée
(18 avril 1729), il écrivait au comte d'Autry :

« Enfin, mon cher comte, après un voyage de deux
mois et cinq jours, nous arrivâmes hier en cette ville sur
les cinq heures du soir. Nous traversâmes en y entrant tous
les vestiges de l'incendie[1], qui forment un spectacle horrible. Par bonheur, nous n'avons rien de cette triste vue
dans la maison où nous sommes, et nos fenêtres ne nous
présentent rien que d'agréable. Elles donnent sur une
grande place au milieu de laquelle est la statue équestre
de Christian V, roi de Danemark. Cette place est enceinte
d'un double rang d'arbres qui sont les Tuileries de la

---

[1] Celui du 20 octobre 1728, qui dura deux jours et trois nuits,
et consuma soixante-quatorze rues et places publiques, mille six
cent cinquante maisons particulières, cinq églises, presque tous
les bâtiments de l'Université, l'Hôtel de ville, etc.

ville[1]. Nous avons d'un autre côté un canal où il vient d'assez gros bâtiments presque sous nos fenêtres. Nous sommes parfaitement bien logés[2]. Il ne nous manqueroit que d'y voir nos amis... Madame de Plélo se porte bien, à la grossesse près. »

Dans une autre lettre à l'abbé Alary, du 22 avril, il s'exprime sur le compte de sa femme en des termes où l'on reconnaît sa tendresse et sa sollicitude ordinaires :

« Elle a, dit-il, soutenu ce long voyage avec un courage qu'on auroit de la peine à attendre des personnes les plus robustes, et qui est encore plus singulier d'une femme de 21 ans dont le plus grand voyage avoit jusqu'alors été de Paris à Fontainebleau, qui de plus a été fort mal en chemin, et qui, par dessus le marché, se trouve grosse. »

Notons aussi, comme une de ces premières impressions générales, le passage suivant d'une lettre au marquis de Monti :

« On ne dîne ni on ne soupe ici. Le Roi par lassitude,

[1] Le Nouveau Marché du Roi ou la Place Royale, devant le château de Charlottenburg. Nous avons pu vérifier l'exactitude de cette description sur l'ouvrage : *Hafnia hodierna* ; Copenhague, 1748, in-4°, planches XVII et XIX.

[2] « *Magnificos tuos lares* », dit, en parlant de l'hôtel de l'ambassade, un écrivain danois (Bussœus), l'obligé de Plélo, il est vrai, et un peu porté à l'exagération. Voyez ci-après.

son fils par tempérament, n'aiment pas les plaisirs, et vous savez que les rois sont toujours la boussole de leur cour. On y est à la vérité assez poli, mais on y est fort triste : chacun pleure sa maison brûlée et ne pense point à la rebâtir. » (3 septembre.)

L'un des premiers soins du représentant de la France consistait à connaître l'esprit du gouvernement danois, le caractère des personnes qui avaient le pouvoir ou l'influence, les dispositions de ce gouvernement à l'égard de l'Europe, le parti que la France en pouvait tirer.

La révolution de 1660 avait abaissé la noblesse et donné à la royauté un pouvoir presque absolu, tempéré heureusement par les lumières de quelques souverains. Les successeurs de Frédéric III avaient continué son omnipotence ; mais Christian V (1670-1699), par l'établissement du Code danois, introduisit une vie nouvelle dans l'administration civile et judiciaire. Frédéric IV, actuellement régnant, né en 1674, avait succédé à son père le 25 août 1699. Il avait aboli le servage, du moins en principe, terminé la guerre entre la Suède et le Danemark par la paix de Frédéricksborg (1720) et opéré de sages réformes dans les finances.

Au mois de juillet 1720, la France et l'Angleterre avaient garanti au roi de Danemark le duché de Slesvig, conquis par lui. Il en résulta entre les trois États des relations plus étroites qui furent cimentées en 1727 par un traité d'alliance. Le préambule de ce traité portait :

« Que, comme les rois de France et de la Grande-Bretagne avoient lieu de croire que la Russie pouvoit avoir dessein d'attaquer le roi de Danemark, pour ôter à ce prince le duché de Slesvig, ou exécuter d'autres projets contraires à la tranquillité du Nord et de la Basse Saxe, et porter atteinte au traité d'Hanôvre, Leurs Majestés Très-Chrétienne, Britannique et Danoise étoient convenues : Que Sa Majesté Danoise (art. I) tiendroit sur pied 24,000 hommes, avec leurs équipages et artillerie, pour se porter partout où besoin seroit, sur les premiers avis certains qu'on auroit que des troupes moscovites et de toute autre puissance viendroient pour attaquer le Slesvig, ou pour troubler le repos et la tranquillité de la Basse Saxe et des provinces appartenant aux hauts contractans dans le cercle de Westphalie.

« Sa Majesté Très-Chrétienne (art. III), pour aider Sa Majesté Danoise à soutenir la dépense qu'elle seroit obligée de faire pour remplir l'engagement ci-dessus, s'obligeoit à lui fournir, pendant quatre ans, un subside annuel de trois cent cinquante mille rixdalers (un million quatre cent mille livres)[1]. »

---

[1] FLASSAN, *Histoire de la diplomatie française*, t. V, p. 32.

C'était ce traité, signé à Copenhague, le 16 avril
1727, par le comte de Camilly, prédécesseur de
Plélo, que celui-ci avait mission de renouveler, ou
plutôt de refaire sur d'autres bases et avec des con-
ditions meilleures. En effet, il était plus onéreux
qu'utile à la France. Il lui assurait au besoin le concours de vingt-quatre mille Danois, — la Vieuville
dit douze mille, — dans les cas indiqués par l'article 1er, mais ces cas étaient assez vaguement spé-
cifiés, et, dans la pensée de la France, s'étendaient
à bien des éventualités possibles en Allemagne et
en Pologne. D'ailleurs, la garantie promise au Danemark pour le Slesvig était subordonnée à un
dédommagement au duc de Holstein soutenu par la
Russie et l'Empire, qui demandaient pour lui, ou
la restitution du duché, ou une forte indemnité,
et l'obligation, pour l'Angleterre et pour la Suède,
d'en supporter leur part n'était pas assez nettement
stipulée[1].

Il y avait donc trois intérêts dominants pour la

---

[1] « Il est vrai, lit-on dans le *Mémoire pour servir d'instruction
à M. de Plélo,* qu'on n'a pas de preuve matérielle de cet engagement des Anglois; mais, quand on l'a avancé en présence des
ministres danois, ils ne l'ont pas nié, et un jour M. de Weder-
koop, pressé sur ce point, laissa dans sa vivacité échapper ces
mots : « Mais que l'Angleterre remplisse donc ses engagements

France : 1° Établir dans la Basse Allemagne, afin de contre-balancer la Russie et ses adhérents, un centre de résistance dont le Danemark, par sa position géographique et par la réputation de ses troupes, devait être l'un des principaux éléments. Malheureusement, le Danemark croyait alors avoir peu à redouter de la Russie qui, depuis la mort de Pierre Ier, lui paraissait plus occupée de la Turquie et de la Perse que de l'Europe, de sorte qu'il semblait plutôt disposé à se rapprocher des Russes, ou du moins à inspirer cette crainte à la France. — 2° Former entre la Suède et le Danemark, ces deux voisins toujours jaloux l'un de l'autre, une alliance qui pût empêcher l'Angleterre de se rendre l'arbitre du Nord, et rétablir dans cette partie de l'Europe l'équilibre rompu par la prépotence de la Russie. — 3° Résoudre, s'il était possible, cette question du Slesvig qui devait survivre à toutes les autres, et dont un ministre danois disait à Plélo en 1731 :

« Ce petit morceau de pays nous est de trop de consé-

» de contribuer à la moitié de l'indemnité ! » *Archives des affaires étrangères.— Négociations de M. de Plélo, 1729-1734, t. V, in-4°* (Copie). On recommandait à notre ambassadeur de tâcher d'avoir copie d'un traité de 1715 entre le Danemark et l'Angleterre, où cette obligation aurait été stipulée ; à la date du 19 juillet 1729, Plélo écrivait au Roi qu'il n'avait pu encore parvenir à se la procurer.

quence, et, en vérité, nous a coûté trop cher dans tous les temps pour que nous entendions jamais le relâcher. »

En signalant les intérêts des diverses puissances, nous n'avons pas parlé de la Prusse parce que pour le moment elle songeait surtout à grossir son trésor et son armée. « Ce n'étoit pas pour nous, dit la Vieuville, une alliée désirable; il suffisoit qu'elle craignît de nous avoir pour ennemis. » Dans le courant de 1730, ses entreprises sur le Hanovre faillirent mettre le Danemark en demeure de s'allier avec l'Angleterre et avec la France pour les repousser. Il y eut un échange de notes à cette occasion. Plélo envoya à son Gouvernement un état des forces danoises, et l'on voit dans une de ses dépêches, du 30 août 1729, que la Prusse parlait « de marcher et de faire servir ses grands grenadiers », mais que le Danemark ne regardait pas ses menaces comme bien sérieuses.

Dans la mission de notre ambassadeur, les intérêts commerciaux se combinaient avec les considérations politiques. Dès 1694, on avait jeté les bases d'un traité de commerce entre la France et le Danemark, resté sans résultats, mais pour lequel des négociations avaient été reprises depuis deux ans.

La Hollande s'était emparée du commerce entre les deux pays, et il fallait arriver à supprimer cet intermédiaire. Ici encore on retrouvait l'influence jalouse de l'Angleterre. Plélo écrivait au roi de France, 24 mai 1729 :

« Les Anglois ont ici assez de crédit : on y est accoutumé de longue main à être lié avec eux. Leurs présents et leur air d'opulence les y font considérer... D'ailleurs on tient à les ménager, tant parce qu'on les regarde comme la seule puissance maritime dont on pût être secouru contre la Russie, qu'afin d'en être appuyé pour éloigner autant qu'on pourra les discussions sur le Slesvig... Avec tout cela cependant leur trop grand pouvoir sur mer les rend suspects; l'envoi fréquent de leurs flottes dans la Baltique, sur la moindre difficulté qu'on leur fait, a un air de tyrannie qui révolte le roi de Danemark, et leur jalousie inquiète sur le commerce, dont ils semblent vouloir s'arroger le privilége exclusif, commence à faire regarder leur amitié comme un joug très-incommode. »

Mais revenons aux débuts de notre jeune et novice ambassadeur. Quoique disposé d'abord à se contenter de la dénomination plus modeste de ministre plénipotentiaire, il avait pris ce titre sur le désir qu'en avait exprimé le roi de Danemark. Nous avons vu que les questions d'étiquette l'avaient déjà préoccupé avant son arrivée à Copenhague. Ce fut bien pis après. Sur ce point, comme sur beaucoup d'autres, nous laisserons autant que possible la parole à Plélo et à ses correspondants, en nous servant tour à tour de ses dépêches officielles adressées au Roi, au cardinal de Fleury, au garde des sceaux Chauvelin, et de ses lettres intimes à son beau-frère Maurepas et à ses amis. Il en résultera souvent un piquant contraste entre le ton des unes et des autres, entre les discours du diplomate et les opinions de l'homme privé.

Par exemple, il écrivait à Maurepas à propos du cérémonial :

« Je vous avoue que ces balivernes là m'ont beaucoup plus embarrassé que l'essentiel de mon métier. »

Et à son collègue Monti, en le félicitant de n'avoir point de tracasseries de ce genre à essuyer :

« Je ne connais rien de plus désagréable pour un homme de sens que ces sortes de misères; elles rétrécissent l'esprit et lassent la patience. »

Ailleurs, après quelques plaisanteries sur un M. Lercq, grand maître des cérémonies, avec lequel il avait eu à débattre ces graves questions de visites, de préséances, etc., il ajoute :

« Je me suis décidé à prendre pour devise : un peu de

roideur dans les occasions d'éclat, beaucoup de politesse
dans le commerce ordinaire. »

Enfin, le 17 mai, il put donner à son beau-frère
des nouvelles de sa présentation :

« J'eus hier mon audience du Roi et de la Reine. Tout
s'y passa à l'ordinaire. Mais ce qu'il y eut de plus singulier est que je ne fus pas aussi déconcerté que je l'aurois
cru. De vous dire cependant que je ne le fus point du tout,
seroit trop. Deux harangues[1], huit révérences et l'idée
d'être en spectacle à toute une cour ne pouvoient manquer de m'embarrasser. Mais je ne perdis pas un mot
de mon discours, je ne tombai point en faisant mes révérences, et je soutins avec assez d'effronterie les
regards curieux des spectateurs. En voilà plus que je
n'espérois. »

A l'aide de portraits en général peu flattés, Plélo
va nous faire faire connaissance avec les personnages auxquels il doit avoir affaire. Et tout d'a-
bord il juge assez sévèrement le souverain dont
le règne, ainsi que nous l'avons dit, ne fut pas sans
quelques heureux résultats pour le Danemark. Ainsi

---

[1] Il devrait dire quatre : au Roi, à la Reine, au Prince royal et
à la Princesse. Il les envoya à Pecquet, premier commis des
Affaires étrangères, pour qu'il les montrât au garde des sceaux,
si l'usage le voulait ainsi.

il nous le représente comme « mal partagé des dons
de l'esprit et du corps » :

« Prévenu de sa toute puissance, il croyoit donner les
talents en même temps que les emplois. Borné, opiniâtre, avare, il n'avoit qu'une qualité : il se piquoit d'être
exact à tenir sa parole, et vouloit qu'on le fût de même
avec lui, capable de sacrifier même ses intérêts à cette
réputation. »

En général, dans ces lettres datées des commen-
cements de son séjour à Copenhague, écrites peut-
être sous l'influence de l'ennui des présentations
officielles, Plélo paraît céder plus que de raison aux
premières impressions extérieures. Certains passages de ses lettres à Maurepas tournent même à la
caricature :

« Figurez vous un chou qui veut contrefaire les cèdres
du Liban ; joignez à cela... une bosse, un cordon bleu,
le visage et la perruque de mon père, et vous aurez le
portrait au naturel de Sa Majesté Danoise. »

La Reine est plus maltraitée encore, et nous n'o-
serions reproduire ici la peinture irrévérencieuse
qu'il en fait. Disons seulement que Anne-Sophie de
Reventlaw, maîtresse du Roi dès l'âge de dix-sept
ans, dans des circonstances qui font peu d'honneur
à ses principes[1], et devenue son épouse depuis la

---

[1] Voyez ci-après.

mort de la reine Louise, passait pour gouverner le Roi avec son frère qu'elle avait fait nommer grand chancelier.

Le prince royal, depuis Christian VI, né du premier mariage, était assez estimé de son père, mais la Reine, qui ne l'aimait pas, éloignait de lui tous les bons conseils. Après avoir essayé de lutter, il vivait depuis quelque temps dans une grande réserve. Plélo le plaignait d'avoir été mal élevé et mal entouré. Il lui reconnaissait assez de pénétration, beaucoup de bon sens, de l'inclination à la justice et du goût pour la vérité.

« J'ai tâché, disait-il à Maurepas dans une lettre du 27 septembre 1729, d'en faire assez auprès de lui pour qu'il eût lieu d'être content de moi, et point trop pour que le Roi son père en pût concevoir ni ombrage ni chagrin. »

« La princesse Charlotte, fille du Roi, écrivait-il en continuant sa galerie de portraits, a de l'esprit, du mérite et de la bonté, *autant qu'il est possible d'en avoir en Danemark;* mais pour la figure, c'est le visage de Henry IV mis sur le corps de madame de Limoges. »

Puis viennent les portraits aussi peu flattés du grand chancelier et de sa femme :

« Le s^r Plessen est un vrai sanglier de mine et de

jeu, passablement ignare, prodigieusement têtu, sou-
verainement brutal, au demeurant mon bon ami, et
celui de qui je me suis servi le plus heureusement ici [1]...
Ajoutez à tout cela une vingtaine de filles d'honneur ou
soi disant telles, qu'on appelle des *fraules,* toutes d'une
laideur à faire reculer et d'une maussaderie à faire vomir,
bêtes nourries de cérémonial, de misères, d'orgueil et de
sottise, voilà, mon cher frère, une faible ébauche des
Danois en général. »

La lettre [2] finissait par cette recommandation,
qui, pour être restée sans résultat, n'en était pas
moins prudente :

« Ne faites, je vous prie, part à personne des petites
gentillesses que je vous mande sur cette cour ci. Brûlez
ma lettre quand vous l'aurez lue. Vous en sentez bien
toutes les conséquences : il y auroit au moins de quoi
me faire faire un petit voyage en lieu où vous seriez
fâché de me savoir. »

La verve frondeuse de Plélo n'épargnait pas ses
confrères du corps diplomatique :

« Les ministres étrangers qui sont ici, écrivait-il à

---

[1] Plélo va même jusqu'à dire ailleurs : « Il n'y a ici de maison
accessible que celle du grand chancelier. Il est vrai qu'on trouve
chez ce ministre, et principalement chez sa femme, toute la
politesse la plus engageante et tous les bons airs du grand monde
qu'on peut désirer; mais un peu de variété ne nuiroit pas. »

[2] A Maurepas, 24 juin 1730.

l'abbé Alary, ne me fournissent pas de leur côté de grandes ressources. La Suède a pour ministre plénipotentiaire un M. Ornechrona, qu'on dit être un homme de mérite, mais sourd à ne pas entendre Dieu tonner, plein de gouttes, catarrhes, sciatiques, et qui, depuis un an qu'il est dans cette cour, n'a pas quitté son lit. Le résident de Russie, M. Bestuchef, n'est guères plus propre au commerce. C'est un homme fort retiré et fort mélancolique, parlant avec peine dans quelque langue que ce soit, et ne connaissant encore personne ici, quoiqu'il y soit depuis sept ou huit ans. Le troisième est un petit Anglois échappé de Lilliput, bien convaincu que sa nation a le privilége exclusif d'avoir du bon sens, sombre, taciturne, splénétique et grand admirateur du suicide, dont il parle avec une emphase qui semble dénoter en lui une prochaine envie de se pendre. Le quatrième est un gros Batave de la plus épaisse pâte, joignant à cela l'agrément de bredouiller et de bégayer tout à la fois, et cependant voulant faire le bon compagnon. Tous ces messieurs, d'ailleurs, sont à ce que je crois de fort honnêtes gens, mais il me semble qu'ils sont peu en relation avec cette cour ici, ni même avec la leur, et c'est la plupart du temps chez moi qu'ils viennent se pourvoir de quoi paroître instruits ici, et de quoi mander chez eux [1]. »

Plélo avait emporté dix-huit mille écus couron-

---

[1] Plélo au garde des sceaux, 7 juin 1729. *Archives des affaires étrangères.* — A Maurepas, 11 juin. *Archives Chabrillan.*

nés pour en donner huit mille au grand chancelier,
cinq mille à chacun des ministres et trois mille à
M. Varnhagen, secrétaire d'État; plus quatre-vingt-
sept mille rixdalers pour un quartier de subsides
dont il annonce le versement à la date du 24 mai
1729. Il ajoute que le tout a été bien reçu, et l'année suivante, en apprenant l'envoi d'un nouveau
quartier, il mande au chancelier :

« Il seroit fort agréable pour moi d'être le premier à
savoir et à débiter ces sortes de nouvelles. La bonne
humeur où elles mettent ceux à qui on les apprend
donne quelquefois plus de force à ce qu'on veut leur
dire d'ailleurs. [1] »

Le 11 juin, il écrivait à Maurepas :

« Comme je prends goût à mon métier, je tâche d'acquérir, à force de travail et d'application, de quoi le
continuer avec succès, quelque part qu'on veuille m'envoyer. »

En effet, non content de travailler à s'instruire
des différents intérêts des puissances de l'Europe
par le commerce qu'il entretenait avec les ministres
du Roi dans les cours étrangères[2], il avait envoyé,

---

[1] Au garde des sceaux, 9 mai 1730.

[2] C'est ainsi que, dès le 26 avril, il se mettait en communication avec l'abbé Langlois, chargé des affaires de France en
Pologne : « Il y a huit jours, Monsieur, que je suis dans cette

peu de temps après son arrivée, à M. de Maurepas
et au garde des sceaux, un état des forces maritimes de Sa Majesté Danoise, et de ses troupes de
terre, des recherches particulières sur la Norvége,
l'Islande, la Laponie et le Groënland, sur le taux
des espèces d'or et d'argent en Danemark, sur les
manufactures, sur la nature du commerce de ce
royaume et de la Norvége, avec le tarif des droits,
et en général sur tout ce qui pouvait mettre les ministres de France à portée de connaître les vrais
intérêts du Roi dans ce pays. Il y avait ajouté des
observations importantes sur la navigation de la
mer Baltique et sur la nécessité d'y envoyer de

capitale. L'un de mes premiers soins est de vous proposer une
correspondance que le bien du service semble rendre nécessaire,
vu la conjoncture présente des affaires de Pologne, lesquelles,
d'un jour à l'autre, peuvent devenir plus considérables, et sur
lesquelles il n'est point indifférent que le ministre du Roi en
Danemark soit instruit. » Nous avons aussi des lettres de la même
époque et dans le même sens à MM. Monti, ambassadeur extraordinaire de France à la cour de Pologne; Magnan, chargé d'affaires
en Russie; Poussin, envoyé dans le cercle de la Basse Saxe. Il
écrivait à ce dernier, au sujet de quelques tracasseries qu'on
essayait de lui susciter auprès de son gouvernement : « La manière dont vous avez servi auroit bien dù vous mettre à couvert
de pareilles attaques; mais les faux rapports contre nous ont été
de tout temps l'un des revenus de notre emploi; peut-être même
est-ce celui qui se paye le mieux. »

temps en temps des escadres pour en imposer aux ennemis de la France [1].

Ces études, ces efforts du comte de Plélo étaient d'autant plus méritoires qu'il se plaignait de ne pas recevoir de direction suffisante :

« La plupart du temps, il faut travailler sur des instructions brochées Dieu sait comment, et sur des lettres où règne toujours une obscurité louche, de manière que souvent je suis plus embarrassé après avoir reçu des ordres que devant. » (Lettre à Maurepas, du 24 juin.)

Et, comme celui-ci cherchait à l'encourager, il lui répondait modestement :

« Permettez-moi de vous renouveler ici mes remerciements sur les avances de louanges que vous voulez bien me faire. Je ne saurois vous dire combien je suis animé à mériter comme une justice ce que je n'ose regarder que comme une grâce de votre part. »

Cependant au moment même où il exprimait ces

[1] « Depuis que le Nord m'est un peu connu, je n'ai jamais compris comment nous négligions d'y faire voir de temps en temps nos escadres. Dans ce cas, elles devroient paroître d'une manière brillante, tant par le choix des vaisseaux que par celui des officiers. » A Maurepas, 9 juin 1734.

Nous avons emprunté au chevalier de la Vieuville cet exposé des travaux du diplomate dont il était l'ami et dont les papiers étaient à sa disposition. D'ailleurs, la plupart de ces travaux se retrouvent, soit dans les archives de la famille de Chabrillan, soit dans celles des Affaires étrangères.

doutes modestes, il lui arrivait une épître des plus flatteuses de la main du Roi :

« La manière dont vous vous êtes conduit mérite une entière approbation, et me confirme dans l'opinion où j'étois déjà que vous rempliriez à mon entière satisfaction le ministère que je vous ai confié. »

Suivaient quelques instructions confidentielles qui témoignaient du fonds que faisait le Roi sur la discrétion et l'habileté de Plélo :

« Le roi de Danemark a été traité avec indécence par la cour de Vienne. Il faut profiter de l'aigreur qui subsiste à Copenhague contre l'Empereur, et pousser le Danemark à agir pour le maintien des libertés germaniques... Si j'étois requis par le corps des parties intéressées, je ne me refuserois pas à ce que je dois, comme garant des traités de Westphalie. C'est dans ces termes que vous devez vous renfermer[1]. »

Il paraît que le Cardinal n'était pas moins satisfait. Plélo lui avait envoyé le 19 juillet une dépêche intéressante sur l'état de la religion catholique en Danemark, et il pouvait, peu de temps après, se féliciter avec son ami l'abbé Alary des témoignages de satisfaction du premier ministre :

« Je suis charmé que M. le cardinal vous ait marqué

---

[1] Lettres du Roi des 16 juin et 22 juillet 1729.

avoir été content de mon premier début. Il ne tiendra
pas à moi qu'il ne continue. Outre le désir que j'ai de
lui plaire, comme à une personne de qui l'estime me
paroît d'un grand prix, et outre l'ambition de bien
faire ce qu'on fait et d'être utile à son prince, que doit
avoir tout honnête homme, je suis de plus piqué au jeu,
et je veux faire voir à bien des gens dans le monde qu'ils
se sont trompés, lorsqu'ils ont cru que mes projets de
retraite venoient d'un goût pour la fainéantise, et ce goût
d'un défaut de capacité[1]. »

Néanmoins, tout en envoyant des fourrures et
des gants de renne à madame Pecquet, il s'infor-
mait auprès de son mari, le commis habile et expé-
rimenté, de l'effet que ses dépêches produisaient
en haut lieu, et glissait ce *post-scriptum* à la fin
d'une lettre du 16 août 1729 :

« Au vrai, ne me trouvez-vous pas quelquefois trop réfléchisseur et trop diffus dans mes dépêches? Comme elles
m'ont souvent fait bâiller en les relisant, je crains bien
qu'elles n'en fassent faire autant au Roi et à ses ministres,
toutes personnes que je ne prétends pas à la vérité diver-
tir par mes relations, mais que je voudrois bien du moins
ne pas trop ennuyer. »

En vain le Cardinal lui confirmait-il l'assurance

---

[1] A l'abbé Alary, 27 août 1729.

« qu'il étoit entré parfaitement dans toutes les vues
de Sa Majesté; et qu'elle avoit trouvé toutes ses dépêches très-instructives » : on va voir ce qui, pour notre
susceptible diplomate, empoisonnait la douceur de
ces éloges. C'est ce que nous apprend une lettre
confidentielle à Maurepas, du 20 septembre 1729 :

« J'ai reçu, mon cher frère, votre lettre du 29 de l'autre
mois. Vous m'avez fait, je vous assure, un très-grand
plaisir en vous informant de M. le cardinal de Fleury s'il
étoit content de moi, et vous m'en avez fait encor plus en
me le mandant avec sincérité; mais ce qui achèveroit
ma satisfaction seroit que vous pussiez découvrir en
quoi l'on m'a trouvé *trop vif et trop étendu dans mes idées.*
Car je vous avoue qu'après un très-sévère examen de
ma conduite et de mes dépêches, je n'ai point encore pu
soupçonner ce que ces reproches peuvent regarder.
Puisqu'ils ont été faits cependant, il faut qu'ils soient
fondés, et il m'importeroit fort de savoir sur quoi. Je ne
desavouerai point que je n'aie de l'élévation dans les sentiments, mais je ne suis pas idolâtre de cette élévation,
et je lui donnerai les bornes qu'on me prescrira. Jusqu'à
présent, j'avois été, il est vrai, quelque chose de plus
qu'un gazettier; j'avois joint quelquefois des réflexions
de ma façon au compte que je rendois, etc.....

« Me serois-je trompé, mon cher frère, en croyant bien
faire en tout cela? Tâchez de le savoir et dites-le-moi
franchement. Je n'ai d'autre intention que de bien

servir le Roi et de contenter le ministère. J'ai assez bonne idée de celui-ci pour croire ces deux objets inséparables, et je ne l'ai pas assez avantageuse de moi pour me croire infaillible. Qu'on me montre donc mon erreur, on verra que je la réparerai ; je ferai plus, j'en conviendrai..., etc. »

Nous abrégeons, car, alors et plus tard[1], Plélo revient à plusieurs reprises sur ce reproche qui paraît l'avoir piqué au vif, et qui, sous une forme un peu différente, nous semble équivaloir au fameux mot de Talleyrand : « Surtout, monsieur, pas de zèle ! »

---

[1] Ainsi, dans sa lettre à Maurepas du 24 juin 1730, à propos du traité de commerce projeté entre la France et le Danemark : « Je reçus ordre de ne pas pousser les choses plus loin, et ce fut à peu près dans ce temps-là qu'on se plaignit à vous *de l'étendue de mes vues.* »

CHAPITRE VIII

LA VIE A COPENHAGUE. — DÉTAILS DOMESTIQUES.
SOUVENIRS DE PARIS.

D'abord tout aux devoirs de son nouvel état,
Plélo put bientôt donner une partie de son temps
aux choses de la famille, de la patrie, de la littérature qu'il avait promis de ne jamais abandonner. A
la suite d'une des lettres où il se plaint à son beau-
frère du peu de ressources que lui offre sa nouvelle résidence, au point de vue des plaisirs de la
société, il ajoute :

« Je suis pourtant heureux au milieu de tant de raisons
de m'ennuyer... Tout me sert de leçon : les moyens
par où d'autres ont réussi, leurs fautes, les miennes, car
je ne me passe rien; enfin il n'y a rien de ce que je vois
ou de ce que je lis que je ne tâche de mettre à profit.
J'égaye mon étude de temps en temps avec mes anciens
amis de bibliothèque. Le chat se joint à tout cela, et
vous savez que, quand tout cela me manqueroit, le chat
me suffiroit. »

Le chat, c'était madame de Plélo. La correspondance privée du comte est pleine de ces allusions à sa femme et à ses enfants, dont une partie était restée à Paris, par crainte des fatigues du voyage :

« Le chat et toute sa portée vous embrassent. Nous vous remercions l'un et l'autre de tous les soins que vous avez bien voulu prendre de nos enfants. On me mande que madame de la Vrillière va faire entrer la petite au couvent. Si vous vouliez bien, en cas que cela ne vous gênât pas, garder mon fils chez vous jusqu'à ce qu'il soit en état de me venir rejoindre, ce seroit là un surcroît d'obligation que je vous aurois. »

Et au comte d'Autry, 1ᵉʳ octobre 1729 :

« Vous êtes bien bon de vous être allé ennuyer avec mes marmots; permettez-moi cependant de vous remercier de cette marque d'attention : elle ne peut que m'être très-sensible, puisqu'elle est une preuve de votre amitié pour moi. Ce que vous me mandez sur leur santé me fait un plaisir infini. »

Plus tard, à Maurepas :

« C'est à vous que je dois tout le plaisir que me font les nouvelles qu'on me mande sur mon fils. Vous pouvez compter qu'il n'y a rien sur sa santé, sur ses progrès, sur sa gentillesse, que je ne vous rapporte, et, à la façon dont je pense, ce sont là de ces obligations qui ne se perdent qu'avec la vie. »

Et enfin, quand vient ce petit Danois si longtemps attendu[1], avec quelle joie il l'annonce à
l'abbé Alary (19 décembre 1729)!

« Il n'y a personne, mon cher abbé, avec qui je voudrois moins manquer au devoir de l'amitié qu'avec vous,
et je croirois pécher contre ce devoir, si je vous laissois
apprendre par d'autres l'accouchement de madame de
Plélo. C'est ce matin à neuf heures qu'enfin elle a pris géné-
reusement son parti, et qu'elle nous a donné un garçon,
et un gros garçon, à prendre ce terme dans toute son étendue. Il a tout l'air d'un Hollandais, et je crois qu'il a raison,
suivant la règle des calculs, d'avoir cet air. Vous pouvez
vous figurer ma joie, et j'espère que vous la partagerez.
La mère, l'enfant, le père, tout se porte à merveille.
Adieu, Damp Prieur mon ami; je me recommande à vous,
comme celui qui est votre bon et loyal serviteur. »

L'abbé Alary était prieur de Gournay-sur-Marne,
et c'est en se servant de ce surnom familier de
Damp Prieur que Plélo lui adressait le 24 janvier
suivant une *Épître en vieux langage,* charmant
pastiche, aussi bien réussi en prose que l'étaient les

---

[1] Né le 19 novembre 1729, et tenu sur les fonts de baptême,
le 23 mars suivant, par le roi et la reine de Danemark, qui lui
donnèrent les prénoms de Frédéric-Anne-Christian; mort en bas
âge à Copenhague, le 22 février 1732. C'était, dit la Vieuville, le
plus jeune des fils de Plélo. Ce serait Louis-Auguste-Scipion, suivant la *Généalogie,* qui ne mentionne pas la naissance ci-dessus.

vers cités par nous plus haut. Nous voudrions donner ici cette épître en entier, mais nous nous bornerons aux passages qui se rapportent à l'ordre
d'idées dont nous nous occupons. Après avoir sou-
haité à Damp Prieur quelque bon bénéfice, il s'é-
crie :

« Oh que si belle fortune vous advenoit, amy Prieur,
quels festoyements en feroient tous les Entresoliens et
moy dans mon particulier, surtout quand me seroit loi-
sible de vous aviser ainsi dans vostre gloire, et d'aller
deviser avec vous, comme se praticque entre familiers
amis, ores de cecy, ores de cela ! mais n'est duisant à
moy de me leurrer de tant plaisante espérance. Las !
que sçais-je quand je pourray veoir la bonne Lutèce ?
Voué à courre les régions estranges, peut-estre de dix
ans en ça, patrie, amis, famille ne se montreront-ils à
moy, pauvre chétif[1]. »

Puis, venant aux nouvelles de sa femme :

« Pour ma chière et bien amée compagne, elle se

---

[1] Dans une autre lettre au même, du 4 novembre 1730, il
emprunte le même style pour lui reprocher sa paresse et son long
silence : « Prieur, mon amy, c'est fort bien de dormir douze
heures, fleuri, frais et tranquille, comme un prieur que vous
estes, ne prenant cure de rien que de passer joyeusement vostre
temps; mais encore faut-il se ramentevoir des gens qui vous
aiment, et ne les pas oublier comme vieilles neiges, à cause
qu'ils sont absents. »

porte en toute perfection, et n'est sortie du grand labeur qu'a du essuyer ès siennes nouvelles couches, que mille fois plus gente, plus belle, plus fraiche et de tout point plus aimable que ne fut oncques. Ainsi ne s'écoule-t-il jour dans l'année, ne moment dans le jour, que ne vienne à l'aimer davantage, et bien pouvez vous penser tout ce qui s'ensuit; car enfin, Damp Prieur, si se faut-il solacier un peu, comme disoit le preux Bayard. Le jeune damoisel Danois est toujours en fort bon point. »

Il écrit à Maurepas le 29 novembre :

« Le chat est toujours en bonne santé et son chaton aussi. Il tette, il crie, il est rouge comme un chérubin, et galeux comme un braque : voilà le vrai portrait de votre neveu, et, comme vous voyez, le digne fils d'un Breton.

« Mon cher frère, je vous embrasse de tout mon cœur. »

Il ne s'était pas encore écoulé deux ans depuis la naissance du petit Danois, que les confidents ordinaires de Plélo étaient préparés à une nouvelle du même genre. A l'abbé Alary, il avait écrit le 8 novembre 1734 :

« Grâce à ce que j'ai chez moi, à mes livres, à mes petites études, à mes petites négociations et surtout à ma petite femme, je me défends pas trop mal contre l'ennui. »

Quelques jours après, le 22 décembre, il s'ouvre encore plus complétement à son beau-frère :

« Le chat est celui de nous qui se porte le mieux, à cela près qu'il est en train de rechater. Voyez un peu ce que l'oisiveté produit ! »

A cet égard, le descendant des Bréhan pensait et agissait comme un bon bourgeois de la rue Saint-Denis. Il s'en expliquait très-naïvement à l'abbé[1], qui ne s'en effarouchait pas autrement. Maurepas, de son côté, quoiqu'un peu étonné peut-être de ces effusions conjugales et paternelles, les recevait cependant en toute bonhomie et affection.

Néanmoins ces joies de la famille que Plélo ressentait et exprimait si vivement étaient empoisonnées pour lui par l'injustice persistante de son père. Il s'en ouvre à ses plus intimes amis en des termes qui ne laissent aucun doute sur cette plaie secrète. C'est ainsi qu'il écrit le 27 août 1729 au comte d'Autry :

« Quand tous mes amis m'ont donné des marques de

---

[1] « Je plains bien la maison de Villeroy d'avoir perdu le petit d'Alincourt. Il me semble que c'en étoit le seul héritier, et je ne sais si le père voudra en recommencer un autre : il faudroit au moins coucher un peu avec sa femme, et cela est fâcheux pour un homme du bel air. » 9 janvier 1734.

leur souvenir, la maison de mon père est celle sur laquelle je suis le moins instruit. Tout ce que j'en sais, c'est que la plupart des gens qui y mangent se déchaînent indignement contre moi dans tous les endroits où ils vont. J'ignore à quoi attribuer cela de leur part, ils pourroient payer leur écot moins lâchement. Pour moi, la facile vengeance que je tirerai de leurs calomnies sera de faire voir par ma conduite que je ne méritois pas de pareils procédés... Au demeurant, ne faites part de ceci à personne : peut-être ceux que vous choisiriez pour confidents seroient-ils ceux que la chose regarderoit le plus directement. J'ai appris à n'en pouvoir douter d'étranges détails d'horreurs et de trahisons sur tout cela, et je vous assure qu'à tout ce que j'ai vu faire, tant en cette occasion qu'en bien d'autres, à des gens qui se piquent de loyauté, je ne serois point fâché d'être *ultrà Sauromates*, si je n'étois point privé de la société de vous et d'une douzaine de personnes encore que j'aime, et que j'estime infiniment. Mais c'est assez misanthropé. Adieu, mon cher Comte, etc. »

Dans une lettre de la même date à l'abbé Alary, parlant des personnes qui cherchent à le desservir :

« J'ai le malheur, dit-il, de compter parmi ces gens un homme qui devroit mieux me connoître et qui agit cependant comme s'il ne me connoissoit pas. Mais vous ne savez pas que, depuis mon départ, son déchaînement a recommencé plus fort que jamais. Le manifeste que

je vous ai fait voir n'est rien auprès d'une lettre que j'en
ai reçue. Il me seroit bien aisé de détruire tout ce qu'il
annonce dans ces écrits, ou plutôt dans ces libelles,
mais ce seroit convaincre de calomnie quelqu'un de qui
la réputation me touche de trop près, et j'aime mieux
laisser à ma conduite le soin de me justifier, s'il y a
quelqu'un dans le monde auprès de qui j'aie besoin d'apo-
logie là dessus. Vous savez d'ailleurs mes sentiments sur
le compte de cet injuste parent : jamais il n'en fut de
plus respectueux. Qu'a-t-il donc à me reprocher? quelques
étourderies de jeunesse, quelques dérangements dans
mes affaires, quelques égarements dans ma façon de
penser. J'en conviendrai volontiers avec lui, mais, outre
que je me flatte d'être mieux corrigé sur toutes ces
fautes que ceux qui n'y sont jamais tombés, sont-elles
de nature à être impardonnables, principalement lorsqu'elles n'ont jamais été accompagnées de rien de bas,
ni d'indigne sur tout ce qui intéresse l'honneur et la
probité? Je vous avoue, mon cher abbé, que, quand je
m'arrête là dessus, je me sens dévoré de la plus vive et
de la plus sensible douleur. »

Deux mois après, on trouve ce passage dans une
lettre au comte d'Autry, 1er mars 1729 :

« Mon père a bien fait de renvoyer la petite Gilonne.
Cette petite gueuse ne vaut rien, et je la soupçonne de
l'avoir animé contre moi. Il feroit encore mieux de me
rendre un peu plus de justice qu'il ne fait. A l'égard des

propos qui se tiennent sur mon compte par ses com-
mensaux, je ne doute pas qu'ils ne se cachent de vous
pour les tenir, etc. »

Les seules traces de correspondance que nous
trouvions entre le père et le fils sont de l'année suivante. La maladie du comte de Saint-Florentin avait,
à ce qu'il paraît, suggéré à Maurepas, toujours affectionné pour son beau-frère, l'idée d'un changement de position avantageux à ce dernier. Le comte
de Mauron lui avait écrit afin de le remercier de ses
vues « pour faire tomber cette belle charge sur la
tête de son fils[1] ». Plélo, informé du tout, écrivait à
son beau-frère une lettre qui fait honneur en même
temps à son cœur et à son esprit. D'abord il raillait
affectueusement Maurepas d'un travers trop commun à son époque, celui de se cacher d'un bon
sentiment comme on se défend d'un ridicule :

« Vous m'avez bien fait rire, mon cher frère, en vous
excusant de votre bon cœur et en attribuant à d'autres
causes ce qui en toute vérité n'appartient qu'à lui seul.
Pour moi, il me paroît tout simple que la maladie de
M. de Saint-Florentin vous ait affligé, et elle m'a, je vous
assure, fait aussi le même effet, quoique nous ayons

---

[1] Il ne s'agissait de rien moins que de le faire nommer secrétaire
d'État à la place du comte de Saint-Florentin malade, et le garde
des sceaux semblait seconder les vues de la famille sur ce point.

l'un et l'autre les mêmes idées sur son compte; mais on ne voit jamais que le bon de quelqu'un qui va mourir. La pitié nous en cache les défauts, et, pour peu qu'on ait des raisons de s'intéresser à ce quelqu'un, les approches d'une séparation éternelle nous deviennent extrêmement douloureuses. Vous appellerez cela comme vous voudrez; pour moi, je crois que c'est bon cœur que Dieu fit, et, quelque chose que vous me disiez, je vous en tiens pour convaincu. »

Puis arrivant à la combinaison rêvée pour lui et qui du reste n'eut pas de suite, il ajoutait :

« Je ne reviens point d'étonnement sur le bon procédé de mon père. Je lui écris pour le remercier, et je voudrois bien que ce fût là le nœud d'une réconciliation entre nous. »

Vain espoir : le 20 octobre 1731, Plélo écrivait à d'Autry :

« Il est plaisant que ce soit vous qui m'appreniez des nouvelles de mon père. A la façon dont je pense, je trouve cela encore plus triste que singulier. La plus injuste prévention qui fût jamais ne pourra-telle donc finir ? »

Malheureusement nous ne trouvons d'autre réponse à cette plainte pathétique que le second mariage contracté à la fin de l'année 1731 par le comte de Mauron avec dame Radegonde Leroy de la Bois-

sière. Par suite, les dispositions premières du contrat du comte de Plélo durent subir des modifica-
tions à l'ouverture de la succession de son père en
1738 [1]. Mais on verra qu'il y eut entre le père et le
fils, avant la mort de Plélo, un rapprochement
dont ce dernier fit tous les frais, malgré les griefs
qu'il pouvait légitimement invoquer.

On a vu que le désir d'accélérer l'acquittement
de ses dettes avait été une des raisons qui avaient
fait accepter à Plélo une ambassade. Mais ce fut tout
d'abord une cause de dépenses. Il avait dû exposer
au garde des sceaux, par une dépêche du 5 juillet
1729, que son voyage lui était revenu à plus de
dix-huit mille livres, que ses frais d'installation dé-
passaient dix mille écus (argent danois) :

« Vous savez, Monseigneur, ajoutait-il, puisque vous
avez bien voulu entrer dans ce triste détail, que mes
affaires sont fort délabrées, et que j'ai abandonné tous
mes revenus, aussi bien que ceux de ma femme, au paye-
ment de mes dettes... J'ai emprunté dix mille livres en
France, dont je paye l'intérêt. »

[1] Il en résulta un acte de partage daté du 8 août, en vertu
duquel les terres de Mauron, de Keruel, du Pélem, et un hôtel
situé à Paris, rue de l'Université, furent délaissés à titre de partage aux enfants du second lit du comte de Mauron. Voyez les
deux publications de M. le marquis de Bréhan : *Généalogie de la
maison de Bréhant en Bretagne*, p. 39, et *le Comte de Plélo*, p. 7.

7

En conséquence, il priait M. Chauvelin de lui faire ouvrir, par Samuel Bernard, un crédit chez son correspondant de Hambourg[1]. Quelques jours après, il écrivait à son beau-frère :

« Avec beaucoup d'économie, vertu que j'ai appris à pratiquer à mes dépens, les appointements que Sa Majesté me donne pourront me suffire, et je ne me verrai point dans la triste nécessité de vous crier toujours misère , ce qui me répugneroit autant qu'il vous importuneroit. »

« L'économie que vous me conseillez, lui écrivait-il encore, je la pratique de toutes mes forces. Je puis même vous assurer que j'y suis devenu un grand maître et que je frise l'avarice de très-près... Dans la plupart des pays étrangers, on sert beaucoup mieux son maître par son argent que par son esprit. Quelques-uns de mes confrères ont trouvé le moyen de ménager la première de ces ressources, de manière même à se la réserver pour leur retour. »

Cependant M. Bernard avait fait la sourde oreille à la demande de crédit qui lui avait été adressée. En vain le garde des sceaux avait accompagné l'annonce de ce refus (31 juillet 1729) d'un envoi à Plélo de quinze mille livres pour cinq mois de ses appointements, et de huit mille livres pour

---

[1] *Archives des affaires étrangères. — Négociations* (copie). T. II, p. 158.

l'entretien de sa chapelle; notre tête bretonne se monta, et l'ancien dragon reparut sous l'enveloppe du diplomate. Il écrivait à Maurepas le 25 octobre :

« Seroi-je forcé à dépendre toujours d'une troupe de fripons et d'arabes aussi arrogants par leur opulence que coquins par leur naturel? Que n'ai-je pas fait cependant pour conquérir cet homme? je l'ai appelé bon citoyen, je l'ai mis au-dessus de Jacques-Cœur, j'ai loué son goût, j'ai admiré son portrait, j'ai pris de son tabac, j'ai vanté son vin, même celui de Californie. Dieu me punit de tant de mensonges et de complaisances. Je ne puis digérer de voir trois ou quatre coquins de marchands me servir de pédagogues, disposer de mon bien à leur fantaisie et se moquer insolemment de moi. Si j'étois encore colonel de dragons, une volée de coups de bâton m'auroit déjà fait justice. »

Une lettre du même jour à M. de Perteville est écrite sur un ton non moins vif :

« Ces b.... là me tiennent une rigueur affreuse, et j'en suis toujours aux expédients. Le premier a mandé obligeamment à l'autre de ne me faire aucune avance, et celui-ci de son côté a mandé la même chose ici, à quoi il joint encore le plaisir de dire en plaisantant à qui veut l'entendre, qu'il sait faire *tirer la langue* aux ministres de France. »

Après la famille et les préoccupations qui s'y rattachent, ce qui tient la première place dans la correspondance de Plélo, c'est Paris, ce sont les symptômes de cette nostalgie qu'avait connue Montaigne et que madame de Staël devait exprimer d'une manière si pittoresque :

« Vive la grande ville, l'*Entresol,* les dimanches, etc.! écrit-il au comte d'Autry (26 septembre 1730), qui s'attardait à la campagne. Voilà ce qu'il vous faut, et je sens aussi de mon côté que cela me feroit grand bien; mais à peine osé-je y penser. Où la chèvre est attachée, dit-on... Eh bien! broutons donc, tant qu'il plaira à Dieu de nous laisser brouter... »

Et à l'abbé Alary, le 10 novembre :

« Oh! le maudit climat! Ne respirerai-je jamais l'air de l'*Entresol,* du château de Noirmoutiers, de l'hôtel de Sully, et de deux ou trois autres endroits encore dans la bonne ville? »

Ce contraste entre la vie de Paris et celle de Copenhague, Plélo le fait ressortir également, dans une lettre au duc de Noirmoutiers, l'un des amis qui contribuaient à lui faire aimer la première [1] :

« Figurez-vous, monsieur, une cour sans éclat, des courtisans sans manières, une ville sans plaisirs, une

---

[1] Lettre au duc de Noirmoutiers, du 9 juin 1731. C'est malheureusement la seule que nous ayons de toutes celles que Plélo a dû lui adresser.

jeunesse sans vivacité, tout un peuple sans joie, nulle conversation, nulle aisance dans la société, un cérémonial perpétuel, des tracasseries sans nombre, enfin des petits soupers de cinquante personnes où tout est au raisin de Corinthe, au beurre fondu et à la muscade, et où l'on passe la moitié de son temps à boire des santés : voilà Copenhague et les Danois. Jugez, monsieur, ce que pense au milieu de tout cela quelqu'un qui a tâté de l'hôtel de Noirmoutiers et qui n'envisage point encore de pouvoir s'en rapprocher de sitôt. »

Le temps n'effaçait pas cette impression, car beaucoup plus tard, au commencement de l'année 1734, il écrivait encore à ses amis :

« Mon Dieu, que vous êtes heureux, vous autres, d'être au milieu de tout ce qui excelle en bon, en plaisant, en ridicule ! Ici nous n'avons que du triste : triste bon sens, tristes sottises, tout triste. »

Comme on vient de le voir, l'*Entresol* tenait la première place dans les préoccupations de l'exilé :

« Que dit l'*Entresol?* — Y a-t-on lu mes lettres ? — N'y lisez pas tels ou tels passages. — Quelqu'un accoutumé à lire la *Gazette* à l'*Entresol* la trouve bien sèche quand il la lit tout seul à Copenhague. Vous ne me dites qu'un mot en passant sur l'*Entresol*, comme si je ne m'y intéressois que médiocrement. Réparez votre faute par votre première lettre, et mandez-moi si les conférences y ont toujours la même forme, quels départements ont opté les nouveaux confrères, ce qui s'y dit, ce qui s'y fait, enfin tout.

Les candidatures de l'*Entresol* (les abbés de Pomponne, de Bragelonne, de Saint-Pierre, Larroque, Pérelle, la Fautrière, etc.) sont examinées, discutées sur les bords de la Baltique avec le même intérêt, la même chaleur que sur les rives de la Seine. Se passe-t-il en Europe quelques événements importants?

« Voilà un bon temps pour l'*Entresol*, s'écrie notre diplomate... L'Europe fermente de toutes parts : quelle bonne moisson pour l'*Entresol!*... L'année est bonne, elle ne rend pas mal... Nous n'avons pas à nous plaindre de l'Europe : chaque État a fourni son contingent de bonne grâce..... »

Et enfin, lors de la disgrâce finale :

« Je me représente votre désolation et vos regrets sur la triste destinée de l'*Entresol*. Auriez-vous jamais cru que quelque chose d'aussi innocent pût devenir suspect? Il faut en vérité qu'il y soit arrivé de furieux changements depuis mon départ, ou que les grands de ce monde aient bien peu à faire!... Ce que vous me marquez sur la ruine de l'*Entresol* me fait de la peine; j'ai vu avec chagrin

> De ce qu'on y faisoit la Cour inquiétée;
> De soins plus importants je l'ai crue agitée[1]. »

---

[1] Lettres à Alary et à d'Autry des 25 février et 22 avril 1730, 9 janvier, 10 novembre, 29 décembre 1731.

Les sciences, les lettres, les arts, tous ces plaisirs de la vie sociale dont Paris était le centre et Copenhague l'antipode, tels sont les souvenirs qui poursuivent incessamment Plélo dans son exil; ils en sont à la fois le tourment et la consolation. Dès le 27 août 1729, il écrivait au comte d'Autry :

« Nous menons toujours la même vie, c'est-à-dire que nous ne nous ennuyons pas un seul moment (il ne devait pas toujours parler de même). Vous savez que j'aime à m'occuper, et il ne me manque pas de quoi me satisfaire. Le métier que je fais pourroit seul y suffire; aussi a-t-il ma principale attention. Je tâche, pendant que le peu d'affaires que j'ai présentement m'en donne encore le loisir, de me pourvoir de connoissances pour l'avenir. Cependant je n'ai pas pour cela renoncé à mes anciens amis : Salluste, Horace, Térence, Corneille sont aussi de la partie, et je vous assure que tout cela ensemble me compose une fort bonne compagnie. »

Mais ce qu'il lui faut surtout, ce dont il a soif, ce sont des nouvelles de Paris :

« Mes amis me traitent fort mal pour toutes les petites nouvelles : ils croient apparemment que je les sais, mais ils se trompent. Nous sommes ici dans un coin du monde où il ne s'apprend rien de ce qui se passe au dehors. Il n'y faut pas moins de trois ou quatre mois pour produire une nouvelle, et celles du reste du monde ne nous arrivent que quand on les trouve trop vieilles pour le *Journal de Verdun*... Écrivez-moi tout ce qui viendra à votre connoissance sur les théâtres, la littérature, la politique, enfin tout... — Je vous ai, je crois, déjà mandé que tout m'étoit bon : morts, mariages, tracasseries, put... ries, pièces sifflées et non sifflées, livres sifflables et non sifflables; parlez-moi de tout, tout sera bien reçu [1]. »

Et ailleurs :

« Mandez-moi ce qui se fait dans notre république des lettres depuis l'in-folio jusqu'à la brochure. Envoyez tout ce qui se publie de nouveau en calottes, en parodies, en factums. »

Les littérateurs dont le nom revient le plus souvent sous sa plume, après celui des membres de l'*Entresol,* sont Fontenelle, Voltaire, Destouches, etc. :

« Faites bien des amitiés pour moi à M. de Fontenelle quand vous le verrez, écrit-il à d'Autry, le 1er octobre 1729. Je suis charmé que vous ayez pu avoir un bon portrait de lui. Rien n'est indifférent des grands hommes, et quand on est assez malheureux pour les avoir perdus, on est du moins bien aise de savoir comment ils avoient le nez fait. »

Plus tard, 20 février 1731, il écrira au même :

« Je n'ai point lu l'*Éloge de Lamotte* par notre ami M. de

---

[1] A d'Autry, 25 février 1730.

Fontenelle, et je ne sais si je dois souhaiter de le voir; il me semble qu'il n'y a qu'un cri contre. D'ailleurs le sujet de cet Éloge n'a, je vous l'avoue, jamais été mon héros : il n'avoit que de l'esprit, et je n'aime pas qu'on s'en tienne là. Pour le panégyriste, je regrette tous les jours qu'un homme qui auroit du être le Varron de son siècle en ait voulu être le Pline. Voilà ce que je pense sur lui comme auteur. Embrassez-le cependant pour moi comme galant homme quand vous le verrez[1]. »

Il attend avec impatience la vie de *Charles XII* par Voltaire, étant, comme il le dit, assez à portée de voir si la peinture est fidèle; mais l'ouvrage, lorsqu'il l'a lu, ne le satisfait guère :

« Quand ce ne seroit pas un roman pour les faits, c'en est un pour le style, et des plus romans. Je crois bien que le roi de Suède se flattoit de ressembler à Alexandre; je ne sais si Voltaire se flatte de ressembler à Quinte-Curce. S'il le croit, il a tort. Toutes ces grandes promesses d'ailleurs n'aboutissent qu'à nous apprendre dans un françois trop coupé pour l'histoire ce que Limiers et La Mottraye nous avoient déjà appris dans un françois trop long et fort plat[2]. »

Il ne laisse point passer sans critiques le *Cal-*

----

[1] A d'Autry, 13 mai 1732.
[2] Au même, 2 février et 13 mai 1732.

listhène de Piron, ni même le *Brutus* de Voltaire,
mais il sent bien les mérites de *Zaïre* :

« *Zaïre* m'a attendri et frappé : il y a des endroits
pris au beau milieu du cœur humain... Je trouve fort
bon son projet de nous accoutumer à voir des héros
françois sur notre théâtre, mais il ne faut pas les y tra-
vestir, et j'ai de la peine à concevoir quelle figure y peut
faire le preux Bertrand du Guesclin, s'il y paroit dans
son naturel. »

Il est surpris de voir Crébillon à l'Académie, « non pas
qu'il ne soit assez mauvais poëte pour cela, mais il me
semble qu'il avoit écrit contre elle ».

Son amitié pour l'auteur du *Philosophe marié* ne
l'empêche pas de mêler à ses éloges des critiques
assez sévères. Voici, par exemple, le jugement qu'il
porte sur le *Glorieux* :

« J'ai lu le *Glorieux* de notre ami Destouches; sa fil-
lette et son vieillard m'ont extrêmement touché; son
bourgeois anobli m'a fait rire ; mais je vous avoue que je
n'ai pas goûté de même son comte de Tufière : je doute
qu'il y ait au monde d'homme fait ainsi, et, s'il y en a,
il me semble que la mortification qu'il reçoit à la fin
n'est pas suffisante pour un pareil fat. Enfin je m'attendois à d'autres traits de vaine gloire que celui de ne pas
aimer la conversation de ses valets, et de ne pas goûter
les familiarités grossières de son beau-père. Pour Philinte, je ne sais à quel propos on l'amène sur le théâtre.

Le caractère de Lisimon contrastoit assez avec celui du *Glorieux*. D'ailleurs ce Philinte, malgré sa mauvaise honte, nous est dépeint comme un homme de cœur et de probité, on prend quelque intérêt à lui, et voilà que tout d'un coup, après lui avoir fait mettre l'épée à la main assez mal à propos, il n'est plus question de lui. Je me figure aisément que le prestige de la déclamation aura sauvé quelques-uns de ces défauts aux yeux des spectateurs, mais le simple lecteur les remarque. Du reste j'ai trouvé dans cette pièce nombre de beaux sentiments, un bon goût de dialogue, et, ce qui m'en plaît davantage, beaucoup de mœurs [1]. »

Vers la même époque il critiquait très-judicieusement les caractères de deux comédies[2] qui venaient d'être jouées au Théâtre-Français, bien qu'il se trompât en attribuant l'une d'elles à Destouches :

« L'analyse que vous me faites du *Complaisant*, écrivait-il à d'Autry le 20 janvier 1733, ne m'en donne pas une grande idée. Aussi ce caractère là n'est-il guères propre au théâtre, quand même on lui appliqueroit l'idée d'homme foible et facile, ce qu'au surplus le mot de *Complaisant* n'emporte pas avec lui. Il faut, pour la scène, des ridicules vifs ou des défauts frappants et sou-

---

[1] Au comte d'Autry, 2 décembre 1732.

[2] Le *Complaisant* de Pont-de-Veyle, représenté le 29 décembre 1732, et le *Paresseux* de Delaunay, représenté le 28 avril 1733, tous deux imprimés chez Lebreton la même année.

tenus, tous points qui manquent à celui-ci. Quand Molière vouloit produire de ces sortes de caractères insuffisants à remplir une pièce entière, il en faisoit un épisode et un accompagnement à d'autres plus décidés. Voyez, par exemple, comment il a encadré ses marquis ridicules dans le *Misanthrope*. Mais quand se retrouvera-t-il un Molière? Les mêmes raisons à peu près me font trembler pour le *Paresseux*. Je crains bien qu'un tel rôle, dont la mollesse, l'indolence et la froideur font la base, ne paroisse bien languissant en spectacle, surtout traité par notre bon Destouches, lequel n'a pas naturellement beaucoup de feu en partage. »

En fin connaisseur dans les choses de l'antiquité, il n'hésite pas à frapper de la même censure les paradoxes de Lamotte et les mauvaises imitations de l'abbé Terrasson. A propos du roman pseudo-égyptien de ce dernier, il écrit à d'Autry :

« Je n'ai point encore lu *Séthos*, mais je ne sais quoi me dit que cela ne doit pas valoir grand'chose... et puis vraiment M. de Fénelon est bien homme à se laisser imiter[1] ! »

Et s'adressant au même, à propos du *Théâtre des Grecs* du P. Brumoy, il s'écrie avec enthousiasme :

« Quelle simplicité, quelles images, quels coups de maître pour exciter la terreur et la pitié, dans ces vieux

[1] Au comte d'Autry, 11 septembre 1731.

tragiques là! En vérité, les Perrault et leurs adhérents ont beau dire, cela sera toujours admirable[1]. »

Plélo, dans toutes ses lettres, se montre très-curieux de nouvelles théâtrales :

« Vous m'avez transporté à Paris, écrit-il au comte d'Autry le 1er novembre 1728; j'ai cru y voir moi-même Baron s'éteindre, Quinault sifflé, Hamoche[2] hurlant, etc.»

Il s'applaudit de ce que *ses amis* les Italiens soient suivis; il s'afflige de la mort de mademoiselle Lecouvreur, et même de celle du « pauvre Pantalon », qui, dit-il, l'avait trop fait rire pour qu'il ne le pleure pas un peu.

Tout en lisant les feuilles de l'abbé Des Fontaines, il parlait assez peu favorablement de l'auteur, peut-être par rancune pour l'incident relatif à la traduction de l'*Essai sur le poëme épique* :

« L'abbé Des Fontaines veut donc aussi mourir à l'antique et nous laisser ses cendres. Il n'y auroit pas grand mal à cela.

Quand tels ribaux seroient brulés,
Ce ne seroit pas grand dommage[3]. »

Malgré son ardeur de tout connaître, Plélo n'a

---

[1] A d'Aurty, 2 décembre 1732.
[2] Acteur de la Comédie italienne.
[3] A d'Autry, 26 septembre 1730.

pas, à beaucoup près, le même goût pour les matières théologiques et religieuses. Les disputes du jansénisme, les miracles du diacre Pâris, l'histoire de Marie Alacoque, l'aventure scandaleuse du P. Girard et de la Cadière, les mandements fanatiques de certains évêques, la conduite peu édifiante de quelques autres lui inspirent des sorties parfois amères et violentes, presque toujours irrévérencieuses ou empreintes d'une ironie toute voltairienne. Dans ce cœur ouvert à toutes les aspirations élevées, trop souvent la foi bretonne semble avoir été refoulée par le spectacle des excès du clergé de ce temps. Et ce qui est encore, un trait de mœurs, c'est qu'il ne se gêne guère plus à cet égard avec l'abbé Alary, le Damp Prieur, le précepteur du Dauphin qu'avec le très-mondain comte d'Autry[1].

Nous avons vu qu'il prenait intérêt à ce qui paraissait de plus remarquable dans les pays étrangers, en Italie, en Angleterre, etc. La traduction

---

[1] Il écrit à ce dernier, le 20 février 1731 : « Vous savez bien que je n'ai jamais eu beaucoup de disposition à me fourrer dans toutes ces disputes-là (celles des jansénistes et des molinistes), et que je ne sers ni Baal ni l'autre ; mais, en vérité, je crois que présentement je deviendrois volontiers janséniste exprès pour ne point me trouver dans le même parti que le prince Tencin. »

du *Paradis perdu* par Dupré de Saint-Maur lui inspire cette réflexion :

« Je n'aurois jamais cru que les images vives, mais un peu confuses, et les expressions fortes, mais un peu dures de Milton pussent plaire en françois. »

Chose singulière, du reste, et qui prouve bien la prédominance du goût français à cette époque, ce même Plélo que nous trouvons occupé des littératures italienne et anglaise ne parle nulle part de celles de l'Allemagne ou des pays du Nord qu'il habitait, sauf cette mention dédaigneuse jetée en passant dans une lettre à d'Autry :

« Si je savois qu'il se fît ici quelque chose digne d'attention, je vous en informerois, mais l'on n'y imprime que des almanachs, des gazettes ou des oraisons funèbres. »

Et par exemple, ce curieux que nous avons vu s'inquiéter de la chronique des théâtres de Paris, depuis la Comédie française jusqu'à la Foire, ne fait pas la moindre allusion aux pièces de Holberg, qui, interprétées par une troupe en partie française, jouissaient alors à Copenhague de leur plus grande vogue, et ont conservé leur popularité jusqu'à ce jour ; Holberg surnommé le Molière danois, et qui a mérité ce titre non-seulement par les nombreux

emprunts matériels qu'il a faits à notre grand co-
mique, mais encore par la franchise des caractères et
quelquefois par la profondeur philosophique de ses
aperçus [1]. Remarquez que Holberg avait voyagé en
France vers 1726, qu'il y avait connu Fontenelle,
Lamotte, etc., et offert à Riccoboni de lui donner à
jouer son chef-d'œuvre : le *Potier d'étain politique;*
enfin que, dans presque tous ses ouvrages [2], il constate et subit l'influence française tout en essayant
de protester contre la gallomanie. Il semble qu'il y
avait là bien des affinités qui eussent dû attirer l'attention de Plélo.

Du reste, cette indifférence qui nous étonne de la
part d'une intelligence si ouverte à toutes les choses
de l'esprit ne s'applique, nous le verrons bientôt, ni
aux monuments de la vieille littérature du Nord, ni à
ses langues, ni aux documents de son histoire.

---

[1] *Holberg considéré comme imitateur de Molière,* thèse par
M. LEGRELLE. Paris, 1864, in-8°.

[2] Notamment dans *Jean de Paris,* amusante peinture d'un
jeune Danois qui rapporte à Copenhague les allures évaporées et
le langage du Paris de la Régence. *Henri et Pernille,* autre pièce
d'Holberg, paraît avoir fourni à Marivaux plusieurs traits de sa
comédie *les Jeux de l'amour et du hasard.*

CHAPITRE IX

FIN DU RÈGNE DE FRÉDÉRIC IV.

Au commencement de l'année 1730, il s'offrit à l'ambassadeur de France une occasion de représenter dignement son roi à l'étranger. Louis XV, en lui annonçant la naissance d'un Dauphin[1], par sa lettre du 4 septembre 1729, ajoutait :

« Je vous enverrai mes ordres pour les réjouissances que vous aurez à faire dans une occasion où vous ne devez pas mettre de bornes à l'excès de votre joie. »

Ces réjouissances, retardées par les couches de la comtesse de Plélo, par la maladie du Comte et celle du roi de Danemark, commencèrent le 12 février 1730, et durèrent quatre jours. Elles furent d'une grande magnificence et firent événement en France et à l'étranger. Il fut alors publié à ce sujet diverses

---

[1] Louis de France, né à Versailles le 4 septembre 1729, mort à Fontainebleau le 20 décembre 1765. Il fut père de Louis XVI, du comte de Provence et du comte d'Artois.

relations auxquelles nous renvoyons les curieux [1].
Mais nous donnerons une lettre où Plélo lui-même
en raconte les détails à l'un de ses collègues, M. de
Castéja, ministre plénipotentiaire en Suède.

« Copenhague, le 18 février 1730.

« ... Je commençai dimanche 12 de ce mois par un
Te Deum en musique. Le lendemain, je donnai un grand
repas à plus de deux cents personnes [2]; après quoi on
joua et dansa [3], chacun suivant son goût, jusqu'à cinq
heures du matin. Le mardi, j'eus chez moi cinquante
pauvres à qui je fis distribuer et des vivres et de l'argent,
et près de deux cents à qui je fis donner des aumônes [4].
Le mercredi 15, toute ma maison, tant en dedans qu'en
dehors, fut illuminée avec force emblèmes, devises et
peintures assortissantes au sujet de la fête [5]. La même

[1] Voy. le *Mercure de France*, mars 1730, p. 586; — la *Gazette
de France*, même année, p. 110; — *Histoire de Danemark*, Amsterdam, 1730, in-12, t. VII, p. 161 et suiv.

[2] « On se mit à table à deux heures, après avoir tiré les places
au sort pour éviter toute discussion sur les rangs. Les santés des
deux Rois, puis du Dauphin et du Prince royal, furent bues à la
ronde, suivant l'usage du pays, debout et dans une grande coupe,
au bruit des trompettes et des timbales. » — *Plélo au garde des
sceaux*, 21 février 1730.

[3] « Le lundi 13, M. l'ambassadeur ouvrit le bal avec madame
la grande Chancelière. » — *Mercure de France*.

[4] « On donna à chacun trois livres de pain, deux livres de
viande et trente sols en argent. Cette distribution se fit sans avoir
égard à la religion. » — *Ibid*.

[5] « La crainte d'un nouvel incendie fut cause qu'il ne fut point

compagnie qui étoit venue le lundi revint encore chez moi où le bal s'ouvrit sur les huit heures du soir. Lorsque les menuets eurent été dansés, on servit un ambigu sur quatre tables où toutes les dames se placèrent et où elles furent servies par les hommes. Le repas fini, on ouvrit la porte aux masques, dont il entra plus de six ou sept cents. Il y eut toute la nuit un buffet plein de rafraîchissements pour eux, et dans une autre pièce une table servie avec toutes sortes de liqueurs froides et chaudes pour les personnes invitées. Pendant ce temps et jusqu'à cinq heures du matin, deux dauphins placés aux deux coins de ma maison jetèrent sans cesse des fontaines de vin de la hauteur de quatorze pieds[1]. Enfin, sur les huit heures du matin, on nous laissa en repos.

« Ce qu'il y a eu de plus heureux en tout cela est qu'au milieu d'une si grande confusion de personnes, les unes privilégiées par le masque, les autres animées par le vin, et toutes livrées à la joie la plus excessive, il ne se passa point le moindre désordre, et qu'il n'arriva aucun accident.

« Je ne vous parle point du quart d'heure de Rabelais :

tiré de feu d'artifice. » — *Histoire de Danemark, loc. cit.*, p. 161. — Le *Mercure* explique que l'illumination ne fut pas dans le genre de celles de France, à cause des grands vents qui règnent à Copenhague, et qui ne permettaient pas qu'on mît des lampions à découvert; c'étaient des transparents représentant des temples, palais, ornements d'architecture, emblèmes, etc.

[1] La *Gazette de France* dit que ces fontaines coulèrent toute la nuit et le jour précédent.

les quatre mille francs de la cour n'y ont servi que comme une goutte d'eau dans la rivière. »

A un autre de ses collègues qui avait probablement eu à souffrir comme lui de la parcimonie du premier ministre en cette occasion :

« J'ai trouvé, dit-il, très-fâcheux, aussi bien que vous, que notre cour ait mis des bornes si courtes à ses faveurs après nous avoir ordonné *de ne pas mettre de bornes à notre joie ;* mais j'étois trop avancé pour reculer. Je vous proteste seulement que cela me rendra sage à l'avenir[1]. »

Vers la même époque, Plélo se plaignait encore à son beau-frère de n'être pas payé à échéance, alors que les deuils de cour lui avaient occasionné des dépenses extraordinaires. Mais enfin, dans une lettre au même, du 30 mai 1730, nous relevons ces quelques lignes qui, rapprochées d'une autre indication conforme et bien postérieure[2], nous parais-

---

[1] A M. Poussin (envoyé extraordinaire en Basse-Allemagne), 14 janvier 1730.

[2] « On ne m'a pas dit un mot de la cession que mon père me fait de la succession de l'évêque de Metz. . . . . Cela me viendroit fort à point, surtout s'il est question de passer ailleurs ; car, pour sortir d'ici, j'espère m'en tirer gaillardement. Il est vrai que je n'aurai pas un sol en arrivant à Paris. » — *A l'abbé Alary,* 27 mars 1734.

sent clore la longue et triste litanie du chapitre des dettes :

« Enfin me voilà tranquille, sans créanciers... Nous nous portons tous deux très-bien et votre petit-neveu aussi. Baisez pour moi celui de Versailles, s'il n'est pas trop morveux, et conservez-lui vos bontés. »

Vers la fin du règne de Frédéric IV, notre ambassadeur eut à se préoccuper du contre-coup produit en Danemark par certaines complications dans la situation politique de l'Europe. Le traité de Séville[1] entre l'Espagne, la France et l'Angleterre mécontenta l'Empereur, et, par suite, créa des difficultés au comte de Plélo qui dut le défendre vis-à-vis de la cour de Copenhague.

La mort du jeune czar Pierre Alexiovitz et l'avénement de la duchesse de Courlande, Anne Ivanowana, suggérèrent au Danemark l'idée de s'allier avec la Russie contre la Suède, projet que Plélo, d'après les instructions du cardinal de Fleury, combattit avec succès, représentant qu'un règne de femme devait amener des compétitions qui feraient de la Russie une alliée peu sûre en ce moment.

Depuis quelque temps le Danemark affectait de

____

[1] 9 novembre 1729.

nous inspirer des inquiétudes sur la mauvaise santé du roi de Pologne et sur l'éventualité d'une élection au trône de ce pays. La gravité de ces perspectives n'échappait pas à notre représentant. On ne peut douter qu'elles n'aient attiré de bonne heure son attention. A peine arrivé en Danemark, il se mettait en correspondance avec les envoyés français dans différentes cours du Nord : le marquis de Monti (Pologne) ; M. Poussin (Basse-Saxe) ; le comte de Castéja (Suède) ; M. Magnan (Russie). Nous avons cité plus haut[1] une lettre écrite à cette époque à l'abbé Langlois, chargé d'affaires en Pologne, où il lui propose d'échanger une correspondance qu'il considère comme nécessaire au bien du service.

Ainsi l'on peut dire que cette question de la Pologne marqua pour Plélo la première et la dernière pensée de sa carrière diplomatique.

Afin de combattre, ou au moins de contre-balancer les influences étrangères qu'il redoutait, Plélo tâchait de suivre dans leurs déplacements le roi et la reine de Danemark. Presque tous les ans, ils allaient passer quatre mois à leur château de Fredensborg. Plélo avait loué en 1729, comme il le disait, « une

____
[1] Voyez p. 79, note 2.

petite baraque à la campagne » pour les perdre de vue le moins possible. En 1730, il avait suivi le roi dans un voyage en Slesvig. « Depuis deux mois, écrivait-il à d'Autry (26 septembre), j'ai galopé plus de trois cent cinquante lieues », et il se disposait à aller rejoindre à Ottensee ce prince qui y était resté malade, lorsque la mort vint y frapper ce dernier le 12 octobre 1730, après un règne de trente-huit ans. Cette mort amena une révolution de cour que notre ambassadeur avait prévue de longue main et annoncée à son gouvernement dans plusieurs dépêches qui faisaient honneur à son zèle et à sa clairvoyance politique.

CHAPITRE X

Christian VI, né le 6 décembre 1699, avait trente
et un ans quand il devint roi. Nous avons vu
quelle avait été la première impression de Plélo à
son égard. Depuis, il l'avait étudié avec toute l'attention qu'un diplomate doit donner à l'héritier d'un
trône, et le résultat de cette étude avait été consigné
dans une longue lettre du 27 septembre 1729[1]. Le
prince, de son côté, avait toujours marqué beaucoup d'estime au comte de Plélo, et lui en avait
donné un témoignage des plus flatteurs, en demandant qu'il lui exposât par écrit ses idées sur les
devoirs d'un roi.

Pour le moment, notre frondeur était sous le
charme du *joyeux avénement.*

« Vous savez déjà que le bon Frédéric IV est allé de

[1] Archives Chabrillan. — *Négociations,* t. II.

vie à trépas, et que son fils Christian VI lui succède.
Ce nouveau monarque, suivant la règle des procédés,
change tout ce que son père avoit fait. Il est vrai qu'il
en étoit bien besoin, car le bonhomme avoit bien mal
agencé tout cela. Celui-ci est précisément du même âge
que moi, et n'est pas plus beau. D'ailleurs il y a grande
apparence que ce sera un bon prince. Il aime l'ordre, la
justice, la vérité et les honnêtes gens. Il a de la pénétration dans l'esprit, le sens très-juste et le cœur très-
bien placé. Jusqu'à présent, il n'a fait que des choix très-
judicieux, et toute sa confiance est tombée sur de fort
honnêtes gens[1]. »

Même langage dans une lettre à Maurepas, de la
même époque :

« Le nouveau roi fait toujours des merveilles : il a mis
ses affaires entre les mains d'honnêtes gens... il rétablit
la noblesse, il veut faire refleurir le commerce. Il parle
d'or et il agit de même. »

Et le 12 décembre suivant dans une lettre à son
oncle[2] :

« Notre Christian VI persiste toujours à avoir je ne
sais combien de vertus. C'est

Merveille de l'ouïr, merveille de l'entendre.

Le seul défaut qu'on puisse trouver à celui-ci, c'est

---

[1] A l'abbé Alary, 14 novembre 1730.
[2] Probablement le comte de Saint-Florentin.

d'être trop bon : il ne punit qu'à contre-cœur ; cela est fort noble ; mais il a pitié des criminels après les avoir châtiés, et il est à craindre que cela n'impose pas assez au crime. L'appât de la récompense ne suffit point avec la multitude ; il faut encore y joindre le frein de la punition. Pardonnez-moi, mon cher oncle, cette bouffée de morale. Le métier que je fais me rend réfléchisseur, et le séjour que j'habite m'y porte encore plus. *Car que faire en un gîte,* etc.?... Et, à vous parler vrai, ceci est gîte et demi. »

Sobre, modéré, irréprochable dans ses mœurs, aimant la vérité, voilà les qualités que Plélo reconnaissait au nouveau roi ; mais ce monarque y joignait un extérieur peu prévenant, une invincible timidité, peu de présence d'esprit, défauts que son isolement plus ou moins volontaire, vers la fin du dernier règne, n'avait pas contribué à diminuer, et qui lui enlevaient une partie du prestige nécessaire à la royauté.

La réaction prévue et annoncée par notre ambassadeur[1] ne tarda pas à se produire dans les choses et dans les personnes. On s'attacha à relever la no-

---

[1] Sa dépêche au garde des sceaux du 5 septembre 1730 est, à cet égard, très-explicite dans ses prévisions, notamment en ce qui regarde la Reine et le grand chancelier. — *Archives des affaires étrangères. Négociations,* t. III, p. 211.

blesse et à rétablir la marine, tout en manifestant des opinions très-pacifiques. Ainsi la pyramide élevée à Frédérickshall, en Norvége, à l'occasion de la mort du roi Charles XII, et chargée d'inscriptions injurieuses pour la Suède, fut abattue. La reine douairière dut se retirer dans son domaine de Clausholm, en Jutland[1], avec un revenu viager de vingt-cinq mille écus. Elle conservait le titre de reine,

[1] Nous trouvons à ce sujet, dans une dépêche du 5 décembre 1730, le récit assez piquant qui suit : « On regarde comme un trait assez plaisant que le roi de Danemark ait choisi ce lieu pour y loger sa belle-mère, puisque c'est le même endroit où ses aventures ont commencé, et d'où elle se fit enlever en 1712. Clausholm, qui est maintenant du domaine royal, appartenait alors à la grande Chancelière de Reventlaw. C'est là qu'elle avait mené sa fille pour la soustraire aux poursuites du Roi, ne lui voyant pas des dispositions à y résister par elle-même. Mais toutes ses précautions furent inutiles. Le comte d'Holstein, ci-devant grand chancelier, comptant sa femme pour tout et l'honneur de sa belle-fille pour peu de chose, persuada à Sa Majesté Danoise d'aller en visite chez madame de Reventlaw et de lui enlever sa fille. Ce conseil fut suivi de point en point. Le Roi vint chez la grande Chancelière; il acheva sans peine de déterminer la jeune demoiselle, et, d'abord qu'on eut dîné, la prit par la main, la fit entrer dans son carrosse, et, sans autre formalité, l'emmena coucher publiquement avec lui à deux lieues de là.

« On a même affiché aux portes d'une maison qu'elle a à Copenhague et distribué publiquement dans les rues une application qu'on lui fait du quarante-septième chapitre d'Isaïe, versets 5-11 : *Sede tacens et intra in tenebras, filia Chaldæorum, quia non vocaberis ultra domina regnorum*, etc. »

mais elle ne devait pas être mentionnée dans les prières publiques. Son frère partagea sa disgrâce. Le ministère roula d'abord tout entier sur Charles Plessen, ci-devant Grand-Maître du prince Charles, doué de plus d'esprit que ses collègues au jugement de Plélo, mais mal instruit des affaires du dehors, sur M. Plessen l'aîné et sur leur neveu Rosencrantz. On avait vanté ce dernier à notre représentant qui avait surtout affaire à lui parce que les relations extérieures rentraient dans son département. Mais il le trouva entêté de sa naissance, de sa fortune, de son mérite, d'ailleurs peu favorable à la France. Lovenhörn, ministre de la guerre, était aimé du nouveau roi. Roturier, et destiné d'abord à l'Église, il avait été aide de camp de Pierre Ier de Russie, s'était distingué à Pultawa; puis, entré au service de Frédéric IV, il avait rempli dans la dernière guerre les fonctions de Major général; assez brutal, mais homme d'esprit, seul de ses collègues il affectait de se montrer affectionné à la France, peut-être par jalousie des Plessen. Le comte de Rantzow, gendre de Louis Plessen et influent auprès de son beau-père, était pour l'alliance autrichienne et contre nous; il était alors Envoyé en Angleterre.

Telle était, à la fin de l'année 1730, la cour de Danemark, hésitante dans ses alliances, mais fort éveillée sur ses intérêts. Le nouveau roi haïssait la Prusse, paraissait disposé à se rapprocher de la Suède, mais, par-dessus tout, il craignait de mécontenter l'Empereur dont il attendait le ministre. L'estime, la confiance et même l'amitié que le Roi témoignait à l'ambassadeur de France semblaient lui promettre le succès pour la conclusion du traité dont il était chargé. Dès que ses nouvelles lettres de créance furent arrivées, il écrivit au roi pour le prier de lui accorder la continuation de sa confiance, et, s'il osait le dire, de son amitié.

« J'ose demander à Votre Majesté de me permettre de lui parler avec liberté et de l'entretenir quelquefois en particulier. Soit que je lui parle comme ambassadeur du Roi mon maître, soit comme un homme qui fait profession de lui être attaché, je ne chercherai jamais à la surprendre ni à lui imposer. L'horreur que j'ai pour l'imposture et même pour toute sorte de finesse doit l'en assurer. »

Quelque temps après, la *Gazette de France*[1] annonçait *urbi et orbi* que le roi de Danemark avait dîné en public avec le comte de Plélo, ambassadeur

[1] Numéro du 15 septembre 1731.

du Roi Très-Chrétien. Plélo assistait également dans tout l'appareil de ses hautes fonctions au sacre du nouveau souverain, 6 juin 1731. On s'apercevra facilement, en lisant la description qui suit, que ce n'est plus la *Gazette de France* qui parle. Plélo, écrivant à l'abbé Alary [1], débute par quelques mots sur le climat du Danemark :

« Il y a dix à douze jours que nous gelions, et présentement nous crevons de chaud. Les feuilles, les fleurs, les rossignols, tout cela est venu tout d'un coup. Nous en sommes même déjà presque dehors, et les chenilles commencent à manger toute notre pauvre verdure. En vérité, jamais je n'ai vu un pareil procédé dans les saisons : elles sont folles.

« Du reste, nous avons ici peu de nouvelles. Le sacre de Sa Majesté Danoise a été remis au 6e de juin. Je vous dirai tout ce qui s'y sera passé quand je l'aurai vu. Imaginez-vous d'avance, comme dans les contes de fées, un roi et une reine. Figurez-vous après cela trois évêques portant fraise à l'espagnole, une carafe d'huile, des couronnes, des sceptres, des trônes et toutes les autres guenilles de la royauté, force perruques blondes, force broderies de mauvais goût, trois sermons en danois, force tribunes remplies de badauds, sept ou huit princes allemands, tous plus sots les uns que les autres, une ving-

[1] 26 mai 1731.

taine de jeunes seigneurs de la même nation, moins élevés en rang et pas mieux pourvus en esprit ; vous n'avez qu'à ranger tout cela comme vous jugerez à peu près que cela doit l'être, et, en cas que je n'aie pas le temps de vous faire un plus long détail, vous aurez une juste idée de ladite cérémonie. »

En dépit des témoignages d'une sympathie toute personnelle de la part du prince, ou d'égards diplomatiques convenus, la politique faisait prévaloir ses exigences. Le second traité de Vienne entre l'Empereur, l'Angleterre et la Hollande (16 mars 1731), auquel accédèrent successivement l'Espagne (6 juin) et la Hollande (22 juillet), suspendait une menace de guerre sur l'Europe divisée par la question de la Pragmatique ou succession d'Autriche, et Plélo ne tarda pas à voir que l'on craignait par-dessus tout de mécontenter l'Angleterre et l'Autriche. Les deux grands objets du Danemark étaient : 1° la conservation du Slesvig ; 2° l'alliance d'une grande puissance qui lui donnât des subsides. Il y avait là pour le représentant de la France une indication qui n'échappa pas au comte de Plélo. Réunir dans une entente commune la Suède et le Danemark dont on exploiterait les affinités naturelles, en obviant, par l'union de ces deux puissances secondaires, aux inconvénients du traité de 1727, ainsi qu'aux éventualités qui pouvaient se produire en Pologne, tel fut le plan qu'il conçut et proposa à nos ministres. Mais que d'intérêts à ménager, que de résistances à vaincre !

La première de toutes était l'influence anglaise. La combattre par tous les moyens, dont le principal était le relèvement de notre marine, telle fut la constante préoccupation de Plélo, et elle restera l'honneur de sa carrière diplomatique. Dès le mois de juin 1730, il insistait auprès de son beau-frère Maurepas, qui avait, comme on le sait, la marine dans ses attributions, sur l'importance qu'il y aurait à montrer nos escadres dans le Nord :

« Sa Majesté Britannique, y était-il dit, ne manque jamais, dans ses harangues, de caractériser l'Angleterre et la Hollande par le titre de Puissances maritimes. Ne nous conviendroit-il pas de faire un peu connoître que nous ne cédons la supériorité à personne sur aucun élément? Il faudroit envoyer une escadre où figureroient de brillants officiers qui pourroient se faire honneur de quelques avantages remportés sur les Anglois, par exemple un Du Guay Trouin, un Roquefeuille et d'autres, dont heureusement nous ne manquons point. Méditez, réfléchissez! »

Il entre ensuite dans le détail des moyens d'exécution, et, à la suite d'un Mémoire à ce sujet, il ajoute ces réflexions d'une justesse frappante :

« C'est par là que l'Angleterre s'est acquis et se conserve sa principale considération auprès des peuples du Nord. Ils n'entendent parler que des flottes et des vaisseaux de cette Puissance ; ils la voient, au moindre prétexte, se transporter chez eux avec des armements considérables : que les Russes donnent quelqu'alarme, que le commerce coure quelque risque, qu'il y ait quelque négociation importante sur le tapis, les Anglois sont aussitôt dans la Baltique. A la vérité, de pareils voyages gênent et incommodent parfois les peuples chez qui ils se font, beaucoup plus qu'ils ne leur plaisent, mais ils les intimident encor davantage, et l'effet en est toujours de leur persuader qu'ils ne sauroient garder trop de mesures avec l'Angleterre, soit à cause des prompts secours qu'ils en peuvent retirer, soit à cause du mal qu'ils en auroient à craindre, s'ils se brouilloient avec elle.

« Ces idées font même d'autant plus d'impression sur eux qu'ils ne croient aucune autre Puissance en état de les défendre contre celle-là. La France, disent-ils, est de toutes les grandes Couronnes de l'Europe celle dont l'alliance nous plairoit et nous conviendroit le mieux ; mais, dans l'éloignement où nous sommes les uns des autres, et dans l'abandon où elle laisse sa marine, elle ne peut nous être ni aussi utile, ni aussi redoutable que l'Angleterre [1]. »

[1] A Maurepas, 9 juin 1731.

C'est dans le même sens que le 3 avril il écrivait
au Garde des Sceaux :

« Les raisonnements pleins d'arrogance que tiennent
nos adversaires, et les airs d'arbitres de l'Europe qu'ils
se donnent depuis le dernier traité, m'ont paru exiger de
notre côté un peu d'étalage. »

Quelques jours plus tard, il se plaint de n'entendre autour de lui que des propos injurieux pour
la France :

« On affecte de dire que, bien différente de ce qu'elle
étoit autrefois, elle est plus éloignée de vouloir la guerre
qu'aucune autre Puissance de l'Europe. »

Enfin, le 8 mai, remerciant le Garde des Sceaux
pour les marques de confiance qu'il lui donne dans
sa lettre du 14 avril, il ajoute :

« Je vous avoue que vous m'avez mis par là bien à
mon aise. Les discours insolents des Impériaux et des
Anglois m'outroient d'autant plus que je les voyois déjà
faire impression sur plusieurs personnes. J'ai le cœur
trop françois pour n'être pas ravi en me voyant autorisé
à en arrêter le cours. »

Peut-être Plélo s'exagérait-il la portée des encou-
ragements qu'il recevait du pacifique gouvernement
de Fleury. D'abord le roi de France et ses ministres
préféraient un traité entre la France et le Danemark,
sauf à en faire conclure ensuite un autre entre cette

dernière Puissance et la Suède. A la vérité le Garde
des Sceaux écrivait à la date du 21 avril :

« Il est bien à souhaiter que la nouvelle du nouveau
traité de Vienne fasse où vous êtes toute l'impression
qu'elle y doit naturellement faire. Elle y doit réveiller
les défiances que vous avez souvent cru remarquer contre
la maison d'Hanover qui, par les nouvelles stipulations,
tend à se rendre maîtresse et médiatrice des grandes
affaires dedans et dehors l'Empire. Je vous confierai
que ce traité forme, par la nature des procédés, une
espèce de division tacite entre nous et ce qu'on appelle
les Puissances maritimes. L'Angleterre surtout s'est conduite d'une manière que nous ne devons pas oublier,
après tous les services et toutes les marques de confiance qu'elle a reçus de nous. Nous pouvons même, à
bien juste titre, nous regarder comme libres de tous les
engagements que les conjonctures nous avoient fait
prendre avec la Hollande et avec l'Angleterre pour les
intérêts desquelles seules nous avons, pour ainsi dire,
toujours agi depuis près de quinze ans. »

« Ces Messieurs, ajoutait le ministre en parlant des
Anglais, n'ont jamais été grands que quand nous avons
renoncé volontairement à l'être... »

Puis il terminait ainsi :

« Ce que je vous confie de ces premières idées vous
fera aisément juger que nous sommes bien éloignés de
vouloir accéder au traité que les Anglois viennent de

conclure... Dans cette disposition, il faut convenir que les Puissances du Nord doivent être ménagées, puisque, dans les cas où il deviendroit nécessaire de former une balance, nous ne la pouvons trouver effectivement et solidement que dans le Nord. »

Le Roi ajoutait de son côté (9 mai) :

« Il est plus nécessaire que jamais de ménager les moyens de former une balance dans l'Europe. Le Danemark y peut influer, s'il veut connoître et suivre ses véritables intérêts, et que, distinguant la famille royale d'Angleterre d'avec la maison d'Hanovre, il sente combien l'augmentation de puissance de cette dernière peut un jour lui devenir fatale. »

Et le Garde des Sceaux, à la date du 24 mai :

« Nous ne pouvons qu'approuver ce que vous proposez de faire pour réchauffer la négociation entre les Danois et les Suédois... Le passage du roi de Suède à Copenhague ne seroit d'aucune utilité. Ce que Philippe de Comines a pensé sera toujours vrai, que les princes ne doivent pas chercher à se voir, et effectivement nous avons vu réussir peu d'entrevues de prince à prince. »

Une question d'argent se mêlait aux considérations politiques invoquées pour ou contre le nouveau traité : elle portait sur les subsides que la France avait promis au Danemark par le traité du 16 avril 1727, et dont les quartiers, à mesure de leurs payements successifs, mettaient en si belle humeur le gouvernement danois[1]. Cette question, il faut le dire, ne touchait pas moins le roi de France, écho probablement en cela de son parcimonieux ministre, le cardinal de Fleury. Il écrivait de Marly le 28 novembre 1731 :

« Le succès de votre négociation paroît dépendre principalement du plus ou moins de subsides, et l'objet des Danois semble être uniquement de tirer des sommes considérables sous différents prétextes. Cette réflexion et le peu de fermeté qu'ils font paroître, leur tiédeur sur les affaires qui s'agitent actuellement dans l'Empire ne me donnent pas un grand empressement d'augmenter les offres que je vous ai permis de faire, et je ne puis pas voir avec plaisir que le Danemark veuille faire dépendre de quelques milliers d'écus de plus l'honneur et l'avantage de mon alliance. »

En effet, les représentants de plusieurs Puissances, inquiets des conférences de Plélo avec les ministres danois, cherchaient à traverser la négociation par des offres plus ou moins sincères d'avantages supérieurs aux engagements que nous avions pris et auxquels nous faisions honneur. L'Angleterre se hâtait de payer son arriéré. Vienne et Berlin faisaient de belles promesses. Plélo recevait avec di-

---

[1] Voyez ci-dessus, pages 68 et 79.

gnité les communications que le gouvernement danois lui faisait à ce sujet. Il avait réponse à tout. Aux ministres danois il disait :

« Vous nous parlez toujours des embarras où notre alliance peut vous jeter, sans paroître faire attention à ceux dont elle vous tire et à l'abri desquels elle vous met. »

Au Roi lui-même il répondait avec une franchise respectueuse :

« Que Sa Majesté pouvoit prendre les engagements qu'il jugeroit à propos, mais qu'il le croyoit trop éclairé pour faire de son alliance une marchandise qui se donnât à l'enchère. »

Le mot ne paraît pas trop fort lorsqu'on lit les dépêches où Plélo rend compte à son souverain des conférences relatives à cette question du subside :

« Lorsque nous en vînmes à l'article 9, qui regarde les subsides, je vis ces messieurs rapprocher leurs chaises de moi et redoubler d'attention. Leurs mouvements furent si naturels qu'ils me parurent peindre parfaitement leur caractère d'avidité... J'usai de la permission que Votre Majesté m'avoit donnée de leur lire ses ordres en original, et je les priai de se déterminer promptement, les assurant de nouveau que c'étoit là votre *ultimatum*. Ils me parurent fort agités, et ils me répondirent qu'ils ne se seroient pas attendus à un si grand retranchement, etc., que du reste ils prendroient les ordres du Roi leur maître. »

Quelques jours après, nouvelle entrevue avec Plessen et Rosencrantz, dont les détails sont contenus dans une lettre au Garde des Sceaux. Ici le dialogue se montre plus vif et plus pressé. Plélo demande aux ministres danois de s'expliquer sur les subsides par *oui* ou par *non*. Si c'est *non*, il est inutile d'aller plus loin. Nouveau marchandage de la part des interlocuteurs :

« — Que ferons-nous avec vos deux cent mille écus? — Nous avons eu ci-devant, réplique Plélo, quelques alliances avec les rois de Danemark, nommément avec Christian V, et dans des conjonctures autrement délicates que celles d'aujourd'hui, et l'on regardait alors cent cinquante mille écus comme un subside de paix très-considérable, sans compter que jamais on ne l'avait fait durer dix ans. »

Il paraît que ces observations provoquèrent une réponse un peu aigre, car Plélo ajoute :

« Je supprime ici quelques propos assez offensants pour moi ; mais je compte pour rien ce qui ne regarde que ma personne [1]. »

---

[1] Archives Chabrillan. Copie des *Négociations*, t. IV. Dépêches des 3 et 6 novembre 1734.

Un premier projet de traité, dressé par Plélo dans
le courant du mois de juin, avait été renvoyé par
Louis XV, qui y avait joint une longue lettre datée
de Fontainebleau, 3 juillet, dans laquelle ce projet
était discuté, modifié avec un soin minutieux qu'on
n'aurait pas attendu du jeune Roi. La nouvelle ré-
daction, datée d'octobre et accompagnée également
d'une lettre du Roi, du 10 de ce mois, n'était pas
faite pour diminuer les embarras du représentant
de la France. Non-seulement on ne cédait rien sur
la question des subsides, mais on semblait reculer
sur celle de la garantie du Slesvig promise au Danemark moyennant une indemnité au duc de Holstein :

« La garantie que j'ai donnée précédemment, disait le
Roi, pour le duché de Slesvig, ne paroît pas avoir besoin
d'être renouvelée. »

Et il proposait de la remplacer par une déclaration secrète où il n'était plus question d'indemnité.
Plélo, à qui cette reculade créait une position des
plus fausses, s'en plaint avec amertume dans des
notes confidentielles. On y lit, en marge des articles
relatifs au Slesvig :

« Voyez ci-dessus les engagements formels pris par la

France. — Ceci est une manière d'éluder l'exécution de
sa parole, dont se servent les Rois lorsque leur intérêt
personnel ne s'y trouve pas. »

Et plus loin :

« Que devient l'indemnité promise par une exclusion
aussi formelle? Les paroles des Princes ne sont jamais
que relatives à leurs intérêts. »

Telle était la situation lorsque le comte de Zinzen-
dorf, grand chancelier de l'Empire, arriva à Copenhague, sous prétexte d'un voyage de curiosité. Il y
fut suivi de près par le ministre de Russie, qui, bien
que n'ayant pas le titre d'ambassadeur, fut traité sur
un pied d'égalité qui choqua Plélo et lui fit refuser
de dîner avec lui chez le Roi. Celui-ci, d'ordinaire si
affable, évitait la présence de notre ambassadeur.
Des bruits d'alliance avec l'Autriche étaient dans
l'air. On annonçait l'accession à la Pragmatique du
roi de Suède, puis du landgrave de Hesse. En vain
Plélo donna l'alarme à sa Cour; en vain il se plaignit hautement à celle de Danemark : le Roi et ses
ministres répondirent que si la France ne terminait
pas avec eux, il fallait bien qu'ils s'assurassent d'autres alliés. Bref, en moins de quinze jours et sans
que notre représentant pût s'y opposer, le traité de

Copenhague entre Vienne, le Danemark et la Russie fut préparé, discuté et signé le 26 mai 1732. Le roi de Danemark acceptait la Pragmatique sanction et donnait à la Czarine le titre d'Impératrice; les deux Puissances lui garantissaient le Slesvig et se chargeaient du dédommagement envers le duc de Holstein [1].

Sans prétendre justifier les procédés du Danemark dans cette circonstance, il est permis de croire que le cardinal de Fleury eût pu, en cette occasion comme en plusieurs autres, éviter, par quelques sacrifices d'argent, un échec moral à notre diplomatie. C'est du moins l'opinion du chevalier de la Vieuville, qui évidemment possédait à cet égard la pensée de son ami Plélo.

Du reste, le gouvernement français lui rendait ce témoignage qu'il n'avait pas tenu à lui que les choses tournassent autrement. Le Garde des Sceaux,

---

[1] Dès le 27 mai, Plélo rendait compte au Roi et au Garde des Sceaux de toute la négociation. La dernière dépêche se terminait par ces dignes et nobles paroles : « J'espère, Monseigneur, que vous ne m'attribuerez rien de ce mauvais succès, et je ne crois pas même avoir besoin d'entrer là-dessus dans aucune explication. Vous savez que j'ai fait tout ce que j'ai pu et tout ce que j'ai dû, tant du côté du zèle que de celui de la soumission. » — *Archives des affaires étrangères. Négociations Danemark,* Copie, t. IV.

à la date du 19 juin 1732, lui écrivait : « Vous vous
êtes conduit bien et dignement. »

Le Roi ajoutait à la même date :

« Je ne vous attribue point ce qui vient de se passer.
Vous avez fait pour faire réussir les propositions dont je
vous avois chargé, tout ce que je pouvois attendre d'un
sujet fidèle et éclairé [1]. »

Il y a mieux : les deux gouvernements, malgré
la froideur que ces froissements venaient d'imprimer à leurs relations, semblèrent se réunir dans
un témoignage commun de satisfaction donné au
comte de Plélo, à l'occasion d'une négociation entamée en février 1732 et conclue l'année suivante.
Nous voulons parler de la vente faite par la France
au Danemark de l'île de Sainte-Croix (Antilles).
Cette petite île, éloignée des autres Antilles fran-

---

[1] La même lettre renfermait les passages suivants : « Quoi que
vous aient pu dire les sieurs Rosencrantz et Lovenhörn, leur
maître n'a pu croire que sa conduite et les articles du traité qu'il
vient de conclure ne me fussent extrêmement désagréables. Je ne
puis cependant trop approuver le parti que vous avez pris de ne
montrer ni aigreur ni rancune. Lorsqu'on vous parlera sur cette
matière, vous vous contenterez de dire froidement que vous souhaitez que le Danemark s'en trouve mieux que des engagements
qu'il prit en 1701 et 1702. On vous entendra assez, et vous évi-
terez de plus longs détails. » — *Archives des affaires étrangères.
Négociations,* copie, t. I, in-4°.

çaises, était négligée par nous, et restait stérile. Mais elle était à la convenance du Danemark, qui donnait alors de l'extension à son commerce extérieur. La compagnie danoise des Indes occidentales et de Guinée, qui l'acheta pour la somme de sept cent cinquante mille livres, en fit une colonie prospère[1], et crut devoir offrir un don de dix mille écus à celui dont les soins, les études, les démarches actives avaient préparé cette acquisition avantageuse aux deux parties contractantes[2]. Plélo les refusa avec sa délicatesse ordinaire, et il ne fallut rien moins que l'insistance personnelle du roi de France pour triompher de ces refus[3].

[1] « Cette île, quoique malsaine en certaines parties, est devenue le théâtre de la plus splendide végétation tropicale. » — Oscar COMETTANT, *le Danemark*, p. 388.

[2] *Dictionnaire géographique de La Martinière*, 1741, t. VIII, p. 78. — MALLET, *Histoire de Danemark*, 1788, t. IX, p. 445. — Plélo avait écrit sur l'affaire de Sainte-Croix un Mémoire qui se trouve dans ses papiers.

[3] Si l'on veut savoir l'usage que Plélo fit d'une partie de cette somme, on n'a qu'à lire ce passage d'une lettre au Garde des Sceaux, du 10 novembre 1733 : « Je crois inutile de vous dire que je ne me suis pas enrichi à mon ambassade. La réception que j'ai cru être obligé, pour l'honneur de la nation, de faire à notre escadre, m'a enlevé le peu qui me restoit du présent de l'île de Sainte-Croix. »

CHAPITRE XI

Pour ne pas interrompre la suite des opérations diplomatiques, nous avons laissé de côté des faits divers qui ne s'y rapportaient pas, bien qu'ils appartiennent à la même période de temps.

Et d'abord, parmi les *Lettres aux envoyés français dans les Cours du Nord* comprises dans le tome VI des *Négociations du comte de Plélo* (Archives Chabrillan), nous en rencontrons deux qui prouvent que celui-ci, malgré le rôle secondaire que jouait encore la Prusse parmi les Puissances européennes, était attentif aux choses et aux hommes qui devaient bientôt fonder la grandeur de cet État. Elles se rapportent au Prince royal, depuis Frédéric II, alors âgé de dix-huit ans, et qui s'était rendu coupable du crime de chercher à se soustraire aux brutalités paternelles. Enfermé dans la citadelle de Custrin, condamné à mort, ainsi qu'un jeune officier, son ami et son complice, il avait dû subir le spectacle de l'exécution de ce dernier, et n'échappa, dit-on, au même sort que grâce à l'intervention des Puissances. Ces lettres témoignent d'un vif intérêt pour le jeune prince et nous initient à quelques épisodes de ce drame intime, où l'odieux, comme le dit Plélo, se mêlait au ridicule.

« Le prince royal de Prusse, écrivait-il à M. de Sauveterre [1], le 24 août 1730, trouvera certainement autant de gens touchés de son malheur, qu'il y en aura qui sauront son aventure. Pour moi en particulier, tout le bien que j'ai entendu dire de ce Prince, et que vous me confirmez, m'intéresse à lui à un point que je ne saurois vous exprimer. Son goût pour les dames, pour les plaisirs et pour les lettres, c'est-à-dire pour tout ce qu'il y a de beau et de bon dans le monde, me le fait aimer. La fermeté qu'il oppose aux mauvais traitements dont on l'accable le fait estimer, et tout en général me le fait plaindre.

« Don Carlos n'étoit pas si aimable ni si innocent que le fils, et Philippe second n'étoit pas si furieux ni si aveugle que le père. »

____

[1] Ladvocat de Sauveterre, chargé des affaires du Roi auprès du roi de Prusse.

Il revenait sur le même sujet dans une seconde
lettre du 23 décembre suivant :

« J'ai été charmé, Monsieur, d'apprendre l'adoucisse-
ment dans les peines du Prince royal de Prusse, et quoique je ne sois pas sans crainte sur une rechute, il me
semble que c'est toujours un grand point en pareille conjoncture d'avoir gagné un peu de temps. Au reste, quelque triste que soit cette pièce dans les endroits les plus
essentiels, elle en a cependant quelques autres où l'on
ne peut s'empêcher de rire. La défense au Prince de
parler françois de trois ans, et l'ordre de s'habiller
pendant ce temps à notre mode, comme indigne d'être
vêtu à la prussienne, m'ont paru entre autres des traits
admirables. Sont-ils vrais? »

Autant Plélo ressentait de sympathies pour le
jeune prince qui subissait l'ascendant des mœurs
françaises, en attendant qu'il fondât une politique
prussienne hostile à la nôtre, autant il maltraitait
dans ses dépêches cette espèce de fou furieux qui
s'appelait Frédéric-Guillaume Iᵉʳ et qui comptait
parmi ses principaux griefs contre son fils celui
d'aimer les dames et la France. Le 24 mars 1731,
il écrivait au même Sauveterre :

« Il est fâcheux que la fleur des pois opère sur les têtes
couronnées. Sans cela, l'on pourroit peut-être, dans les
circonstances présentes, profiter des mécontentements

où Sa Majesté prussienne parait être contre ses alliés. Mais que peut-on attendre d'un pareil Prince? »

L'échec diplomatique du traité de Copenhague, malgré les dédommagements dont nous l'avons vu accompagné vis-à-vis de Plélo, ne pouvait manquer de réveiller dans son esprit le rêve souvent caressé par lui d'un changement de résidence qui l'enverrait dans un poste plus important ou au moins dans un climat plus doux. Ainsi il écrivait à d'Autry le 21 juillet 1731 :

« On me mande de Paris que l'on parle de moi pour l'ambassade d'Angleterre ou pour celle de Hollande. Je ne sais pas sur quoi cette idée est fondée. Peut-être est-ce seulement sur le désir de mes amis. »

Et le 23 février 1734 :

« Il me faudroit encore une reprise d'ambassade en quelqu'autre climat. Je ne puis cependant juger d'avance de ce qui en sera. Nous sommes deux chez moi : ma vivacité et ma raison, et ce n'est pas toujours cette dernière qui l'emporte. Sur tout ce que j'ai ouï dire de Venise, je n'y ai point de regret. Je ne vaudrois rien au milieu de tous ces Pantalons-là. »

Souvent dans la suite de sa correspondance, surtout dans la partie la plus intime, il reviendra sur

ces idées, mais il les fera toujours céder au sentiment du devoir ou à la pensée qu'il retrouverait
ailleurs les inconvénients dont il se plaint[1].

Il écrivait au Garde des Sceaux le 1er juillet 1732 :

« Toute la grâce que j'ai à vous demander aujour-
d'hui, c'est de vouloir bien songer que les mêmes raisons
qui empêchent la commission de M. de Schulembourg
(ministre de Danemark en France) d'être très-agréable
ne rendent pas la mienne beaucoup plus gracieuse, avec
cette différence encore que mille douceurs dans la vie
et dans le commerce peuvent l'en consoler en France, au
lieu que la seule ressource à laquelle un galant homme
puisse se prendre ici est l'espérance d'y rendre service à
son maître. Je me soumets cependant entièrement à tout

---

[1] Une *correspondance énigmatique* qui se trouve dans les
archives Chabrillan, sans que l'origine en soit autrement indi-
quée, renferme le passage suivant : « On a averti *Chatillon*
(Plélo) que la place qu'il occupe au *jeu du sieur Menou* (Cour de
Danemark) était déjà promise à un autre. Du reste, il comprend
que les autres parties où on pourra le mettre sont un peu chères,
et qu'en général elles auront toutes à peu près les mêmes désagréments, tant que la *Guinguette* (Cour de France) sera aussi
mal tenue qu'elle l'est. »

On voit qu'il se faisait peu d'illusions sur la Cour qu'il servait
avec tant de dévouement. Il écrivait au comte d'Autry au commencement de 1734 : « Vous aurez vu par ma dernière lettre que je me
suis laissé reprendre *alle lusinghe dell' iniqua corte.....* On
m'a écrit des douceurs; on dit qu'il faut que je reste, qu'on a
besoin de moi, et ceci et cela, et tu en auras de l'eau bénite de
cour. Bref, on a tant fait que je demeure. »

ce que vous voudrez bien faire de moi, bien convaincu par toutes vos bontés passées que vous aurez encore celle de ne pas me laisser consumer à l'oisiveté et à l'ennui dans le plus triste pays du monde. »

Le Garde des Sceaux lui répondait :

« Je conviens du peu d'agrément que vous devez avoir à la Cour où vous êtes, mais, en même temps, je vous engage à ne pas vous laisser gagner par l'ennui. Il ne conviendroit pas, dans les circonstances présentes, de rappeler l'ambassadeur du Roi : ce seroit marquer trop de mécontentement d'une alliance qui, quoique malséante dans la forme, n'est pas considérable dan s le fond. »

Et Plélo se résignait avec toutes réserves pour la dignité de ses fonctions et pour l'honneur de la France :

« A l'égard des désagréments personnels que j'ai à essuyer, comme ils viennent du naturel de ces gens-ci, je les soutiendrai patiemment tant que vous jugerez né-cessaire au service du Roi que j'y sois exposé; mais s'ils rejaillissent le moins du monde sur le caractère dont je suis revêtu, vous pouvez, Monseigneur, vous reposer sur moi du soin de les repousser avec hauteur. Jusque-là, je me contente de me rendre beaucoup plus rare à la cour et surtout auprès des ministres [1]. »

---

[1] *Négociations,* tome IV, Copie Chabrillan. Lettres des 1er et 3 juillet, 9 septembre 1732, etc.

En effet, plus que jamais il se renferme dans la famille, dans l'étude, qu'à vrai dire les préoccupations de la diplomatie ne lui avaient jamais fait perdre de vue. Des questions d'étiquette ayant retardé la réception de la comtesse de Plélo par la Reine et les Princesses en qualité d'ambassadrice, il se hâta de simplifier la question en écrivant au Garde des Sceaux :

« Je vous avois demandé le cérémonial pour la réception des ambassadrices en France, pensant qu'il étoit bon d'exiger ici la réciprocité ; mais dès que vous y trouvez de l'inconvénient, il n'en est plus question. Madame de Plélo se passera très-aisément d'aller à la Cour : elle n'y perdra ni plaisirs ni agréments. »

Événements publics ou privés, joies ou douleurs de famille, tout contribuait à resserrer la tendresse mutuelle des deux époux. Nous avons vu en quels termes touchants Plélo annonçait à un ami la naissance du fils qui lui était né en Danemark. Voici comment il faisait part de sa perte à un autre ami :

« Vous auriez raison de me gronder, mon cher Comte [1], si je vous laissois apprendre par d'autres la mort de mon fils. Des amis doivent s'instruire de tout ce qui les touche,

[1] A d'Autry, 26 février 1732.

et ceci m'a, je vous l'avoue, sensiblement affligé. Philosophe, ou du moins tâchant de l'être sur une infinité
d'accidents de la vie, je suis du dernier vulgaire d'abord
qu'il s'agit de ma femme, de mes enfants, de mes amis.
J'aime tout cela et je pleure de ce qui leur arrive, comme
le plus simple paysan. »

Vers la fin de juin 1732, les deux époux s'instal-
lèrent dans une retraite champêtre à deux lieues de
Copenhague, à moitié chemin entre cette ville et
Frederiksborg, résidence d'été du roi de Danemark.
Schottzbourg (Skodsborg), tel était le nom de cette
retraite que Plélo lui-même a décrite avec beaucoup
de charme en prose et en vers. Dès le mois de
février, il écrivait au comte d'Autry :

« Je compte m'établir pour tout l'été dans une petite
chaumière que j'ai louée à deux lieues d'ici, et y prendre
du lait. La situation de cet endroit est fort jolie : la mer
est à une demi-portée de fusil d'un côté, et de l'autre un
grand bois à pareille distance. »

Et le 8 juillet suivant, il rendait compte au même
de l'exécution de ce projet :

« Je suis depuis environ trois semaines, mon cher
Comte, dans ma petite chaumière, à jouir des agréments
de la belle saison, et je m'y trouve si bien qu'à peine
me ressouviens-je d'être en Danemark. Mon gîte est

précisément le *pauperis tuguri congestum cespite culmen ;*
mais notre situation est l'ouvrage d'une douzaine de
fées au moins : mer, lacs, fontaines, forêts, bocages,
prairies, tout cela s'y trouve et mille autres choses encore. Il n'y a point de jour que je ne voie passer devant
ma porte plus de cinquante vaisseaux. A deux lieues de
chez moi s'élève l'île de Huëne, célèbre par la demeure
de Tycho-Brahé et par le château d'Uranitzbourg que ce
savant homme y fit bâtir, mais dont il ne reste pas le
moindre vestige. Un peu plus loin règne la côte de Sca-
nie, domination de Suède, avec les villes de Landskrone
et de Malmoe, qui nous servent de perspectives ; d'un
autre côté, nous découvrons les clochers d'Elseneur à
l'entrée du Sund, et, à l'opposite, ceux de Copenhague.
Voilà, mon cher Comte, une légère idée de notre solitude. Il ne m'y manque que mes amis, car d'ailleurs j'y
suis content comme un roi. Ma santé s'y rétablit à vue
d'œil ; j'y ai ma femme, quelques livres et tout mon
atelier d'ouvrages. Je m'y promène beaucoup, je n'y ai
aucuns soucis, j'y mange et dors parfaitement ; bref,
jamais je n'ai été aussi gai. »

Enfin, comme s'il éprouvait le besoin de communiquer à tous ses amis et sous toutes les formes la
satisfaction dont son cœur était plein, il adressait au
chevalier de la Vieuville une lettre en prose et en
vers, datée de Schottzbourg, le 19 août 1732, où
la gaieté facile de Chapelle et Bachaumont s'alliait

à l'émotion contenue de la Fontaine, de la Fare et
de Chaulieu[1].

Nous en citerons ici quelques passages. Parlant
de son habitation sur laquelle il rapporte les traditions qui courent dans le pays, il ajoute :

« Quoi qu'il en soit, sans m'arrêter au passé, voici
notre Louvre tel qu'il est aujourd'hui :

> Tu sais déjà que sur ce Louvre
> Est un toit que le chaume couvre...
> Depuis l'un jusqu'à l'autre bout
> Nous avons huit pièces en tout.
> La première est pour la marmite ;
> A côté se tient notre suite ,
> Hommes , femmes , filles , garçons
> Toujours gaillards comme pinsons ;
> Car chez maître d'humeur joyeuse
> Rarement est suite pleureuse. »

Suit la peinture de la cour et du jardin ; puis
l'auteur passe à la description du dehors qui pourra,
dit-il, dédommager son correspondant de tout ce
que l'intérieur lui a présenté de rustique :

« Le premier objet vers lequel je te conduirai sera la
mer, comme étant le plus proche de nous. Notre porte

---

[1] Ce morceau, dont il courut d'abord quelques copies ma-
nuscrites (Voyez le *Catalogue* imprimé *des Manuscrits de la
Bibliothèque de Troyes*, 1855, in-4°, n° 686), fut recueilli par
Moncrif à la suite de son *Choix de Chansons;* 1775, in-8°.

n'en est qu'à quelques pas, distance à la vérité trop courte,
si nous avions affaire

> A cet Océan de qui l'onde
> Toujours mugit et toujours gronde,
> Et qui par ses transports mutins
> Fait enrager tous ses voisins.
> Mais par bonheur notre Baltique
> Est personne très-pacifique.
> On ne la voit point à grand bruit
> Deux fois par jour quittant son lit,
> Pour s'en aller courir le monde
> D'une manière vagabonde,
> Et puis, avec même fracas,
> Revenant soudain sur ses pas;
> Ni jamais sur sa rive heureuse
> Ne souffla cette bise affreuse
> Qui change en d'arides déserts
> Le rivage des autres mers.
> Ici partout rives, villages,
> Maisons, châteaux, prés et bocages,
> Lieux de plaisirs et de repos
> S'avancent jusqu'au bord des flots,
> Ainsi qu'on les voit à centaine
> Parer les rives de la Seine.

« Malgré cependant cet air doux et débonnaire, je ne
voudrois, je t'assure, m'y fier que de la bonne sorte, car
elle est aussi méchante qu'une autre, quand elle s'y met.
Mais comme nous nous en tenons à la considérer de
dessus terre, cela ne nous regarde pas, et ses petites
humeurs ne servent même qu'à nous fournir un spectacle d'autant plus agréable qu'il est plus diversifié; en
un mot, nous ne sentons ici aucune des incommodités
qui se rencontrent presque partout sur les côtes de la

mer, et nous y jouissons d'une vue dont je doute que le monde entier ait la pareille. Ailleurs, il faut se contenter d'une vaste étendue d'eau où l'œil se perd, de quelques rochers battus des vagues, et, de loin en loin, de quelques malheureux navires qu'on a bien de la peine à distinguer. Ici, du pas de notre porte, de notre salle à manger, de notre jardin et de presque tous les lieux de notre habitation, il n'y a point de jour que nous n'ayons le plaisir de voir au moins une cinquantaine de vaisseaux, chacun avec quelque chose de différent et de particulier, soit dans sa structure, soit dans sa route, ou dans l'objet qui le conduit. Là, ce sont des barques de pêcheurs, ici des navires marchands ; l'un part, l'autre arrive.

> L'un porte en ses vastes entrailles
> Maints tonneaux et maintes futailles
> De ces vins durs, pâteux et plats
> Dont le Nord purge nos climats ;
> L'autre, de chez les Antipodes,
> Apporte encens, poivre et pagodes ;
> Celui-ci regagne le Nord ;
> L'heureux matelot, sur son bord,
> Pousse en l'air mille cris de joie
> Que bien au loin l'écho renvoie.
> Cet autre, au gré des vents légers,
> S'en va courir mille dangers ;
> Autour de sa masse pesante
> Écume l'onde menaçante.

« Enfin... imagine-toi que tous les bâtiments qui vont dans le Nord sont obligés de passer en revue devant nous, le détroit du Sund, sur lequel nous sommes si-

tués, étant la seule porte par où ils doivent nécessairement entrer et sortir, et joins à cela que, le détroit
n'ayant guère que quatre lieues dans sa plus grande lar-
geur, il ne sauroit presque nous y échapper une seule
chaloupe. Mais ce n'est pas tout ; sommes-nous rassasiés
de vaisseaux ? nous pouvons choisir entre deux royaumes, la Suède et le Danemark, sur lequel nous voulons
reposer notre vue ; le premier nous représente en face
les villes de Landskrone et d'Elsimbourg (Helsingborg) ;
le second celle d'Elseneur avec partie de celle de Copenhague, le tout semé de part et d'autre, dans les intervalles, de collines, de hameaux, etc. [1]. »

[1] La poésie du site décrit dans ces pages se faisait sentir, plus
d'un siècle après, à un autre Français dont il est curieux de
comparer la peinture avec celle de Plélo : « De mon balcon de
Marienlyst, dit M. Dargand, j'aperçois le Danemark et la Suède,
le Cattégat, le Sund, et, sur le Sund, deux à trois cent cinquante
navires par jour. Il en passe par an, sous la terrasse où je suis,
plus de quinze mille, diaprés des drapeaux de toutes les nations.
Ces navires vont de la mer du Nord à la mer Baltique, ou de la
Baltique à la mer du Nord. C'est un spectacle indescriptible . . . .
. . . .
« Il est un horizon qui me plaît entre tous. Non loin de Skodsborg et près de la terre du comte Danneskiold, j'ai monté sur une
colline. A ma droite écumait et bondissait le Sund, tout sillonné
de vaisseaux ; à ma gauche verdissait une autre mer, une mer de
forêts gigantesques. Pourquoi n'ai-je pas là une cabane ?
« J'ai passé bien des heures à Klampenborg, seul, sur le balcon.
J'étais assis sur un banc de bois. Les parfums du jardin s'élevaient
avec les bruits du Sund jusqu'à moi... La mer était bleue, d'un
bleu profond et transparent tout ensemble. Elle me fascinait par

Enfin, après une description curieuse de l'île de
Hveen — Plélo l'appelle de Femeren, — qu'on découvre à deux lieues en mer, où s'élevaient le château et l'observatoire de Tycho-Brahé, maintenant
en ruine, « mais de ces ruines auxquelles l'imagination, grande embellisseuse de son métier, prête
des charmes que les lieux n'ont peut être jamais
eus », Plélo revient à ses idées favorites de bonheur
conjugal, d'amour pour sa jeune épouse que « toutes
les glaces du Nord, dit galamment la Vieuville,
n'avaient pu refroidir ». Il suppose qu'un jour ces
beaux lieux témoins de leur affection mutuelle
seront l'objet d'un pèlerinage, « comme on alloit à
l'Arc des joyeux amants du temps des Amadis, et
comme on a été depuis à la fontaine de Vaucluse et

sa beauté parfaite... et parlait à mon âme, comme si elle avait eu
une âme elle-même. Elle me disait : « Comprends-tu le ciel
« maintenant?... Je ne suis qu'une faible image de cet inexpri-
« mable Infini. C'est lui qui est beau, d'une beauté qui ne change
« pas. Lorsque tu auras traversé la vie, pareil à l'un de ces légers
« bateaux de pêcheurs aux voiles rouges qui traversent mes flots,
« le petit monument de pierre où tu dois être enseveli ne sera pas
« ce qu'il paraît. Il sera un balcon sur l'Infini divin qui te ravira
« bien autrement que moi. » *Voyage en Danemark.* Paris, 1861,
pages 258, 328, etc.

Nous demandons grâce pour cette citation qui fait bien comprendre comment le même spectacle peut, à un siècle de distance,
inspirer des peintures d'un ton différent.

sur les bords du Lignon. On racontera leur histoire;
c'est là, dira-t-on,

> C'est dans ces champêtres asiles
> Qu'ont vécu pendant quelque temps
> Deux époux heureux et tranquilles,
> Moins époux, il est vrai, qu'amants.
> C'est là que sous un ciel barbare,
> Embelli seulement pour eux,
> Ils goûtoient le plaisir si rare
> D'être aimés autant qu'amoureux.
> Là, dans une paix sans pareille,
> Leur cœur, toujours pur et serein,
> N'avoit ni remords sur la veille
> Ni soucis pour le lendemain.
> Là, dans la joie et l'innocence,
> Au milieu des jeux et des ris,
> Leur seul regret étoit l'absence
> Du plus cher de tous leurs amis.
> Là, faisant leur plus douce affaire
> De bénir leurs heureux liens,
> Tout, jusqu'aux bords de l'onde amère,
> Y ramenoit leurs entretiens.
> Partout ils rencontroient l'image
> Des charmants et paisibles jours
> Que leur donnoit sur ce rivage
> Le plus fortuné des amours.
> Une tempête épouvantable
> Troubloit-elle soudain les eaux,
> Hélas! disoient-ils aussitôt,
> Ce n'est rien là de comparable
> A ce qu'éprouveroient nos cœurs
> S'ils se faisoient jamais l'outrage
> De concevoir le moindre ombrage
> De leurs mutuelles ardeurs.
> Mais épargnons-nous cette idée;
> Qu'a de commun cet élément
> Avec nos feux et leur durée?

> Son partage est d'être inconstant.
> Chacun a son destin à suivre :
> Le nôtre est de ne point changer,
> Et de plutôt cesser de vivre
> Que de cesser de nous aimer. »

Nous donnerons ici, bien qu'elles soient d'une date postérieure, deux autres lettres inédites de Plélo au chevalier de la Vieuville, du même ton que celle qui précède et mêlées également de prose et de vers. Elles montrent que l'auteur conservait sa verve facile et son esprit enjoué au milieu des circonstances les plus graves et jusqu'à une époque bien rapprochée de la catastrophe qui les termina [1].

[1] On en trouve également la preuve dans ce passage d'une lettre au comte d'Autry, écrite à une époque (1er janvier 1734) où Plélo se flattait de rentrer bientôt en France : « J'ai déjà pris mes mesures pour obtenir mon rappel. Si le Roi me juge de quelque utilité pour son service ailleurs, je m'abandonne à ses volontés. Sinon, ou pour peu qu'on me traîne en longueur, adieu lui dis, sans regret, sans peine, sans rancune, et je vais planter mes choux. . . . . Je me fais d'avance un grand plaisir de vous revoir et d'aller deviser avec vous et de ceci et de cela, et de tout ce qui nous passera ou devant les yeux ou dans la fantaisie. Si les autres en font de belles, nous en dirons de bonnes. Fiez-vous-en à moi : je vous rapporte un fonds de vérité, de franchise, de causticité et d'envie de rire, où il y aura pour long-temps à deviser. La belle revue que nous aurons à faire de toutes les sottises nées pendant notre séparation, sans compter le courant ! Car tenez, mon cher Comte, que la terre soit un peu plus grande ou plus petite, ovale, carrée ou pointue, les sottises iront toujours leur train. »

« A Copenhague, ce 17ᵉ mars 1733.

« Ma chienne de santé me fait toujours enrager, mon cher ami ; j'ai encore eu trois ou quatre reprises de fièvre, je ne dors point, je suis tout je ne sais comment, et mon mieux n'est jamais qu'un moins mal. Joins par-dessus le marché un million d'ennuis et d'ennuis danois, qui sont ceux de la grande espèce. Non en vérité, ce n'est pas vivre que cela ; aussi n'y puis-je plus résister, et il faut que je décampe avant l'automne, ou que je crève : or je ne veux point crever. Ne parle cependant du décampement à personne, il suffit que j'y travaille à la sourdine. Mes affaires, mes parents et d'autres bonnes raisons veulent que ce soit pour aller ailleurs ; j'y con-sens puisqu'il le faut, mais il faut aussi qu'il se trouve un ailleurs convenable. En tous cas, le pis-aller seroit d'aller à Paris, et tu me connois un assez grand fonds de patience pour juger que je me résignerois sans peine à ce parti.

> O toi, l'abrégé du monde
> Et la reine des cités,
> Où, sans que personne en gronde,
> Chacun suit ses volontés ;
> Séjour en plaisirs fertile,
> Paris, séjour enchanté,
> O Paris, heureux asile
> De l'aimable égalité ;
> Libre de toute contrainte.
> Loin des Princes et des Cours,
> Quand irai-je en ton enceinte,
> Me rappeler mes beaux jours !
> Ces jours passés dans la joie,

> Dans le vin , dans les amours ;
> Ces jours et d'or et de soie
> Sont-ils perdus pour toujours?

Non, ma foi ! ils ne le seront pas, et je compte bien les revoir, pour peu que Dieu me prête vie. Quatre années de Danemark me les feront paroître encore plus charmants ; spectacles, soupers, propos gaillards, raisonnements, bonne compagnie, tout me sera nouveau. Les plaisirs ne sont si purs ni si vifs pour la jeunesse que parce qu'elle n'y est pas encore accoutumée. Moi, à force d'en avoir perdu l'habitude, je me retrouverai au même point. Tu ne saurois croire combien cette seule idée me plaît, et combien elle m'aide à supporter la réalité de mes misères. Il est vrai que ce n'est pas là ma seule ni même ma plus grande ressource ; tu m'en connois une autre plus efficace.

> Je vis avec Clarice, et son cœur m'est fidèle.
> Me voilà content comme un Dieu :
> Clarice de tout me tient lieu ,
> Et rien ne me tiendroit lieu d'elle.

Il me semble cependant que, comme il est bon d'avoir plusieurs cordes à son arc, tout n'en iroit que mieux, quand, à cette espèce de bonheur, il se joindroit encore celui de passer nos jours dans un endroit agréable, et parmi nos amis.

« Je ne t'avois point parlé de la nouvelle grossesse du chat, parce qu'à la vie que nous menons cela va presque toujours sans dire. Dieu merci, elle s'en porte assez bien. Elle te fait mille compliments. Adieu, aime-nous toujours, et sois moins paresseux. Tes occupations me plaisent beaucoup, je n'y trouve qu'un défaut, c'est que je ne les partage point avec toi.

« Readieu et rebonsoir. »

« A Copenhague, ce 24ᵉ novembre 1733.

Oui, par le temps qu'il fait, Seigneur, je le puis croire,
Trop de crotte salit le chemin de la gloire,
Et je conçois combien un guerrier si vanté
Doit gémir en son cœur d'être un héros crotté.
Il est pourtant des maux qui surpassent les vôtres :
Je pourrois en chercher des exemples chez d'autres,
Si, parmi tous les gens las de servir le Roi,
J'en connaissois quelqu'un plus ennuyé que moi.
Tandis que vous campez à la fin de novembre,
Bien clos et bien couvert, il est vrai, dans ma chambre,
Je n'ai point, comme vous, dans un temps aussi dur,
La terre pour plancher et la toile pour mur.
Mais ce faible bonheur vous fera peu d'envie
Si vous considérez le reste de ma vie.
On vous a déjà dit ce que sont les Danois,
Leur haine des plaisirs, leur esprit de guingois,
Leur aride entretien, leurs gothiques usages ;
Ah ! seigneur, que cinq ans chez de pareils visages
Sont rudes à passer ! Cependant jusqu'ici
Quelque douceur, au moins, dissipoit mon souci :
La Cour à peu de soins bornant mon ministère,
J'y faisois suppléer ceux d'époux et de père ;
Tendres soins que mon cœur me rendoit importants,
Et par qui je goûtois cent plaisirs innocents.
Vous connoissez quel est l'état de ma famille :
Vous savez qu'en ces lieux j'ai femme, fils et fille,
Et peut-être, Seigneur, saurez-vous quelque jour
Pour tout ce peuple-là jusqu'où va notre amour [1].

[1] Plélo ne se lassait pas de prêcher, en prose et en vers, à ses

« Je voulois, mon cher ami, continuer mon épître
sur le même ton. Après t'avoir dépeint, avec une emphase et un sérieux dignes du sujet, tous mes amuse-
ments domestiques, tant de ville que de campagne, un
Cet heureux temps n'est plus m'auroit conduit à te décrire
la vie que je mène depuis environ trois mois : au lieu
du chat et de mes marmots, des rois et des ministres à
entretenir; au lieu d'Horace et de Pétrone, des traités et
des manifestes à lire ; au lieu de quelques badinages en
vers ou en prose qui m'égayoient l'imagination, de
grands vilains raisonnements politiques qui m'assom-
ment le corps et l'âme; au lieu de cette jolie paresse qui
fait trouver le temps si court, de ces occupations sèches
et ingrates qui le font paroître si long. Plus de loisir
pour rester avec les miens, ni pour suivre aucun de mes
goûts; plus de liberté pour rien ; de l'ambassade partout; ma tête remplie de Saxons, de Russes, de Polonois; mon retour renvoyé aux calendes grecques; chaque jour marqué par quelque nouveau surcroît d'affaires ; des espérances d'un moment; des craintes et des
incertitudes sans fin. Que sais-je ce que je n'aurois pas

amis célibataires et quelque peu incrédules, les douceurs du mariage. C'est ainsi qu'il écrivait à d'Autry : « Vous avez grande
raison de vanter les charmes du *garçonnage :* la liberté, le
manque de soucis, la bonne humeur en sont la suite ordinaire.
Souffrez, cependant, que je ne vous porte point envie, ni à vous,
ni à tous les garçons de l'univers. Au milieu de tous mes maux
de corps et d'esprit, j'ai encore plus de vrai bonheur que vous
tous. Il ne me manque que de n'être pas en Danemark. »

fait entrer dans ce tableau? il y en avoit pour d'ici à demain. Vois un peu si tout cela, héroïquement traité, n'auroit pas été un bel ouvrage. Tu y aurois vu du moins que, malgré les incommodités de ton camp, je suis encore plus à plaindre que toi, et qu'il ne suffit pas dans ce monde d'avoir les pieds chauds.

« Mais voilà un courrier qui arrive, et par conséquent de la besogne ; adieu les rimes, adieu la plaisanterie, adieu la gaieté, adieu, toi, mon cher ami. Tout ce que je puis faire, c'est de te donner encore quelques minutes pour te dire vite des nouvelles de ma santé. Il ne me manque que de dormir et de digérer; à cela près, je ne suis pas trop mécontent de ma personne. Le chat se porte assez bien, il t'exhorte à prendre courage, et te fait mille compliments. Je ne veux pas non plus te quitter sans te parler du séjour de notre escadre en ce pays-ci. Tu peux bien croire que j'ai été ravi de me retrouver tout d'un coup au milieu d'un si grand nombre de mes compatriotes, parmi lesquels il y avoit en vérité fort bonne compagnie, et dont l'ensemble formoit un magnifique spectacle. Je conviens qu'il m'en a coûté quelques dépenses et quelques embarras, et que, si j'y ai gagné quelques beaux moments, j'y en ai eu d'autres d'une espèce bien différente, comme je te le conterai un jour. Mais il faut prendre le bénéfice avec les charges, et puis tout s'étant bien passé en général, je ne dois avoir regret à rien en particulier.

« Ne t'imagine pas, au reste, par tout l'étalage que je te fais de mes ennuis, que je ne partage point les tiens;

tu te tromperois beaucoup. J'ai seulement voulu te montrer, pour ta consolation, que tu avois des camarades de mauvais sort. Quand le serons-nous d'un meilleur, mon cher Comte ? Quand pourrons-nous envoyer promener et guerre et politique pour nous consacrer entièrement à cette grande divinité, *il santissimo farniente,* au culte de laquelle nous sommes l'un et l'autre si enclins et si propres ? Je ne sais si tu rumines quelques fois à cela dans ton ruminoir ; pour moi c'est où tendent toutes mes vues,

> Et, par saint Jean, si Dieu me prête vie,
> Je le verrai, ce pays où l'on dort.

« Baste, peut-être t'en dirai-je davantage dans quelque temps.

« Adieu, écris-moi plus souvent : mande-moi tes faits et gestes. Apprends-moi aussi quelque chose de nos opérations militaires. Je t'établis mon grand correspondant à l'armée. Acquitte-toi bien d'un emploi si glorieux. Aime-moi toujours ; enfin, pour achever comme j'ai commencé,

> Au milieu des hasards où l'honneur te convie,
> Prends un peu soin surtout de conserver ta vie,
> Ne va point t'exposer aux coups mal à propos,
> Tâche de revenir pourvu de tous tes os,
> Et songe, quelque prix que l'on mette au courage,
> Qu'un homme désossé fait un sot personnage. »

Dans la première des lettres que nous venons de citer, Plélo parle en plaisantant des expé-

riences de physique qu'il faisait à Skodsborg avec
sa femme et « dont aucune, dit-il, ne nous réussis-
soit, parce que nous nous y prenions toujours de travers »; mais les *Mémoires de l'Académie des sciences*
témoignent qu'il faisait avec méthode des recherches
savantes et des observations astronomiques. Il cor-
respondait avec les membres de cette Académie
Dortous de Mairan et du Fay, ainsi qu'avec le célèbre
astronome danois Horrebow, et Mairan, dans son
Traité des Aurores boréales, s'appuie à plusieurs
reprises sur les calculs techniques ou sur les observations du comte de Plélo à l'occasion du phénomène de ce genre qui se produisit à Copenhague
le 8 octobre 1731 [1]. Bien qu'il fasse bon marché de
ses expériences de Skodsborg, il est certain que,
vers cette époque, il revint avec une nouvelle
ardeur et avec plus de loisir aux travaux de science

[1] *Traité physique et historique de l'aurore boréale,* dans les
Mémoires de l'Académie des sciences pour l'année 1734, pages 35,
63, 84. « M. le comte de Plélo, est-il dit à ce dernier endroit,
ambassadeur de France à Copenhague, dont j'ai déjà cité le
témoignage, et qui a bien voulu me communiquer tout ce qu'il a
appris sur ce sujet, nous assure qu'il n'y a pas trente ans que les
aurores boréales sont fréquentes en Danemark, et qu'on les con-
naissoit même si peu encore en 1709, qu'une très-grande et très-
lumineuse s'étant manifestée, plusieurs corps de garde sortirent
prirent les armes et battirent le tambour. »

et d'érudition, qu'il avait toujours aimés et qu'il avait dû sacrifier à ses devoirs diplomatiques.

Sa correspondance ne se bornait pas aux pays et aux objets que nous venons d'indiquer. « Il entretenoit, dit la Vieuville, un commerce avec divers savants de l'Europe, dont j'ai trouvé un grand nombre de lettres parmi ses papiers », et il avait rassemblé dans ces deux volumes in-quarto de *Miscellanea* (dont nous avons déjà déploré la perte) divers morceaux qui témoignent de recherches vraiment encyclopédiques : extraits d'ouvrages anglais, italiens, latins et même grecs — car il s'était remis à l'étude de cette langue, — traductions, plans de travaux, etc., depuis l'histoire des dynasties égyptiennes qu'il avait essayé de débrouiller jusqu'à l'histoire de France qu'il se proposait d'écrire. Quant à celle de Danemark, il voulut, comme on le voit par des feuilles volantes, écrites de sa main, laisser un modèle de la manière dont il comprenait une semblable entreprise, en remontant aux origines fabuleuses des peuples du Nord, et en l'éclairant par l'étude des traditions et des vieilles littératures norvégienne, islandaise, etc. Il rêvait cette alliance de la philologie et de l'histoire, si en faveur de nos jours. Dans ce but, il avait fait une étude particulière

de la langue danoise, et, comme il nous l'apprend
lui-même, la disette de bons ouvrages en ce genre
lui avait donné l'idée, depuis deux ans, de faire
composer un dictionnaire danois avec une interprétation latine et française et un choix d'exemples
tirés des meilleurs auteurs, lorsqu'il apprit que la
Bibliothèque du Roi à Paris désirait posséder un
ouvrage de ce genre. Aussitôt, voyant que l'entreprise, mal secondée par les auxiliaires qu'il avait à
sa portée, marchait trop lentement, malgré l'offre
qu'il avait faite de se charger de tous les frais, il se
met lui-même à la besogne avec son ardeur ordinaire, dépèce un exemplaire de Novitius qu'il avait
sous la main, fait travailler, travaille lui-même sur
ce canevas, et, quoiqu'en 1732 il écrivît à l'abbé
Bignon : « Je crains bien que mon dictionnaire
danois n'ait de commun avec celui de l'Académie
françoise que de marcher lentement », le 3 novembre de l'année suivante, au milieu des préoccupations les plus vives causées par les affaires de Pologne et la position critique du roi Stanislas, nous le
voyons annoncer à Maurepas un prochain envoi en
ces termes :

« Il y aura plusieurs pièces assez curieuses, entre
autres une Vie de Charlemagne, en vieil islandais, avec

les sommaires en latin, gros manuscrit in-folio dont on n'avoit jamais ouï parler, et un Dictionnaire latin, françois et danois, en quatre volumes in-quarto que j'ai fait faire avec soin. »

Boivin, dans son *Mémoire historique sur la Bibliothèque du Roi*, p. 79, constate que l'original en a été remis à la Bibliothèque par madame la comtesse de Plélo, après son retour en France.

Plélo avait étudié à ce double point de vue de la philologie et de l'histoire, sans négliger les données ethnologiques, la Norvége et ses affinités avec notre Normandie , l'Islande, le Groënland [2], les îles Féroë. Le 2 décembre 1732, il envoyait au comte d'Autry le dessin d'un calendrier norvégien avec l'explication des figures qui s'y trouvaient, et une discussion critique sur la date de 1032, qu'on prétendait assigner à ce monument, et il exprimait le vœu que le tout pût servir au déchiffrement d'un calendrier de bois récemment trouvé en Bretagne, dont un savant, ami du comte, s'occupait en ce moment.

[1] Lettre à d'Autry, du 18 août 1733.

[2] Au même, 20 octobre 1731. Il y a aussi, sur des Groënlandais amenés à Copenhague, des détails curieux dans une lettre au Garde des Sceaux du 4 septembre de la même année. — *Négociations*, copie Chabrillan, t. III.

Chose singulière ! Dans ce Danemark aujourd'hui si curieux de l'étude des antiquités, si affable pour les étrangers qui la cultivent, Plélo ne trouvait pas chez les savants du pays les secours qu'il lui semblait naturel d'en attendre. Il écrivait au Garde des Sceaux le 30 octobre 1731 :

« Mes recherches sur les singularités de ce pays vont bien lentement ; on devient tous les jours ici moins communicatif que jamais, et je ne sais si un savant danois ne croiroit pas se rendre suspect d'intelligence avec les étrangers en m'expliquant un passage de Saxon le Grammairien [1]. »

Ajoutez à cela l'influence du piétisme germanique importé en Danemark par la reine Sophie-Madeleine de Brandebourg-Kulusbach, et l'altération des vieilles mœurs nationales qui en fut la conséquence. En Islande, leur dernier refuge, il fut défendu, par un décret, de lire « ces contes frivoles, appelés *Sagas*, distraction indigne d'une âme chrétienne et offensante pour le Saint-Esprit [2] ».

Cependant Plélo, de sa retraite de Skodsborg, où

____

[1] *Arch. aff. étr.* — *Négociations,* t. IV, copie.
[2] E. C. Otté, *Scandinavian History,* London, 1874, in-8°, pages 318-319.

il était retourné dans l'année 1733 [1], entretenait avec le savant André Bussœus, bourgmestre d'Elseneur, une correspondance latine et française que nous a conservée un recueil périodique germano-danois [2].

Il y discutait plusieurs points d'histoire et de littérature ; il combattait notamment par une savante dissertation généalogique l'origine française ou flamande que Loccenius et autres écrivains danois avaient cru pouvoir attribuer à la princesse Blanche, épouse du roi Magnus Smek au quatorzième siècle [3].

Nous ne voulons citer, de la correspondance de Plélo avec Bussœus, que deux extraits qui montrent

[1] Lettre à l'abbé Alary, 8 août 1733. « Adieu, mon cher abbé. Que nous importe à tous deux de voir de nos fenêtres, vous Paris, le cours de la Seine, Saint-Cloud et tout ce qu'on découvre de Meudon, et moi deux royaumes, cinq villes, neuf villages et la mer Baltique, tant que nous ne nous verrons pas l'un l'autre ? »

[2] *Dänische Bibliothec.* Copenhagen und Leipzig, 1738, t. I, pages 425 et suivantes.

[3] Ce problème historique forme le sujet d'une thèse qui nous a été communiquée par M. Geffroy, professeur au Collége de France, si versé dans l'histoire des pays scandinaves, et dans laquelle l'auteur cherche à défendre l'opinion de Loccenius contre les objections de Plélo. — J. Israelson, *Schediasma historico-genea-logicum quo Blancæ, Sueciæ reginæ, dubii hucusque natales illustrantur.* Stockholmiæ, in typ. reg., 1748, in-4°.

sa libéralité délicate envers les savants. Il lui écrivait de Copenhague, le 2 décembre 1733 :

« Il ne m'est pas possible, Monsieur, de me charger des exemplaires de votre livre, comme vous le souhaitez ; mais, comme il me sera toujours très-agréable de vous soulager dans vos petits besoins, voici six ducats que je vous envoie. J'aurai soin de temps en temps de renouveler la dose, etc. »

Et le 14 février suivant, en latin cette fois :

« *His cum literis, vir clarissime, Dominus Hausen tibi nostro nomine decem aureos imperiales præstabit, quos quæso ut accipias eodem quo offerimus animo, id est tanquam munusculum ex amico tantum et ab amico indulgendum.* »

Plélo fit traduire en latin par le même Bussœus le livre d'Arius Froda sur l'Islande qui parut à Copenhague en 1733 in-quarto, précédé d'une dédicace où l'éditeur relève en termes des plus flatteurs la générosité et le zèle de l'ambassadeur de France pour les antiquités du Nord [1]. A la suite, se trouve

[1] En lui envoyant ce livre, Plélo écrivait à l'abbé Alary : « L'auteur est le même Bussœus que j'avois proposé d'attirer en France. Ce que j'y trouve de mal, c'est que, en me dédiant son ouvrage, il me donne un titre de *héros* qui ne me va point. Mais il a fallu absolument en passer par là. Cette qualité est ici de style comme chez nous le Monsieur ou le Monseigneur. Qui diable, au surplus, va lire une épître dédicatoire ? » 29 août 1733.

une nouvelle édition, en anglo-saxon et en latin,
déjà donnée en Angleterre par Spelman, mais revue
et annotée par Bussœus, du Périple d'Ohther vers
le pôle nord (*in ultimam plagam septentrionalem*),
publication que Voltaire, avec son zèle ordinaire à
relever les faits honorables pour l'initiative de la
France, mais avec son inexactitude non moins ordinaire, annonce au tome premier de son *Essai sur
les mœurs* [1], en y joignant la remarque suivante :

« Qui croirait que cet Alfred, dans des temps d'une
ignorance générale, osa envoyer un vaisseau pour tenter
de trouver un passage aux Indes par le nord de l'Europe
et de l'Asie ? On a la relation de ce voyage écrite en
anglo-saxon, et traduite en latin à Copenhague, à la
prière du comte de Plélo, ambassadeur de Louis XV. »

[1] Édition BEUCHOT, t. XV, p. 485.

CHAPITRE XII

Jusqu'à présent nous avons vu le comte de Plélo, guidé par le goût personnel qui l'entraînait vers les sciences et les lettres, s'intéresser pour son compte à leur culture et à leurs progrès, y contribuer de ses efforts, de son exemple, de sa bourse même au besoin. Nous allons le voir appliquer au même objet ses fonctions officielles, et continuer, au profit des relations intellectuelles entre les peuples, une des meilleures traditions de la diplomatie française [1]. Il se souvint des services qu'avaient rendus aux lettres, dès le règne de François Ier, les ambassadeurs Jean de Pins, Georges de Selve, George d'Armagnac et Guillaume Pellicier ; sous Henri IV, Christophe II de

---

[1] « No ambassador or consul of France seems to have regarded his duties as fulfilled, unless he had become a benefactor, or at least an active agent of the Royal Library. » EDWARDS, *Memoirs of libraries*, t. II, p. 270.

Harlay; sous Louis XIII, Jean de Brèves; sous Louis XIV, Nointel et plusieurs autres. Il se rappela qu'un des premiers actes de Colbert, comme ministre, fut de notifier aux ambassadeurs que, « outre leurs devoirs diplomatiques, ils devaient tout faire en leur pouvoir pour augmenter les richesses de la Bibliothèque du Roi [1] ». En ce moment même, et grâce, il faut le dire, au zèle éclairé de Maurepas, il régnait parmi nos agents diplomatiques une louable émulation à cet égard. M. de la Bastie et le comte de Froulay en Italie, les marquis de Villeneuve et de Bonnac à Constantinople envoyaient des livres précieux, des manuscrits pour enrichir nos dépôts publics.

Mais — et ici nous laisserons parler l'auteur du *Mémoire historique sur la Bibliothèque du Roy* [2] :

« De tous les ministres du Roy dans les pays étrangers, celuy qui s'est le plus attaché à répondre aux intentions de la Cour en ce qui concerne les intérêts de la bibliothèque de Sa Majesté, est sans contredit M. le comte de Plélo, ambassadeur de France en Danemark. L'esprit, le goût et l'érudition d'un tel correspondant

---

[1] LA VIEUVILLE, *Vie du comte de Plélo*, p. 57.

[2] Par BOIVIN, en tête du premier volume du *Catalogue des livres imprimez de la Bibliothèque du Roy*, page LXXVIII.

assuroient le succès des recherches qu'il s'étoit chargé avec joie de faire, en leur donnant toute l'étendue qu'elles pouvoient avoir; elles embrassoient, en effet, suivant le projet qu'il en avoit communiqué à M. le comte de Maurepas, et que ce ministre avoit fait agréer au Roy, toute la littérature du Nord, histoire ecclésiastique, civile et naturelle, ancienne et moderne, jurisprudence, philosophie, médecine, poésie, belles-lettres; en un mot, M. le comte de Plélo se proposoit de répandre dans la bibliothèque du Roy tous les livres qu'il pourroit acquérir sur ces matières, non-seulement par rapport au Danemark, à la Norvége et à la Suède, mais encore par rapport à la Russie, à la Poméranie, et aux autres États voisins de la mer Baltique [1]. »

Ce fut d'abord par l'intermédiaire de l'abbé Alary que Plélo fut mis en rapport avec l'abbé Bignon, bibliothécaire du Roi. Voici la première lettre qu'il lui écrivit [2] :

[1] En effet, nous constatons à la Bibliothèque nationale la présence d'ouvrages sur l'histoire de Russie, entrés vers cette époque : *Prodromus in historiam Russicam* (E'roffnung eines Verschlages, etc.). Saint-Pétersbourg, 1732, in-8°. — *Description du sacre et couronnement de l'impératrice Iwanowna. Ibid.*, 1731, in-folio, etc.

[2] Cette lettre, et la plupart de celles que nous aurons occasion de citer dans le cours de ce chapitre, sont empruntées, soit aux archives de la famille de Chabrillan, soit à celles de la Bibliothèque nationale et au manuscrit français 22,235, intitulé : *Lettres concernant la Bibliothèque du Roy*.

« A Copenhague, ce 11 mars 1732.

« Quoique je n'aie point l'honneur, Monsieur, d'être personnellement connu de vous, l'envie extrême que j'ai de l'être me fait embrasser avec grand plaisir l'occasion de rechercher votre commerce. M. l'abbé Alary vous montrera la liste des manuscrits que j'ai achetés pour la bibliothèque du Roi à l'inventaire du comte de Danneskiold, et vous dira pourquoi je n'en ai pu avoir davantage [1]. Je lui enverrai aussi au premier jour la liste des livres imprimés achetés au même encan : je souhaite que vous soyez content des uns et des autres.

« On doit vendre ici dans peu la bibliothèque d'un évêque de Norvége (d'Ottensee), et celle d'un évêque de Fuhnen, que l'on dit parfaitement bien composées. Je vous en ferai tenir les catalogues d'abord qu'ils paroîtront, et, si vous jugez à propos de me donner quelques commissions là-dessus, je m'en chargerai très-volontiers, rien ne pouvant me paroître plus flatteur que d'avoir en même temps l'occasion de travailler pour l'utilité des

---

[1] Il est souvent question, dans les lettres à l'abbé Alary, 30 octobre, 10 novembre 1731, 13 février et 11 mars 1732, de cette vente où se trouvaient des livres et des manuscrits précieux que Plélo eut à disputer au roi de Danemark. Il lui écrivait, le 8 avril : « Le cabinet de tableaux et de curiosités du comte de Danneskiold étoit vendu devant l'arrivée de votre lettre du 12 mars. Les tableaux ont été donnés pour rien. Le *Saint Sébastien* de Van Dyck n'a coûté que 170 écus (510 l.), et le reste à proportion. Sa Majesté Danoise en a acheté la plus grande partie. »

lettres et celle de vous témoigner le parfait attachement avec lequel j'ai l'honneur d'être, Monsieur, etc. »

Bignon lui répondait le 29 mars :

« Quoique je n'aie pas l'honneur d'être connu personnellement de vous, vous ne sauriez douter que je ne connoisse parfaitement et votre haute naissance et votre rare mérite. Je me souviens même en particulier des mouvements que feu mon frère, le prévôt des marchands, se donna dans le temps de votre mariage, sur lequel nous conférâmes, lui et moi, un grand nombre de fois. »

Bignon ajoute que, s'il ne l'a pas vu depuis, c'est que son goût pour les livres l'a séquestré. Il n'aurait pas même osé s'adresser à lui pour des curiosités littéraires, s'il ne l'avait prévenu si gracieusement, etc.

Plélo répliquait le 11 juin :

« Je laisse, Monsieur, à M. l'abbé Alary le soin de vous informer en détail de tout ce que j'ai fait, aussi bien de ce que j'ai encore dessein de faire pour l'enrichissement de la Bibliothèque du Roi, et je ne veux m'occuper aujourd'hui qu'à vous témoigner combien votre dernière lettre m'a flatté agréablement. Votre mérite personnel, l'honneur que j'ai de vous appartenir par madame de Plélo, les services que feu monsieur votre frère m'a rendus autrefois, services d'autant plus difficiles à oublier que j'éprouve chaque jour leur devoir tout le bonheur de ma vie, mille raisons enfin me faisoient regretter depuis longtemps de n'être point connu de vous. Jugez de ma joie, Monsieur, présentement que je vois ce sujet de chagrin évanoui, et que vous me faites concevoir à la place l'espoir d'acquérir l'estime et l'amitié d'une personne comme vous.

« Ne craignez donc pas que je vous prie de me fournir des occasions où je puisse entretenir un bien si précieux ; ne m'épargnez ni commissions, ni demandes. Du moment qu'il s'agira de vous satisfaire, rien ne me paroîtra pénible. Quand même un goût naturel, que la vie militaire et ambulante que j'ai toujours menée n'a jamais pu me faire perdre, ne me porteroit pas à aimer tout ce qui appartient aux lettres, il me suffiroit que ce fût le moyen de mériter vos bonnes grâces et de m'entretenir un commerce aussi rempli d'agréments que le vôtre.

« J'ai l'honneur d'être avec le plus parfait attachement, etc.

« PLÉLO. »

Depuis l'année 1731 jusqu'à l'année, pour ainsi dire, de sa mort, le comte de Plélo, secondé par les goûts littéraires de Maurepas, qui arrachait au Cardinal des allocations péniblement obtenues, et utilisant des travaux personnels entrepris par lui antérieurement, sur l'histoire, la littérature et la

bibliographie des États du Nord [1], ne cessa par plusieurs envois successifs, par des acquisitions intelligentes ou par des échanges adroitement ménagés [2],
d'enrichir la Bibliothèque du Roi d'ouvrages sur ces
matières, qui lui manquaient presque entièrement,
et qu'il nous a été donné, après tant d'années, de
révolutions et de déplacements, d'y retrouver,
avouons-le, non sans une certaine émotion. Quelques-uns portent la signature, bien connue de nous,
du comte de Plélo; d'autres sont reconnaissables à
certaines cartes ou fiches bibliographiques fort bien
rédigées et envoyées de Danemark avec les volumes

[1] Voy. les lettres à l'abbé Alary, des 25 mars, 8 avril, 11 mai
1732. L'une d'elles renferme ce passage : « Vous vous moquez de
faire tant de cas des remarques que j'ai ajoutées aux catalogues
des manuscrits du Roi. Elles ne sont certainement pas dignes de la
place que vous leur destinez, et je n'ai jamais compté qu'elles
servissent à autre chose qu'à votre propre éclaircissement. Je
vous les abandonne pourtant avec une entière confiance. Nos
amis savent mieux que nous-mêmes ce qui peut nous faire honneur, et je vous avoue avec franchise que cet honneur n'est pas
une marchandise à laquelle je sois indifférent. »

[2] Plélo à l'abbé Bignon, 2 décembre 1732 : « M. l'abbé Alary
vous aura sans doute informé, Monsieur, qu'afin d'épargner de la
dépense au Roi, j'ai pris le parti de troquer la suite complète des
Mémoires de l'Académie des sciences, que j'avois ici, avec une
certaine quantité de livres concernant le Nord, qui se trouvaient
en double dans la bibliothèque du roi de Danemark, et que j'avois
vainement cherchés ailleurs. »

où elles se retrouvent encore. Nous nous bornerons à citer parmi ces volumes : les deux éditions de l'*Historia Danica* de Huitfeld, — Resenius, *Atlas Danicus*, — l'*Atlantide* de Rusbeck, — la Collection des lois danoises, — les *Eddas* de Sœmund et de Snorro, — les Bibles danoises, suédoises, islandaises, et surtout des recueils de pièces sur divers sujets tels que : 1° différends des rois de Danemark avec la couronne de Suède, les ducs de Holstein et la ville de Hambourg ; — 2° oraisons funèbres, harangues historiques et autres documents de semblable nature ; — 3° jurisprudence du Danemark, lois de Norvége, d'Islande, ordonnances royales, droit du Jutland et du Holstein.

« Vous savez, écrit Plélo à Bignon, combien ces sortes d'écrits, trop négligés d'ordinaire quand ils paroissent, deviennent rares et intéressants quelque temps après. »

Parmi les manuscrits, peu nombreux du reste, provenant des envois du comte de Plélo à la Bibliothèque du Roi [1], il en est quelques-uns d'importants : les versions islandaises de l'*Histoire de Charlemagne* [2] et de la *Floovant Saga* [3] ; plus une

---

[1] D'autres y entrèrent après sa mort. On nous a signalé notamment les manuscrits français 12,446 et 12,447.

[2] Fonds scandinave, n° 7. — [3] *Ibid.*, n° 23.

traduction latine que Plélo en fit faire en 1732 à
Copenhague, par un étudiant islandais, Jean Olaf,
d'après six manuscrits dont il a soigneusement relevé
les variantes [1]. Il faut y ajouter quelques documents
historiques, tels que les Actes du procès de Griffen-
feld; Généalogie et armoiries de la noblesse danoise [2]. Plélo s'applaudit aussi, dans une lettre à
l'abbé Alary, « d'avoir procuré à la Bibliothèque
de Sa Majesté l'ouvrage de Grotius, écrit de sa
propre main », et celui d'Ulugh Beigh, « original
comme il l'est [3] ».

Du reste, l'abbé Bignon, dans sa correspondance [4], ne tarit point sur les obligations qu'avait
au comte de Plélo l'établissement confié à ses soins.

« Après toute votre attention et votre vivacité pour

[1] Ancien fonds latin, n° 8,516. C'est celui que mentionnent
MM. Michelant et Guessard dans la préface de la *Chanson de geste
de Floovant, Anciens poëtes de la France,* 1858, in-12. « *Domini
J. Grammii Bibliothecarii regii mandato obtemperaturus* », dit
Olaf dans sa préface.

[2] Fonds scandinave, n°s 18 et 22.

[3] A Alary, 11 mars 1732. Nous n'avons pu constater l'existence à la Bibliothèque nationale de ces deux manuscrits, à moins
que la seconde mention ne s'applique à un manuscrit qui, dans
le catalogue imprimé de 1739, est désigné comme « *Constantino-
poli nuper in Bibliothecam regiam illatus* », et qui contient le
texte persan des Tables astronomiques d'Oloug-Beg.

[4] *Lettres concernant la Bibliothèque du Roy.* Fonds français, 22, 235.

notre chère Bibliothèque, vous auriez lieu de vous plaindre en recevant si tard nos remercîments... Elle va être aussi riche en livres du Nord qu'elle a été pauvre jusqu'ici. Tous nos messieurs sentent tout le prix du service que vous rendez aux lettres en France... Rien n'approche de votre exactitude. Tout dans votre dernier bulletin, jusqu'à la moindre brochure, est conforme à ce que vous aviez marqué sur vos catalogues... J'éprouve une véritable admiration en voyant tout ce que vous donnez de soins à de semblables détails au milieu des importantes et difficiles occupations que doivent vous donner les conjonctures où se trouvent les affaires de l'Europe. »

Boivin, dans le *Mémoire* que nous avons déjà cité, termine et résume ainsi l'énumération des services rendus par Plélo à la Bibliothèque du Roi :

« Tous ces livres, au nombre de six à sept cents, écrits ou imprimés, partie en danois et suédois, partie en islandais, avec des copies de quelques manuscrits importants, n'étoient, pour ainsi dire, qu'un foible essay de ce que M. le comte de Plélo nous promettoit dans la suite; mais sa mort nous a privés de ce que nous étions en droit d'espérer de sa bonne volonté et de ses lumières[1]. »

[1] Outre les livres dont nous avons parlé plus haut et que le comte de Plélo envoya de Copenhague, il y en eut un certain nombre qui passèrent après sa mort de sa bibliothèque dans celle du Roi. Ainsi dans le *Catalogus librorum impressorum,* de la main de Buvat, on trouve à diverses reprises, à la fin de plusieurs

Enfin une note de l'abbé Bignon, du 15 décembre 1735, constatant les mêmes faits, ajoute :

« Non-seulement M. de Plélo a employé la somme de trois mille livres qu'il avoit reçue de M. de Maurepas, mais il manda à M. l'abbé Bignon lui-même, par sa dernière du 27 mars 1734, qu'il étoit encore en avance de cent seize escus, monnoie de Danemark (faisant cinq cent vingt-deux livres de France), outre trente-trois volumes des *Mémoires de l'Académie des sciences,* six volumes des *Mémoires de l'Académie des inscriptions,* et trois volumes des *Voyages de Tournefort,* le tout relié in-4°, qu'il avoit donnés en échange pour d'autres livres danois qui convenoient à la Bibliothèque, dans l'espérance que ces volumes lui seroient rendus à son retour à Paris. »

On nous pardonnera d'avoir insisté sur cet épisode accessoire de l'ambassade du comte de Plélo, mais qu'il sut rattacher si honorablement à ses fonctions diplomatiques. Et nous aussi, si l'on nous permet de nous associer à la reconnaissance et au langage de nos anciens, nous avons voulu payer notre dette à celui qui fut l'un des plus intelligents et des plus généreux bienfaiteurs de « notre chère Bibliothèque ».

sections, cette mention d'une écriture plus récente : On a placé à la fin de la lettre... V. M. P., etc., tant de *volumes* ou *portefeuilles du cabinet de M. de Plélo.*

CHAPITRE XIII

AFFAIRES DE POLOGNE. — COMPLICATIONS POLITIQUES.

« C'est assez parlé de bouquins », disait Plélo dans une de ses dernières lettres à l'abbé Alary. En effet, une nouvelle complication dans les affaires de l'Europe vint l'arracher aux préoccupations littéraires. La mort inattendue de Frédéric-Auguste, électeur de Saxe et roi de Pologne (1er février 1733), mettait toute l'Europe en mouvement : chaque puissance désirait voir ce trône occupé par un prince sur qui elle pût compter, et la France en particulier avait intérêt à ne pas laisser échapper une si belle occasion de remettre sur la tête de Stanislas Leckzinski [1], beau-père de Louis XV, une couronne qu'il avait déjà portée. Il est vrai que le cardinal de Fleury n'aimait pas beaucoup la reine

[1] Nous adoptons cette forme adoucie du nom polonais *Lesczynski* (prononcez Lesch-tchynski), si hérissé de consonnes.

Marie, et qu'il aimait encore moins la guerre. Mais celle-ci avait des partisans dans le pays et dans l'entourage du Roi : les vieux généraux de Louis XIV qui s'ennuyaient de leur oisiveté, les gentilshommes de la nouvelle Cour qui rêvaient la gloire militaire, et même des politiques désintéressés qui voyaient dans la guerre une diversion utile au marasme du pays. Ajoutons que le comte de Plélo, l'officier diplomate, l'ancien colonel de dragons, qui n'avait pas quitté l'armée sans esprit de retour [1], partageait quelques-unes de ces idées. « Rien n'est plus à propos, écrivait-il le 8 août 1733, que de nous préparer à la guerre, soit que nous la fassions ou que nous ne la fassions pas. Le bruit des armes nous est nécessaire, peut-être autant pour l'autorité au dedans que pour la dignité au dehors. »

D'ailleurs c'était une cause nationale que la France s'apprêtait à défendre. Il ne s'agissait plus, comme aux deux derniers siècles, de princes français tels que le duc d'Anjou, le prince de Conti, qui ten-

---

[1] Dans une lettre à Maurepas du 9 juin 1731, il demandait qu'on lui conservât son rang de colonel dans la cavalerie, dont il avait le titre depuis 1716. « Cela me seroit peut-être un jour utile, et tout en chemin faisant mon rang courroit pour parvenir aux grades. »

taient de greffer un rameau des lis de France sur la tige des Piast. C'était un vrai Polonais qui demandait à remonter sur le trône de ses ancêtres, déjà occupé par lui quinze ans auparavant. Il promettait de réagir contre le règne d'Auguste II, Saxon et protestant, qui avait gouverné avec des *diètes muettes,* et dont les sympathies bien connues pour la Russie, l'Autriche et la Prusse assuraient à son fils, concurrent de Stanislas, l'appui plus ou moins prononcé de ces puissances [1]. La France avait intérêt à constituer dans le nord un royaume ami qui pût à la fois servir d'avant-garde contre la Russie et prendre l'Allemagne à revers. Mais elle risquait de mécontenter l'Angleterre, sa voisine, par une semblable entreprise que celle-ci jugeait chevaleresque et impolitique, et qui d'ailleurs ne pouvait s'exécuter sans un armement maritime de nature à exciter ses ombrages.

Cependant les événements se précipitaient : la diète polonaise de convocation, qui précédait celle d'élection, devait s'ouvrir le 27 avril à Varsovie. Le 17 mars, Louis XV, en réponse aux démonstra-

---

[1] LELEWEL, *Histoire de Pologne.* Paris, 1844, t. I, p. 205. — CHODSKO, *Histoire populaire de la Pologne.* Paris, 1864, p. 258 et suiv.

tions hostiles de l'Autriche et de la Russie, signifia aux ambassadeurs et fit lire par ses ministres à l'étranger une déclaration portant que la France maintiendrait de tout son pouvoir la liberté de l'élection polonaise et qu'elle considérerait toute entreprise contraire comme une atteinte à la paix de l'Europe [1].

C'était bien parler, mais on pouvait trouver que trois millions envoyés en Pologne, et quinze cents hommes qu'il était question d'embarquer à Brest pour tenir tête à deux ou trois armées peut-être, russe, autrichienne et saxonne, ne répondaient guère aux exigences de la situation ni aux promesses de la déclaration royale.

Les opérations qui allaient s'engager sur le Rhin et en Italie offraient à nos armées, et aux vieux maréchaux Villars et Berwick, désignés pour les commander, un champ plus proche et plus familier. Cependant Villars, comme on le voit dans ses *Mémoires*, Villars qui comprenait les résolutions éner-

---

[1] Cette déclaration était jointe à une dépêche du Garde des Sceaux à Plélo du 19 mars 1733, avec ordre d'en donner lecture aux ministres du roi de Danemark. Plélo ajoute : « On l'a fait lire ici aux ministres de Vienne et de Berlin, et on l'a notifiée à toutes les Cours, mais sans qu'il en soit donné ni copie ni extrait. » *Négociations*, copie Chabrillan, t. II.

giques, avant d'aller vaincre et mourir en Italie, avait vivement appuyé la cause de Stanislas et enrôlé dans cette cause le duc d'Orléans [1]. Quant à l'expédition du Nord, au moins fallait-il racheter par la rapidité et l'énergie la faiblesse des moyens qu'on paraissait disposé à y consacrer.

Il ne tint pas à Plélo qu'il n'en fût ainsi. On ne pouvait dire qu'il fût pris au dépourvu, et il avait le droit d'écrire, comme il le faisait, à l'abbé Alary, le 10 novembre 1733 : « Sans être un grand prophète, je m'étois toujours attendu à voir notre Nord enfanter de grandes affaires, et il y a plus de quatre ans que j'avois insisté pour qu'on y songeât d'avance [2]. » Tandis que son ami le marquis de Monti [3], Italien d'origine, mais dévoué de cœur à la

---

[1] *Mémoires de Villars* dans la collection Petitot, t. LXXI, p. 125, et D'HAUSSONVILLE, *Histoire de la réunion de la Lorraine à la France,* t. IV, p. 390.

[2] Voy. ci-dessus, p. 79.

[3] Voy. p. 16. Voici comment Plélo parlait de Monti dans une lettre du 17 mars 1734 à M. Poussin : « Les louanges que vous donnez au marquis de Monti me font grand plaisir; il y a douze ans que nous nous connaissons, nous avons même logé longtemps ensemble, et je l'ai toujours trouvé également aimable et estimable : de la droiture dans le cœur, du vrai et du naturel dans l'esprit, des manières aisées, cette politesse noble qu'on ne prend qu'en France et que l'on n'y prend même que dans un certain monde, point de faux airs de pédagogue, point de sotte vanité,

France et au roi Stanislas, préparait les esprits en
Pologne, et tâchait même de détacher la Prusse de
la ligue austro-moscovite[1], Plélo avait mission d'obtenir au moins la neutralité du Danemark, en lui
représentant avec force « que si son traité avec
Vienne l'obligeoit d'assister d'un contingent de
troupes l'Empereur et la Czarine *dans le cas d'une
juste défense*, les démarches violentes et hautaines
de ces deux cours, l'exclusion formelle que ces
puissances donnoient au roi Stanislas, et les menaces dont elles soutenoient un pareil procédé,
tiroient entièrement les Danois des termes de leur
engagement, en même temps qu'elles étoient pour
nous de justes raisons d'opposer la force à la
force [2] ». De plus, notre ambassadeur était chargé

nulles mauvaises intrigues, voilà, Monsieur, le portrait de notre
homme; excusez si je me suis un peu étendu, mais l'éloge que
vous faites de sa correspondance a donné le ton à mon amitié
pour vous peindre sa personne. »

[1] Voy. la correspondance entre Plélo et Monti, et la lettre de
ce dernier à M. de la Chétardie, Envoyé en Prusse, du 8 juillet
1733. *Négociations*, copie Chabrillan, t. VIII.

Frédéric II, dans ses *Mémoires de Brandebourg*, t. I, p. 163,
de ses *OEuvres*, Berlin, 1846, in-8°, n'hésite pas à déclarer que
« de tous les candidats à la couronne de Pologne, Stanislas étoit
le plus convenable à la Prusse ».

[2] Ce sont les termes mêmes dont il se sert dans sa lettre à
Monti du 14 avril 1733. *Négociations*, copie Chabrillan, t. VII.

de s'assurer par tous les moyens possibles, et « au besoin par des promesses écrites », que le Danemark laisserait passer notre flotte par la Baltique, qu'il y aurait sûreté pour nos vaisseaux, et qu'il leur serait rendu les honneurs d'usage [1].

Les divers points de ces instructions furent exécutés par Plélo à la satisfaction de notre gouvernement, et, dans la nuit du 26 au 27 août 1733, tandis qu'un seigneur français, le commandeur de Thianges, qui offrait quelques traits de ressemblance avec Stanislas, revêtu d'un costume d'apparat, avec le cordon bleu, s'embarquait à Brest au bruit du canon sur une escadrille qui faisait voile pour la Baltique, le véritable Stanislas Leckzinski, déguisé sous une perruque blonde et des habits modestes, montait en voiture à Meudon et traversait l'Allemagne, se faisant passer pour un marchand qui se rendait à Varsovie, où nous le retrouverons. Revenons à l'escadre que nous avons laissée partant de Brest, et dont l'envoi dans la Baltique avait, du moins dans la pensée de notre ambassadeur, trois objets :

« Le premier étoit de feindre un débarquement à

---

[1] Lettre du 7 juin 1733, et *Mémoire remis* (fin de juin) *par M. l'ambassadeur à MM. L. Plessen et Bloure.* Arch., Aff. étr. Copie, t. IV.

Dantzig pour continuer à donner le change sur la véritable route du roi Stanislas ; le second, de faire saluer les Russes, de gré ou de force, si on les rencontroit en chemin ; le troisième et le plus important étoit de montrer aux Puissances du Nord que nous avions encore de quoi les aller visiter, soit à titre d'amis, soit à titre d'ennemis[1]. »

Cependant l'Empereur faisait marcher ses troupes sur les frontières, et formait deux camps : l'un en Livonie, l'autre en Silésie. Les Russes, de leur côté, s'avançaient en Pologne, et la Czarine écrivait au magistrat de Dantzig pour l'engager à fermer son port au roi Stanislas. Elle alla même jusqu'à proposer au Danemark de l'arrêter au passage ; mais Plélo faisait repousser énergiquement ces ouvertures dont les essais réitérés amassaient une sourde indignation dans son cœur de Français et de soldat. Il écrivait à Castéja :

« Si l'on n'appelle pas cela des démarches de violence, à quoi donnera-t'-on ce nom ? »

Et à Monti :

« Je vous rends mille grâces, Monsieur, de tout le détail que vous voulez bien me faire sur ce qui se passe en Pologne. Je ne sais plus, je vous l'avoue, où est le

____

[1] Plélo à Castéja, 24 septembre 1732.

sang françois, si nous digérons plus longtemps la conduite de l'Empereur et de la Russie. Vous avez bien raison de dire que de pareils affronts ne se lavent que par une guerre sanglante[1]. »

Cependant la diète de convocation, close le 23 mai, avait ajourné la diète d'élection au 25 août; mais elle avait déjà réglé plusieurs points importants. Et d'abord, l'exclusion des étrangers du droit à la couronne avait passé, malgré les efforts des ministres hostiles à la France et à Stanislas pour faire écarter cette clause dont la portée ne leur échappait pas. Comme on savait la plupart des évêques portés pour l'électeur de Saxe, on les avait obligés à un serment particulier conçu en ces termes :

« Moi N. N. je jure devant Dieu tout-puissant que, dans la prochaine élection, je nommerai et j'élirai un roi Polonais de naissance, que je ne ferai en faveur d'aucun étranger aucune cabale, mais qu'au contraire je donnerai l'exclusion à l'étranger; que je m'élèverai contre ceux qui voudroient détruire ce lien sacré, que je les aurai pour ennemis de la patrie. Ainsi Dieu me soit favorable et la Passion sainte de Jésus-Christ[2]. »

Le primat Potocki, soupçonné d'être bien inten-

---

[1] Lettres des 11 juillet et 24 septembre 1732.

[2] *Négociations,* t. VIII. Correspondance entre Plélo et Monti. Archives Chabrillan.

tionné pour la France, fut l'objet d'indignes menaces de la part des partisans de l'électeur de
Saxe. « Je suis vieux, leur dit-il, et vous voulez me
faire mourir, mais je ne crains ni la mort ni vos
violences. » Louis XV lui écrivit en ces termes :

« Compiègne, 6 juillet 1733.

« Mon cousin, je vois avec plaisir par votre lettre du
10 juin que la Sérénissime République de Pologne attend
de moi les mêmes sentiments d'amitié dont les rois
mes prédécesseurs ont toujours cherché à lui donner
les marques les plus distinguées. Animé du seul amour
de la liberté qui est le droit naturel et fondamental de
votre patrie, vous n'en désirez pour elle que l'entière
jouissance, et vous lui préparez une gloire immortelle
en annonçant à toute l'Europe que, quelque choix que
la Sérénissime République fasse, elle veut toujours
observer exactement et religieusement les traités d'alliance faits et renouvelés avec ses voisins. Veuille le
Seigneur, par une suite des bénédictions qu'il a si souvent et si visiblement répandues sur la Pologne, inspirer
l'esprit d'union et de concorde et réunir les suffrages
sur un sujet qui sache maintenir le bonheur de sa patrie
et la propagation de notre sainte foi !

« Louis [1]. »

Au jour marqué pour l'ouverture de la diète

---

[1] *Négociations*, t. II.

d'élection, on vit arriver à Varsovie de tous les palatinats, territoires et districts plus de soixante mille
hommes qui s'assemblèrent à cheval dans le lieu dit
champ électoral, entre Varsovie et le village de
Wola. On venait d'élire le maréchal de la diète,
quand tout à coup le bruit se répand que les Russes
sont entrés en Pologne et marchent sur Varsovie.
Toute cette noblesse frémit de colère; les sabres
s'agitent dans les fourreaux. Un nonce de Siradie,
Lezinski, interpelle le prince Wisniowiecki, grand
chancelier et régimentaire de Lithuanie; il lui
demande si la nouvelle est vraie, et sur sa réponse
affirmative : « Que faites-vous donc ici? s'écrie-t-il,
que fait votre armée? et pourquoi ne marchez-vous
pas contre ceux qui osent violer notre territoire et
nos lois ? » Comme le prince alléguait son âge et ses
infirmités :« Eh bien ! reprend l'impétueux Lezinski,
laissez le commandement à d'autres. Moi-même, je
le prendrai, s'il le faut. »

Les amis du prince et ceux du nonce étaient près
d'en venir aux mains; le primat intervint et re-
procha à son tour à Wisniowiecki ses intelligences
avec la Russie. Celui-ci, suivi de quelques nonces et
de deux palatins, partisans de la Saxe, que l'on
accusait d'avoir favorisé l'entrée des Moscovites,

abandonna le champ d'élection et se retira du côté de Pragge au delà de la Vistule. Les princes Lubo-mirski, Sangusko, les deux princes Radziwill sui-virent son exemple. Il faut remarquer que ces cinq dissidents, séparatistes et prétendants à la couronne, étaient mus par un intérêt personnel.

Cependant les têtes étaient montées, et, le 4 septembre, on fulmina un manifeste, curieux docu-ment où, dans un langage mêlé d'imprécations solen-nelles, de mysticisme, de citations latines, on dévouait à l'exécration publique ceux qui avaient appelé l'étranger sur le sol de la patrie, prenant à témoin de la résolution où étaient les Polonais de se maintenir dans le droit d'une libre élection, les Puissances voisines, le monde entier, enfin Dieu qui prendra en main la cause des justes et la défense des innocents :

Ultima pro nobis vibrabit fulmina cœlum [1].

Le marquis de Monti profita de ce moment d'exaltation. Dans une déclaration signée par le Pri-mat et lue en pleine assemblée, il prononça pour la première fois un nom qui était déjà dans la

---

[1] *Journal historique sur les affaires du temps.* Verdun, 1733, p. 358.

pensée de tous et qui fut bientôt dans toutes les bouches, en prévoyant le cas « où la nation polonaise, tant en considération de ses hautes qualités et en reconnaissance des services qu'il a rendus à sa patrie, qu'au respect de son alliance avec Sa Majesté Très-Chrétienne, accorderoit ses suffrages au roi Stanislas Leckzinski », et en ajoutant qu'il avait ordre d'assurer « *que le Roi de France maintiendroit son élection avec toutes les forces que Dieu lui avoit confiées* [1] ». L'Empereur lança de son côté un manifeste en latin, où, par une allusion transparente à la France, il déclarait ne pas vouloir imiter « ceux qui voulaient restreindre les suffrages d'une nation libre, en les renfermant dans les bornes étroites d'un seul sujet [2] ».

Tel était l'état des choses à la diète de Varsovie et des chances du roi Stanislas au mois d'août et au

---

[1] On peut lire dans CHEVRIÈRES, *Histoire de Stanislas I*[er], Londres, 1741, in-12, t. I, p. 40, la déclaration textuelle de Monti, renfermant d'autres promesses, comme celle « de fournir par ses mains aux Polonais, dans le cas où les puissances voisines voudroient s'opposer par la voie des armes à cette élection, toutes les sommes nécessaires pour mettre les troupes de la République en état de leur résister ».

[2] « *Quod liberæ gentis suffragia in arctos unius subjecti limites restringere nolint.* » Copie de la Déclaration de l'Empereur et de ses alliés. *Journal de Verdun*, loc. cit., p. 382.

commencement de septembre 1733. Revenons à Copenhague, où notre ambassadeur attendait avec une impatience fiévreuse l'arrivée de l'escadre qui lui avait été annoncée. On se rappelle combien de fois il avait insisté sur l'utilité de montrer nos flottes aux Puissances du Nord, au seul point de vue du maintien de notre prestige et de notre prépondérance. Qu'était-ce maintenant qu'il s'agissait d'en imposer à l'Angleterre, de contenir la marine russe, d'appuyer l'élection de Pologne! Aussi toutes les lettres de Plélo vers cette époque reviennent obstinément sur ce sujet qui lui tenait à cœur. Dès le mois de juin, il écrivait au Roi :

« Ces discours d'escadre et de vaisseaux prêts à venir d'un moment à l'autre, répétés par moi à satiété, faisoient impression sur ces gens-ci. »

Et le 28 juillet, au Garde des Sceaux :

« Les Moscovites, croyant la France trop loin, veulent peser sur la Pologne par terre et par mer, pour ne pas lui laisser le temps de respirer. Vienne les y excite, croyant ainsi arriver à ses fins sans donner à la France l'occasion de s'en prendre à elle. »

Le 1er septembre, il répétait encore :

« Si quelque chose peut donner du poids à mes discours, ce sera certainement la vue de notre escadre. »

Enfin, le 15 du même mois, l'avant-garde, composée des navires *le Mercure, la Gloire*[1], *le Triton*, parut à Elseneur. Le 20, on signalait dans la rade de Copenhague le *Fleuron*, la *Méduse*, l'*Astrée*, bientôt rejoints par le *Conquérant*, le *Toulouse*, l'*Argonaute* et tout le gros de la flotte. Il était cinq heures du soir : Plélo venait précisément de recevoir la nouvelle de l'élection de Stanislas au trône de Pologne. Hors de lui, ayant peine à suffire aux émotions que lui causaient ces heureuses nouvelles, ainsi qu'aux devoirs qu'elles lui imposaient, il détache des gentilshommes de l'ambassade pour faire part de l'élection au Roi et aux ministres ; quant à lui, il se jette dans le premier bateau qu'il rencontre, fait ramer à force vers l'escadre qui arrivait, et se trouve bientôt au milieu de nos officiers et de nos marins : la Luzerne, de Luynes, de Clérambault, de Goyon, de Fercourt, de Fouilleuse, etc., toute une réunion de vieux capitaines, de jeunesse brillante, de noms honorablement connus. Dans une lettre toute pleine encore

---

[1] Probablement le même vaisseau au sujet duquel Duguay-Trouin, rendant compte à Louis XIV d'une affaire navale, disait : « J'ordonnai à la *Gloire* de me suivre. — Et elle vous fut fidèle », interrompit heureusement le Roi.

des émotions de la première heure, il écrit au Garde
des Sceaux :

« Vous connoissez le cœur françois ; tout ce qu'il y a
de zèle et, s'il m'est permis d'employer cette expression, de tendresse pour son prince se déploya dans tout
son lustre [1]. »

Dans ce cœur chaud, mobile, éminemment français, devant l'ivresse de ce jour qu'il déclarait le
plus beau de sa vie, tous ses griefs disparaissaient :
humeur frondeuse, désirs de changement, mal du
pays, ennui, maladies, tout était oublié. Il fallut
cependant songer, en présence des bonnes nouvelles sur le roi Stanislas, à rendre à lui-même
son Sosie, le commandeur de Thiange, qui du reste
avait joué son rôle avec une telle perfection que
tout le monde, dans l'escadre et ailleurs, y avait été
trompé [2]. Plélo procéda avec d'autant plus d'empressement à sa délivrance que le commandeur était
de ses amis, et le Garde des Sceaux lui en

---

[1] Au Garde des Sceaux, 22 septembre 1733.

[2] « Personne ici ne doute que le roi Stanislas ne soit sur l'escadre. Nos gens mêmes le laissent assez entendre. Ils disent à
l'oreille à tout le monde que la *Redingote* — c'est le nom que la
jeunesse a donné à l'inconnu — ne leur permettra pas de faire
un long séjour ici. Les ministres m'ont tâté ; je n'ai dit ni oui ni
non. » Lettre du 19 septembre.

témoignait son approbation dans une dépêche du
6 octobre :

« Je n'ai qu'à approuver, Monsieur, les mesures que
vous avez concertées avec M. de la Luzerne pour rendre
la liberté à ce pauvre commandeur de Thiange que j'ai
plaint plus d'une fois. »

Plus tard, dans une lettre confidentielle à l'abbé
Alary, Plélo commentait malignement cette dernière
phrase du ministre ; après quelques mots d'estime et
d'affection pour le pseudo-Stanislas, il ajoutait :

« Je ne sais si la Cour aura senti toute l'étendue du
sacrifice qu'il lui a fait : être pendant un mois à ne voir
que la mer et M. de la Luzerne, il faut avoir pratiqué
l'un et l'autre pour concevoir l'ennui d'une pareille
situation. »

Pour le moment, notre ambassadeur était sous le
charme, et sa joie, son exaltation patriotique dé-
bordent dans toutes les parties de sa correspondance qui se rapportent à cette époque.

Voici comment, le 26 septembre, il faisait part au
Roi de l'impression qu'avait produite à la Cour la
nouvelle de l'élection de Stanislas et de l'arrivée de
la flotte française :

« Sire, le roi de Danemark étant arrivé mercredi au
soir à Fridericksborg, j'allai le lendemain lui faire ma

cour et lui annoncer l'élection du roi de Pologne. Le ministre de Saxe et le secrétaire de Russie s'étoient approchés le plus qu'ils avoient pu pour entendre la réponse de Sa Majesté Danoise, ce qui embarrassant ce prince, il répondit si bas que je n'y pus rien comprendre. Pour moi, j'élevai la voix et je lui dis que je ne manquerois pas de rendre compte à Votre Majesté de la part qu'il prenoit à sa joie et des assurances qu'il venoit de m'en donner. Les deux ministres m'entendirent, et il me parut que leur contenance en fut un peu dérangée.

« ... Je demandai aussi au roi de Danemark la permission de lui présenter le corps de noblesse françoise qui étoit sur l'escadre ; il me dit que cela lui feroit plaisir, et l'on nous donna une heure pour le lendemain 25 du mois, à neuf heures du matin. J'envoyai aussitôt avertir M. de la Luzerne, lequel se rendit chez moi au temps marqué avec un cortége de deux cent quatre-vingts hommes, tant officiers que gardes du pavillon et garde-marine. J'avois eu soin de tenir des carrosses prêts pour tout le monde, indépendamment des miens, et, comme Fridericksborg n'est qu'à une demi-lieue d'ici, nous arrivâmes à l'heure précise du rendez-vous. Le roi de Danemark, la reine, le prince royal, les trois princesses et la margrave, chez qui nous allâmes de suite, nous parurent extrêmement satisfaits de se voir une cour si nombreuse et si brillante. Les princesses surtout nous firent beaucoup d'honnêtetés... »

Il est encore plus expansif dans sa lettre au

comte d'Autry, datée de Copenhague, le 6 octobre 1733 :

« Je n'aurois jamais cru, mon cher comte, que l'ambassade de Danemark pût me procurer des moments aussi brillants et aussi agréables que ceux que j'ai depuis trois mois. Je ne vous en ferai pas un ample détail, parce que cela me mèneroit trop loin, que je n'ai pas beaucoup de loisir, et que, dans quelques jours, je compte vous en envoyer une relation circonstanciée. Vous saurez seulement pour aujourd'hui que notre escadre arriva au Sund le 15 septembre, que le 20 un courrier m'apporta la nouvelle de l'élection du roi de Pologne, que j'allai aussitôt l'annoncer à tous nos messieurs. Je ne vous parle pas de notre joie à tous. Cela passe toute expression. Le 25, j'eus l'honneur de présenter au Roi et à toute la maison royale de Danemark deux cent quatre-vingts gentilshommes françois, la plupart des plus beaux noms et des plus aimables figures qu'on puisse voir. Le 30 nous commençâmes nos réjouissances par un *Te Deum* chanté chez moi, et suivi d'un grand repas où les santés des puissances de la terre furent solennisées au bruit des fanfares. Le lendemain, autre *Te Deum,* autre repas et autres rasades sur le bord de M. le comte de la Luzerne, avec la différence que le bruit du canon tenoit lieu de celui des instruments. Enfin, le 2 octobre, grand bal et grand souper chez moi, où étoient plus de trois cents personnes. Les intervalles de tous ces jours-là marqués par des repas continuels chez les officiers de l'escadre et chez moi, ce qui dure encore au moment où je parle.

« Au surplus, je suis charmé de notre marine. On avoit grand tort de ne pas produire un corps comme celui-là. Figurez-vous donc, mon cher comte, avec quel plaisir je me suis vu à portée d'en faire l'étalage, et jugez si je m'y suis épargné. Quelle joie d'ailleurs pour tout cœur françois de voir qu'enfin nous regagnons la gloire et la considération qui nous sont dues! J'aurois bien voulu que vous eussiez été le témoin de ce qui se passa le jour que j'allai apprendre à l'escadre l'élection du roi de Pologne et celui que je présentai ces messieurs à la Cour de Danemark. Vous eussiez été enchanté de ce spectacle. »

CHAPITRE XIV

Il nous faut revenir à Varsovie, où l'élection de
Stanislas Leckzinski comme roi de Pologne s'était
faite le 12 septembre 1733 dans les formes dramatiques et chevaleresques qui, pour avoir perdu
un peu de leur réalité, n'en parlaient pas moins à
l'imagination etau cœur des vieux Polonais.

Le 11, Radziewski, maréchal de la Diète, mit
huit heures pour faire à cheval, dans le champ
d'élection, afin de recueillir les suffrages, le tour
des palatinats, territoires et districts, en commençant par le palatinat de Cracovie, puis passant
à celui de Posnanie, et ainsi de suite. A chaque
palatinat, à chaque district, à chaque territoire, il
s'arrêtait : tous proclamaient Stanislas Leckzinski.
Sur soixante mille, d'autres disent cent mille suffrages ainsi exprimés, deux ou trois dissidents,

outre ceux qui s'étaient déjà retirés au delà de la
Vistule, se produisirent au dernier moment, mais
sous forme de simple abstention, de sorte que le
maréchal, après avoir achevé le tour des groupes,
fait approcher du pavillon de l'élection (*kolo*) les
principaux votants : Palatins, Vaivodes, Castellans,
Starostes, et demandé par quatre fois, en mettant un quart d'heure d'intervalle entre chaque
demande, s'ils consentaient que Stanislas fût roi de
Pologne, après qu'à chaque fois il eut été répondu
par acclamation unanime : Vive le roi Stanislas !
le maréchal, disons-nous, put proclamer en la
forme accoutumée que l'élection s'était faite *nemine
contradicente,* et les oppositions non soutenues semblèrent n'avoir eu pour objet que de consacrer
encore une fois l'existence du fameux *liberum veto* [1].

---

[1] On lit dans les *Motifs des résolutions du Roi :* « Le champ
d'élection n'a retenti que d'une voix en sa faveur, et cette délibé-
ration a été consommée avec une unanimité dont on n'a point vu
d'exemple dans les fastes de la Pologne. » Arch. Aff. étr. *Négociations.* Copie, t. I.

Stanislas-Auguste, en annonçant son élection à madame Geoffrin (septembre 1764), ajoutait . « Toutes les principales dames
du royaume ont été présentes au champ électoral au milieu des
escadrons de la noblesse, et j'ai eu la satisfaction d'être proclamé
par la bouche de toutes les femmes, comme par celle de tous les
hommes de ma nation présents à cette élection, car le primat, en
passant devant leurs carrosses, leur a réellement fait la gentillesse

La nouvelle de l'élection fut annoncée à la ville par la mousqueterie des troupes et le bruit du canon des remparts. A dix heures, le roi, habillé à la polonaise, assista à la messe dans l'église de Sainte-Croix, et fut présenté par le marquis de Monti aux seigneurs qui accoururent en foule pour lui baiser la main ; le 19, il jura les *Pacta conventa*. Le courrier dépêché par Monti arriva le 20 à Fontainebleau, où la cour était alors.

« A la nouvelle de l'élection de Stanislas, dit l'abbé Proyart, toute la France, devenue polonaise, signala par des transports de joie l'affection qu'elle portoit à un prince qu'elle regardoit comme François. On eût dit que la nation faisoit pour elle-même la conquête de la Pologne. »

Cependant l'armée russe, que les armées saxonne et autrichienne étaient prêtes à appuyer, s'avançait sous le commandement du général Lacy[1], brûlant les châteaux et les villages ; les seigneurs

de leur demander qui elles désiraient pour roi. Que n'étiez-vous là ! vous auriez nommé votre fils. » *Correspondance inédite du roi Stanislas-Auguste Poniatowski avec madame Geoffrin,* publiée par Ch. de Mouy. Plon, 1875, p. 23.

[1] Telle est, suivant Schoell, *Histoire abrégée des traités de paix*, t. II, p. 44, la véritable orthographe du nom de ce général.

qui étaient accourus au champ d'élection, rappelés par le besoin de défendre leurs possessions et de mettre leur famille en sûreté, s'étaient dispersés au galop de leurs chevaux rapides, et avec la poussière soulevée sur leurs traces semblait s'être envolé l'enthousiasme des premiers jours.

Les bourgeois de Varsovie penchaient pour la Saxe; la ville, d'ailleurs, n'offrait aucun moyen de défense, point de fortifications, point de munitions.

Dantzick, au contraire, ville libre sous la protection de la Pologne, entourée de remparts solides et de bons ouvrages, en communication avec la mer par l'embouchure de la Vistule, avait embrassé avec ardeur la cause de Stanislas. Il n'hésita pas à s'y rendre (2 octobre), accompagné ou suivi du marquis de Monti, du Primat et d'un grand nombre de seigneurs, parmi lesquels on comptait les Czartoriski, les Poniatowski, les Sapieha, les Potocki. Les magistrats et les habitants, interpellés de déclarer s'ils voulaient défendre le nouveau roi, se déclarèrent résolus à soutenir ses droits les armes à la main. On frappa des médailles pour consacrer ces promesses [1],

---

[1] L'une de ces médailles, après un résumé des faits et gestes de Stanislas depuis son départ de Versailles jusqu'à son arrivée à Dantzick, ajoutait : *Cetera tempus dabit.*

et l'on se prépara à les soutenir effectivement par des préparatifs militaires.

Les fêtes données à Copenhague par la flotte et par l'ambassade duraient encore, lorsqu'on y reçut la nouvelle de la retraite à Dantzick. Elle fut suivie de près par celle de la proclamation à Kamien de Frédéric-Auguste III comme roi de Pologne, dans des circonstances offrant un frappant contraste avec l'enthousiasme et l'unanimité qui avaient présidé à l'élection de Stanislas. Arrêtés au passage de la Vistule par les efforts courageux d'une poignée de gentilshommes, les Russes n'avaient pu arriver au champ de l'élection avant l'expiration du terme fixé par les lois. Ils parvinrent dans une forêt voisine de Varsovie le jour même où ce terme expirait.

« Là, dit Rulhière, une élection faite dans une auberge, sur une route, au milieu des bois, par un petit nombre de gentilshommes [1] dont quelques-uns y furent conduits enchaînés, devint le titre que le nouvel électeur de Saxe eut à faire valoir contre l'élection unanime de son concurrent [2]. »

[1] Treize sénateurs et six cents gentilshommes, suivant Léonard Chodzko, *Histoire de Pologne*, 1864, p. 259.

[2] *Révolutions de Pologne*, édition de 1862, t. I, p. 112. Il y a peut-être un peu d'exagération dans ce tableau des vices d'une élection d'où sortit en définitive pour la Pologne un règne de

Cependant, en même temps que ces dernières nouvelles, était arrivé à Copenhague (26 septembre) l'ordre de renvoyer cette escadre dont l'arrivée avait comblé de joie notre ambassadeur, et dont la présence avait été pour lui l'occasion, non pas seulement de présentations officielles et de fêtes bruyantes, mais des études les plus sérieuses sur le personnel de notre marine, sur le rôle qu'elle pouvait jouer par rapport à la Pologne et aux affaires du Nord, sur la navigation de la Baltique[1], etc. Il renonçait facilement à la voir s'avancer plus loin dans la Baltique, la flotte russe s'étant retirée et cette vaine démonstration pouvant dès lors ressembler à une bravade de nature à indisposer les amis de cette Puissance; mais il aurait voulu que l'escadre, ou tout au moins une partie,

---

trente années. Mais ces vices sont mis en relief d'une manière précise et avec la rigueur d'un procès-verbal dans une espèce de manifeste intitulé : *Parallèle de l'élection à la couronne de Pologne faite en faveur du Sérénissime Stanislas Leszcynski et du Sérénissime Frédéric-Auguste. Mercure de France*, décembre 1733, t. I, p. 2697.

Du reste, Frédéric II parle dans les mêmes termes des deux élections. *Mémoires de Brandebourg*, dans ses *OEuvres*. Berlin, 1846, t. I, p. 164.

[1] Ces études forment trois mémoires adressés sur ces divers points et sous forme de lettre confidentielle au ministre Maurepas. 29 octobre 1733.

allât se montrer à Dantzick, y restât au besoin pour
soutenir les efforts, et, dans tous les cas, le moral
des partisans de Stanislas. La résistance de plusieurs des officiers [1] et les nouvelles mêmes de l'ac-
cueil fait à Dantzick au roi de Pologne vinrent
traverser ce projet. Mais Plélo ne se rendit pas sans
lutter vigoureusement. Quand il apprit qu'on se
disposait à appareiller, il se jeta dans un canot,
s'adressa d'abord à M. de la Luzerne, faisant un appel
énergique au sentiment de sa responsabilité dans les
circonstances délicates où il se trouvait placé, et lui
mettant devant les yeux les conséquences désas-
treuses que pouvait avoir son refus :

« J'exposai à M. de la Luzerne la honte qui lui re-
viendroit et les justes reproches que tout le monde auroit à lui faire s'il arrivoit au roi de Pologne quelque
malheur qu'on eût lieu de croire que l'approche de l'escadre auroit pu empêcher. Je lui représentai ce prince
abandonné de ses sujets venant à Dantzick peut-être dans
l'espérance d'y trouver les vaisseaux français, le mauvais effet que produiroit sur l'esprit de ses partisans et

---

[1] « M. de la Luzerne n'entend point cela : c'est un homme âgé
et irrésolu qui soupire après son foyer de Brest... Il est fâcheux
d'avoir affaire à des gens timides, irrésolus, qui ne pensent
point à la grande. Un Duguay-Trouin m'auroit secondé autrement. » Plélo à la Chétardie, 13 octobre; — à Chavigny, 24 octobre 1733.

14.

de ses ennemis le départ de notre escadre dans le fort d'une crise comme celle-ci, l'encouragement au contraire, non-seulement aux Polonais, mais à la Suède et à nos autres amis, le risque que les Russes, nous sachant éloignés, ne vinssent bloquer Dantzick par terre et par mer, et ne forçassent les Dantzickois à leur livrer Sa Majesté Polonaise. »

A cette lettre (Elseneur, 13 octobre 1733), où Plélo ne craignait pas de rendre le roi de France juge de sa conduite, il joignait, pour expliquer son insistance, copie d'une dépêche de Castéja, du 8 octobre, où se trouvait ce passage :

« Les Polonais de son parti, après l'avoir choisi unanimement, l'ont laissé seul et se sont retirés chacun de leur côté[1]. »

Comme M. de la Luzerne, pour toute réponse, se retranchait dans ses instructions, Plélo insista pour qu'on fît assembler un conseil à bord :

« J'offris de prendre sur moi, au péril de ma tête, tout le crime qu'on pourroit leur faire d'une semblable résolution, les assurant d'ailleurs que Sa Majesté ne trouveroit pas mauvais que l'on aimât mieux hasarder quel-

---

[1] On prétend que Stanislas lui-même aurait dit : « Je connais les Polonais, je suis sûr qu'ils me nommeront; mais je suis sûr aussi qu'ils ne me soutiendront pas. »

que chose pour le service et peut-être pour le salut du
roi son beau-père que de suivre aveuglément des ordres
qu'Elle avoit donnés avant d'avoir pu être instruite de
l'extrémité où ce prince étoit réduit [1]. »

« Il me semble, disait-il dans une autre lettre à la Chétardie (13 octobre), que, dans certaines occasions, il faut
savoir aller contre les ordres de son maître pour le
mieux servir, surtout quand, depuis ces ordres, il s'est
passé des événements imprévus. »

Tout ce qu'il put obtenir, c'est qu'on laisserait
à tout événement trois frégates : l'*Astrée*, la *Méduse*
et l'*Argonaute*; mais, sur de nouveaux ordres de la
Cour et sur la nouvelle de l'enthousiasme croissant
des habitants de Dantzick pour la cause de Stanislas, elles furent également renvoyées, et Plélo
fut sérieusement accusé d'avoir voulu les retenir et
les envoyer à Dantzick. Lorsqu'on sait à quel point
les événements lui donnèrent raison , on ne peut se
défendre d'un douloureux étonnement en le voyant
obligé de se justifier auprès de sa Cour d'une tentative qui pouvait sauver à la fois la dignité de la
France et le trône de Stanislas. Ainsi, au moment
même où celui-ci faisait témoigner par le marquis
de Monti sa reconnaissance à Plélo pour la démons-

---

[1] Lettre à Monti, 13 octobre 1733.

tration qu'il avait voulu tenter en sa faveur[1], le Garde des Sceaux lui écrivait le 9 novembre sur un ton aigre-doux :

« Votre zèle a agi pour déterminer l'envoi de quatre frégates à Dantzick; mais il est heureux que vous ayez reçu assez tôt des nouvelles pour juger cet envoi inutile. En effet, vous ne sauriez croire combien le bruit seul de cette démarche a produit un mauvais effet. On en a jugé que les affaires du roi de Pologne étoient en mauvais ordre et que ce prince devoit profiter de ces frégates pour se retirer. »

Et, plus tard, Plélo, s'expliquant à cœur ouvert avec son beau-frère Maurepas, relevait avec amertume les accusations injustes dirigées contre lui à cette occasion :

« Vous ne sauriez croire quelle peine j'ai sentie dans la mauvaise querelle qu'on m'a faite au sujet de l'escadre. Si l'on m'avoit dit simplement : Vous avez beaucoup pris sur vous, il y a bien peu d'occasions où un homme sage doive se hasarder si loin, j'aurois été le premier à en convenir, persuadé qu'avec le temps on auroit reconnu que l'occasion en question étoit justement l'une de celles où il convenoit de passer par-dessus

---

[1] « Comme ce prince m'a fait témoigner beaucoup de satisfaction sur ce qui s'est passé à cet égard, j'espère que ses discours feront regretter en France que mes idées n'aient pas eu plus d'effet. » Plélo à Castéja, 21 novembre.

les règles. Mais commencer d'abord par m'accuser d'un zèle aveugle et étourdi, me faire entendre qu'on regarde mon action comme une espèce d'attentat contre l'autorité souveraine, se dépêcher de me blâmer hautement partout, s'en rapporter plutôt à quelques mauvais propos de gens éloignés qu'au concours unanime de tout ce qui étoit sur les lieux, enfin vouloir que je regarde comme une grâce de ce qu'on ne me fait pas de réprimande directe lorsque je m'attendois à des louanges, et que même j'ose dire que j'en méritois, je vous avoue, mon cher frère, que ç'a été là un violent chagrin pour moi. »

L'écho des mêmes plaintes se retrouve dans une lettre à l'abbé Alary :

« Quand on sert avec zèle, élévation et désintéressement, on seroit bien aise de n'être point traité avec hauteur, et surtout de n'être point censuré mal à propos ; non que rien puisse jamais décourager ceux qui ont de certains principes de faire leur devoir tant qu'ils sont en place, mais ils songent à en sortir lorsqu'ils n'y ont que du chagrin, et c'est dommage : des gens capables du grand ne se trouvent pas tous les jours. Peut être à la vérité ne s'en soucie-t-on pas trop. Mais parlons d'autres choses. Cette matière est trop délicate pour un temps où il n'y a de sûreté pour les lettres ni d'amis ni d'ennemis. »

Ces derniers mots font allusion à une autre blessure infligée à l'âme fière et susceptible du comte de Plélo. Des lettres confidentielles qui devaient être remises à ses amis furent, par la maladresse d'un courrier, ouvertes dans le cabinet du Garde des Sceaux. « Celle à l'abbé Alary, dit le marquis d'Argenson, ne parlait guère que de littérature; celle de Maurepas parlait assez contre le gouvernement, et celle de Raymond[1] disait le diable du ministère. Depuis ce temps, ajoute l'auteur, le pauvre Plélo remarqua beaucoup de froideur dans les procédés du Garde des Sceaux à son égard. » Du reste, il ne faut pas attacher à ces faits l'importance exagérée que leur prête M. d'Argenson. La lettre où Plélo s'en plaint à l'abbé Alary se termine ainsi :

« Madame de Plélo est occupée de trois ou quatre meubles qu'elle commence à la fois et dont elle m'a la mine de finir aucun, du moins tant que ses chiens et ses chats déferont la nuit ce qu'elle a fait le jour. »

Cependant, vers la fin d'octobre et au commencement de novembre, Monti écrivait à Plélo qu'il y avait en Pologne quarante mille Moscovites et vingt mille Saxons; il lui faisait également savoir que le résident de Moscovie à Dantzick avait signifié au magistrat[2] de cette ville que la Czarine, mécontente de

---

[1] « Raymond, du Palais-Royal, surnommé le Grec. » *Mémoires du marquis d'Argenson,* t. I, p. 196.

[2] C'est-à-dire au corps municipal.

l'asile donné au roi Stanislas, demandait l'extradition de ses partisans; que, si la ville n'y consentait pas, trente-six mille hommes, dont douze mille hommes de cavalerie, actuellement en marche, viendraient se placer autour de Dantzick pour la contraindre, et qu'on brûlerait tous les environs.

« Le magistrat, ajoutait Monti, s'est assemblé plusieurs fois, et, quoique les voix ne soient pas unanimes, cependant la plus grande partie connoît la violence qu'on fait, et elle est prête à répondre courageusement. Nous n'avons pas de forces, et le temps est trop court pour lever du monde qu'on trouve aisément, mais nous n'avons point d'armes. Vous savez ce que c'est que les troupes d'une ville de commerce, la crainte que les habitants ont d'être bombardés et de voir brûler leurs maisons de campagne. Cependant ils se sont déterminés à lever douze cents hommes; de mon côté, je lève le plus d'hommes que je puis pour n'avoir rien à nous reprocher[1]. »

« Nos adversaires ont enfin comblé la mesure, s'écriait à son tour Plélo à propos des mêmes faits, et personne ne peut plus trouver à redire à ce que nous entreprendrons. Il est certain du moins que tout ce qui, dans le monde, a quelques sentiments de justice et d'honneur crie après une semblable vexation. Seroit-il possible

[1] Monti à Plélo, 27 octobre 1733.

que la nation qui s'y trouve la plus intéressée restât dans l'indolence et dans l'inaction et qu'elle se laissât imposer des fers éternels, lorsqu'un peu de résistance de sa part suffiroit pour l'en garantir? Vu les mesures qui sont prises, les Polonais n'ont qu'à tenir encore pendant quelques mois, et certainement ils seront secourus de manière à confondre les ennemis de leur gloire et de leur liberté. »

Mais malgré la confiance qu'il affectait, Plélo en venait par moment à se faire moins d'illusions que Monti lui-même sur la solidité des bourgeois de Dantzick.

« Les affaires du Nord vont mal, écrivait-il le 10 novembre ; le parti de Sa Majesté Polonaise diminue tous les jours, et sa personne est même peu en sûreté. Quelque bonne volonté que montrent les Dantzickois, vous vous figurez aisément le fond que l'on peut faire sur un peuple de marchands à qui la première fusée qu'on jettera sur les toits fera peur, et qui livreront vingt rois plutôt que de laisser brûler une seule de leurs maisons[1]. »

Si des promesses et de belles paroles avaient suffi pour conjurer les dangers qui menaçaient le beau-père du roi de France, elles ne lui auraient pas manqué. Louis XV en personne écrivait encore,

____

[1] Plélo au Garde des Sceaux, 7 novembre 1733.

à la date du 15 décembre, cette lettre aux habitants de Dantzick :

« TRÈS-CHERS ET BONS AMIS,

« Nous voyons avec plaisir par votre lettre du 18 du mois dernier, aussi bien que par les relations de notre ambassadeur le marquis de Monti, toutes les marques que vous donnez de votre fidélité et de votre zèle pour le roi de Pologne. Les menaces que vous font ses ennemis et les nôtres n'ont pas été capables de diminuer les sentiments qui feront passer votre gloire jusque dans les siècles à venir, et qui vous rendent si chers à nos yeux.

« Plusieurs Puissances donnent déjà des marques de l'intérêt qu'elles prennent à votre conservation ; mais aucune ne pourra porter les témoignages si loin que Nous désirons le faire, puisque Nous regardons vos intérêts comme les nôtres propres, et que Nous Nous proposons de ne rien négliger de ce qui peut dépendre de notre puissance et bienveillance. Sur ce, Nous prions Dieu, protecteur de l'innocence et de la fidélité, qu'il vous tienne, très-chers et bons amis, en sa sainte garde.

« A Versailles, le 15 décembre 1733.

« LOUIS [1]. »

Plélo, dont l'imagination travaillait sans cesse dans l'intérêt d'une cause où il voyait réunis le

---

[1] *Gazette d'Amsterdam,* numéro du 2 février 1734. — DE CHEVRIÈRES, *Histoire de Stanislas Ier,* t. II, p. 73.

salut de la Pologne et l'honneur de la France, joignait à sa lettre du 10 novembre, citée plus haut, trois projets qu'il soumettait à nos ministres :

1° Le premier, concerté avec un officier danois affectionné à la France et qui avait fait la guerre en Allemagne, consistait à détacher trente ou quarante mille hommes de notre armée du Rhin, à les lancer à travers la Saxe, pays ouvert dont les forces étaient employées en Pologne. Ils n'auraient que soixante milles d'Allemagne à traverser et vivraient sur le pays. Cette pointe hardie déconcerterait l'Autriche qui n'aurait pas le temps de rappeler ses troupes engagées en Italie; la Prusse, de son côté, gagnée ou surprise, n'oserait nous inquiéter; les Polonais reprendraient courage. Si, au contraire, on laissait ces deux États écraser la Pologne, ils viendraient en Allemagne augmenter le nombre de nos ennemis, prévision dont l'avenir se chargea de confirmer la justesse.

2° Le second projet proposé au cardinal de Fleury était de nous joindre à l'électeur de Bavière, jaloux de l'Autriche et hostile à la Pragmatique. L'infériorité de ses forces l'avait arrêté jusque-là; mais avec nous, il pouvait opérer une diversion utile à Stanislas.

3° Une autre diversion eût été possible du côté des Turcs et des Tartares ; mais le temps manquait. La Suède, intéressée à la conquête de la Livonie et à tout ce qui pouvait diminuer la puissance moscovite, était plus à même de remplir ce rôle. Un prompt armement de sa part, de notre côté l'envoi d'une nouvelle escadre, quinze à seize vaisseaux, sept à huit mille hommes de débarquement avec des pilotes suédois suffiraient, n'obtînt-on du Danemark que la neutralité, pour débarquer en Livonie et en Courlande, bombarder Riga, Revel ; le reste de notre escadre tenterait d'amener la flotte russe à un combat qui ne pouvait que tourner à notre avantage, tandis que l'armée suédoise ferait une irruption du côté de la Finlande et de la Carélie. Ainsi attaquée de différents côtés, la Russie se verrait forcée de rappeler ses troupes de Pologne, et Stanislas serait sauvé [1].

Nous venons d'exposer sommairement les trois propositions sur lesquelles Plélo envoyait un mémoire détaillé au Garde des Sceaux, tandis qu'il en transmettait copie à MM. de Monti et de Castéja avec

---

[1] Arch. Aff. étr. *Négociations.* — Originaux, vol. n° 100, 10 novembre 1733, et LA VIEUVILLE, *Vie du comte de Plélo,* deuxième partie, pages 102 et suivantes.

prière de mander à la Cour ce qu'ils en pen-
saient.

Mais de si hardis projets n'avaient aucune chance
d'être agréés par le cardinal de Fleury, qui était
plus préoccupé de terminer la guerre que de la
prolonger. On répondit à Plélo que l'Angleterre
pourrait prendre ombrage de la présence d'une
escadre française dans la Baltique; que, si les négociations qu'elle avait entamées avec l'Empire et
la Russie aboutissaient, « elle ne manqueroit pas de
mettre une flotte en mer pour nous embarrasser »;
qu'on pourrait charger la Suède d'exécuter une
partie de ce projet, et s'entendre à ce sujet avec
M. de Castéja [1]. Or la Suède ne demandait pas
mieux que d'agir contre la Russie, mais à la condition d'avoir les mains libres, et de pouvoir reprendre sur elle la Livonie et autres provinces con-
quises, et le Danemark jaloux s'y opposait [2].

Tel était le dilemme contre lequel se débattait
notre ambassadeur, et l'on voit par ses dépêches
qu'il discutait ces questions délicates soit dans une
conférence avec Lövenhorn, le plus accrédité des

[1] Le Garde des Sceaux à Plélo, 3 décembre 1733.
[2] Plélo à Monti, 9 décembre 1733.

ministres danois depuis la retraite de Charles Plessen,
soit dans une conversation personnelle avec le roi
de Danemark [1]. Comme si la négociation n'était pas
par elle-même assez épineuse, Chauvelin la com-
pliquait encore en divulguant à un Danois, nommé
Lersner, venu en France à la suite de l'ambassade,
homme sans caractère et même suspect, les détails
de l'affaire, alors que le Danemark, toujours craignant l'Empire et la Russie, avait exigé un secret
absolu [2]. Bref, cette Puissance, sans prendre parti
contre nous, mettait à son concours actif les con-
ditions les plus onéreuses [3], et la Suède, après
quelques hésitations, finit par déclarer qu'elle ne
pouvait rien décider sans une résolution prise en
pleine Diète, et il fallait du temps pour la convo-
quer. Le Garde des Sceaux dut renoncer à sa contre-
négociation avec Lersner, mais il sut mauvais gré à
Plélo de l'avoir traversée, et la Vieuville assure que
le ministre, peu de jours après, retint des lettres
particulières adressées à des amis et dans lesquelles

[1] Plélo à Castéja, 2 janvier 1734.

[2] La Vieuville, deuxième partie, page 137. — Arch. Aff. étr.
Négociations, copie, tome IV. Plélo au Garde des Sceaux, 2 février 1734.

[3] Le Garde des Sceaux à Plélo, 2 janvier 1734.

Plélo s'expliquait librement et vivement sur les affaires de Pologne [1].

On eût bien étonné Plélo si on lui eût dit qu'un moyen d'opérer en faveur du roi Stanislas cette diversion tant cherchée, tant désirée par lui allait lui être offert, et qu'il le repousserait avec indignation. Au commencement de décembre 1733, un Saxon, nommé Trischler, capitaine depuis près de trente ans dans l'armée danoise, vint communiquer à Plélo l'intention où il était d'empoisonner l'électeur de Saxe pour assurer la couronne à Stanislas qu'il avait, disait-il, connu autrefois en Suède et pour lequel il avait conservé un grand attachement. « Monsieur, ajouta-t-il, je suis sûr de mon coup. L'électeur de Saxe ne sera pas en vie dans le mois d'avril, ou tout au plus dans celui de mai. » Les moyens d'exécution étaient très-simples : sa sœur était mariée à un traban de la maison de l'Élec-

---

[1] Dans une lettre au comte d'Autry, où l'ancien colonel de dragons parlait plutôt que le diplomate, il disait : « Les Polonais sont des j... f..... Il n'y a aucun fond à faire sur eux. Ce n'est plus qu'en nous-mêmes que nous devons chercher des ressources. » 3 novembre 1833. Il ne faut jamais oublier que si Plélo, dans sa correspondance officielle, reste souvent en deçà de sa pensée, il va aussi souvent au delà lorsqu'il s'abandonne à l'impétuosité naturelle de son caractère.

teur, et tous deux se chargeraient de mettre du poison dans les mets servis à sa table.

Étourdi d'abord par cette horrible confidence, Plélo reprit bientôt tout son sang-froid. Il donna rendez-vous à Trischler pour quatre jours après, avertit le roi de Danemark, et fit cacher dans son cabinet un major des gardes qui arrêta ce misérable au moment où il renouvelait sa proposition. La chose resta secrète [1], Plélo s'étant contenté d'en écrire à sa Cour.

« Le complot dont il s'agit, portait sa lettre du 15 décembre 1733 au Garde des Sceaux, regarde à la vérité un de nos ennemis ; mais c'est un crime, et dès lors il m'a semblé qu'il étoit digne du maître que je sers, de l'honneur de la nation et du mien, d'en détourner l'exécution et d'en faire punir les auteurs. D'ailleurs, si le roi de Danemark veut m'en croire, il se contentera de faire mettre l'homme en question en lieu de sûreté, sans manifester la part que nous avons à la découverte de ses desseins. Nous n'avons pas besoin de cette preuve pour montrer que ce n'est pas par des meurtres et des trahisons

---

[1] Plus tard, le 6 mars 1734, à propos d'une allusion qu'avait faite à la chose une feuille publiée hors de France, Plélo écrivait simplement : « J'ai lu hier dans la *Gazette de Hollande* un article qui me concerne et qui est assez singulier. Le fond est vrai ; les circonstances seroient trop longues à raconter. Ce n'est pas moi qui l'ai dit. Je n'ai fait que ce que tout honnête homme auroit fait à ma place. »

que nous savons nous venger, et nous devons, à ce qu'il me semble, nous en tenir à la satisfaction intérieure d'avoir fait notre devoir [1]. »

Cependant Plélo et Monti, en hommes qui avaient l'un et l'autre porté l'épée et qui étaient dignes de se comprendre, montraient une généreuse émulation en faveur d'une cause qui semblait abandonnée par ses protecteurs naturels. Monti écrivait à Plélo le 26 novembre :

« Si cela dépendoit des Polonois, cette situation changeroit bientôt, parce qu'ils sont affectionnés au roi de Pologne, mais dans le même temps accablés par les forces des Russes et de Saxe. De tout ce qu'on publie dans les gazettes des adhérents à l'Électeur, il n'y a pas un mot de vrai ; mais ce qui est vrai, c'est que, si le roi de Pologne quittoit Dantzick pour aller à Stralsund, comme on a voulu le lui persuader, tout le royaume seroit à l'Électeur, se croyant abandonné, et il faudroit venir avec une armée pour le reconquérir, au lieu qu'en restant ici, nous conservons la porte des secours, une ville considérable, affectionnée, et l'on garde un pied dans le royaume. »

Plélo répondait :

« Continuez à écarter du roi de Pologne les conseils

[1] Il y a aussi sur le même sujet une lettre détaillée à Monti, du 9 décembre 1733.

timides, à l'empêcher de quitter son royaume, à combattre jusqu'au bout avec tout le courage que donne une
bonne cause… Je vous remercie du zèle qui vous porte
à écrire à la Cour comme vous faites. Il est bon d'ailleurs
que nous lui parlions tous le même langage. Ce n'est
pas le moment de la flatter. Vous pouvez être sûr que,
de mon côté, je ne mollis point et lui dis ce que je pense

> . . . . avec la liberté
> D'un soldat qui sait mal farder la vérité [1]. »

Du reste, sa colère contre la Cour ne résistait
pas à quelques bonnes paroles du roi de France et
surtout des deux reines Leckzinska et Opalinska, qui
suivaient avec un intérêt facile à comprendre cette
lutte entre une politique égoïste et le dévouement
de quelques amis. Il écrivait à l'abbé Alary :

« Ce que vous m'avez marqué des discours de la reine
de Pologne sur mon chapitre m'a fait un sensible plaisir.
Il n'y a sorte de bontés que le roi son époux ne m'ait
aussi fait témoigner de son côté. J'avois besoin, je vous
l'avoue, de ces consolations pour me soutenir contre bien
des dégoûts qu'il m'a fallu essuyer [2]. »

---

[1] Plélo à Monti, 30 janvier et 3 février 1734.

[2] 5 *janvier* 1734. Et quelques jours après : « Continuez à entretenir les idées flatteuses où la reine de Pologne est sur mon
compte : je pense que ma conduite ne les démentira point. » Le
18 mai, en annonçant au même Alary le débarquement de l'a-
vant-garde française au fort de la Münde, il ajoutait : « Je ne

A Monti, il écrivait avec encore plus d'abandon, le 23 janvier :

« Ma santé continue à être assez mauvaise : j'ai des maux d'estomac très-fréquents et une insomnie continuelle qui me désolent. Aussi avois-je songé à aller bientôt respirer l'air natal, ne voyant pas d'ailleurs, au train que prenoient les choses, que je fusse fort utile ici ; mais on m'a fait entendre que l'on croyoit le contraire : dès lors toute considération personnelle cessa : ma vie est au Roi, c'est à lui d'en disposer. Tout ce que je souhaite, c'est de ne pas la sacrifier en pure perte, et d'emporter au moins la satisfaction d'avoir rendu quelques services. »

Monti sollicita du roi Stanislas la permission de lever un régiment de dragons qui serait à sa solde, mais qui prêterait serment au magistrat. Ce régiment, chargé plus spécialement de la garde du Roi, fit des prodiges de valeur pendant le siége. Sauf le colonel et quatre autres officiers qui étaient Français, le noyau en fut formé par un détachement de cinquante officiers suédois, vétérans pour la plu-

---

puis me dispenser de vous mander cette nouvelle, pour le plaisir qu'elle vous causera et pour celui que vous aurez de l'annoncer à la Reine, à qui je vous prie en même temps de vouloir bien témoigner ma vive et respectueuse reconnoissance de toutes ses bontés. Je tâche de m'en rendre digne, et je périrai plutôt à la peine que de n'y pas parvenir. »

part des armées de Charles XII, que Plélo avait envoyés; car, en attendant un concours plus effectif, celui-ci, non content d'enrôler les cœurs à la cause du roi de Pologne[1], recrutait autour de lui et jusqu'en France, parmi ses anciens camarades de régiment, parmi ses parents mêmes, des officiers danois et français qu'il envoyait à Monti en les lui recommandant[2]. Vers la même époque, la *Gazette d'Amsterdam* (16 février 1734) annonçait la présence à Dantzick d'ingénieurs français qui visitaient les fortifications, et présentaient au roi des plans pour les améliorer et les augmenter. Une relation hollandaise de l'époque nous donne leurs noms que nous sommes heureux de reproduire ici : c'étaient le lieutenant-colonel Bassart, le major Gocherie et le capitaine Godel.

Pendant ce temps, Plélo redoublait d'instances

---

[1] « Ne croyez pas que vos dames soient les seules qui fassent des vœux pour le roi de Pologne; les nôtres en font autant, malgré les inclinations saxonnes et autrichiennes de la plupart des maris. Peut-être, à la vérité, cette raison n'y nuit-elle pas. » Plélo à Poussin, 5 décembre 1733.

[2] *Lettre du roi de Pologne Stanislas I*er, *où il raconte la manière dont il est sorti de Dantzick pendant le siége.* Ce volume rare, imprimé à Nancy par Hœner, 1758, in-12, est précédé d'un avis de l'éditeur, le chevalier de Solignac, secrétaire de Stanislas, où nous avons puisé des détails sur le siége, dont il était à même d'être bien informé. — Plélo à Monti, 8 décembre 1733 et 12 janvier 1734.

auprès des deux Cours de Versailles et de Copenhague pour assurer à la cause polonaise les secours combinés de la guerre et de la diplomatie. Nous trouvons dans ses papiers vers cette date un nouveau plan de traité entre la France, la Suède et le Danemark. Concours actif de la Suède, reconnaissance par le Danemark du roi Stanislas ; vingt mille écus de subsides payés par la France, telles en étaient les principales clauses. Le roi Christian, faible et irrésolu [1], alléguait toujours les engagements pris par lui dans le traité de Copenhague. Retiré à Fredericksborg, il évitait la présence de Plélo et des autres ministres étrangers. Celui-ci s'était rendu chez Lovenhorn, alors malade de corps et d'esprit, qui lui montra une lettre où le roi déclarait se refuser à tout engagement nouveau. Du reste, il faisait assurer Plélo qu'il conservait à la France ses meilleurs sentiments, que ses vaisseaux obtiendraient toujours dans la Baltique et dans les ports danois une libre entrée et les honneurs qui lui étaient dus. Cependant le bruit courait qu'il y

---

[1] « L'aveu que vous a fait M. Bloure, que son maître *ne sait pas trop lui-même ce qu'il veut,* ne donne pas lieu de faire un fonds bien solide sur ce prince. » Le Garde des Sceaux à Plélo, 23 mai 1734.

avait une négociation entamée avec l'Angleterre, ayant pour objet de réunir sous la médiation de cette Puissance la Suède et le Danemark. Plélo fit des efforts désespérés : il demanda au Roi une audience qui lui fut refusée, sous le prétexte qu'on n'avait pas voulu recevoir l'ambassadeur russe. Il lui écrivit alors une longue lettre dans laquelle étaient développés tous les arguments qui devaient détourner le Danemark de l'alliance anglaise. Il allait jusqu'à faire parler son souverain et à lui prêter un langage plus conforme aux sentiments personnels de l'ambassadeur qu'aux allures méticuleuses de la Cour de Versailles lorsqu'il s'agissait du cabinet britannique [1].

---

[1] « J'ai écrit le 27 avril à Sa Majesté Danoise une longue lettre dans laquelle j'ai rassemblé tout ce qui pouvoit le détourner de l'alliance anglaise. J'y ai même joint un extrait prétendu d'une lettre du Roi, dans laquelle je lui fais déclarer que ladite alliance, de quelque manière qu'elle se fît, le désobligeroit et le choqueroit sensiblement. » Au Garde des Sceaux, 1er mai 1734.

CHAPITRE XV

Pendant ce temps, le cercle tracé autour de Dantzick et du roi Stanislas, ce cercle de fer, de feu et d'indifférence, allait se resserrant peu à peu. Le général Croysbach, qui commandait les troupes moscovites dans l'Ukraine, était entré en Pologne avec soixante-dix mille Cosaques et Kalmoucks qui, appuyés bientôt par vingt mille Saxons, ravageaient le pays et manœuvraient pour se placer entre Dantzick et Oliva afin de couper les communications avec la mer. Le général Lacy, à la tête de douze mille hommes, commandait l'avant-garde. Il écrivit au magistrat pour le sommer de prêter serment au roi Auguste III, de faire sortir Stanislas Leckzinski avec tous ses adhérents, *nemine excepto*, ajoutant que si les assiégés ne se conformaient dans un bref délai à ces injonctions, il attaquerait les hauteurs de la ville et la bombarderait. Le magistrat répondit avec fermeté qu'ils n'avaient fait que reconnaître le roi régulièrement élu et protestaient contre toute violence qui prendrait sa source dans cet acte rigoureusement légal.

Lacy commença les hostilités le 20 février. Son corps d'armée s'étendait depuis la mer jusqu'à Proust à droite et Langfuhrt à gauche; bloquant la place de ce côté, il ferma toute communication avec le Brandebourg, coupa les ruisseaux qui alimentaient les fontaines et l'unique moulin à farine de la ville, tandis que, de l'autre côté, les Cosaques brûlaient les briqueteries, et faisaient de l'église de Tous-les-Anges une écurie pour leurs chevaux. Monti faisait part des moindres incidents du siége à Plélo, qui s'associait de fait à tous ses efforts, de cœur à toutes ses anxiétés. Une de ses lettres, en date du 20 février, toute pleine de l'émotion du moment, se termine par le *post-scriptum* suivant :

« 8 heures du soir.

« Un parti de Moscovites paroît à la première barrière; on bat la générale, et toute la garnison prend les armes. Cela n'aura certainement aucune suite, mais je ne suis pas fâché de toutes ces alarmes pour voir la disposition de la ville. Elle est bonne, mais il faut des secours, et ma maison ne désemplit pas pour en demander [1]. »

Le 24, la Régence fit publier à son de trompe que chaque habitant en état de porter les armes eût à se pourvoir de vivres, de trois livres de poudre et de six livres de balles. Les tours du corps de la place furent garnies de bourgeois sous la conduite du major général Whittinghof. Dans les ouvrages extérieurs on plaça ce qu'on possédait de troupes régulières, et, comme ces ouvrages n'étaient que de terre et à fossés secs, pour les empêcher d'être emportés par un coup de main, on borda les parapets de faux enmanchées à revers et d'énormes troncs de sapins inclinés vers l'escarpe et retenus par des cordes, de manière à pouvoir les lâcher en cas d'escalade. Enfin les assiégés fermèrent les écluses de la Motlaw, affluent de la Vistule, qui inonda la campagne sur dix des fronts de fortification de la place ; quatre autres étaient couverts par la Vistule et par des marais impraticables. Le comte Poniatowski et le jeune prince

---

[1] Voyez sur les divers incidents du siége : CHEVRIÈRES, *Histoire de Stanislas,* t. II, p. 84. — LA VIEUVILLE, deuxième partie, p. 97. — Archives de la guerre, *Expéditions étrangères.* — *Mémoire pour servir à la relation du siége de Dantzik par les Russes en 1734.* — *Unpartheische Nachricht von der Belagerung der Stadt Dantzig.* Francfort, 1734, in-4°.

Czartoryski, noms chers à la Pologne comme à la France, chargés de ce qui regardait les dehors, commandaient sous les ordres du roi Stanislas; un Mazeppa, fils probablement du fameux hetman au nom légendaire, et qui avait accompagné ce prince dans une partie de son voyage aventureux à travers l'Allemagne, figura avec distinction, en qualité de lieutenant-colonel, dans plusieurs des épisodes du siége, notamment à l'affaire d'Ohra dont il va être question tout à l'heure; enfin une dame polonaise, nommée Masalska, tira le premier coup de canon du rempart sur les assiégeants, pour déterminer la bourgeoisie à une défense généreuse [1].

Arrivé après Lacy, le maréchal de Munich avait renouvelé ses sommations dans des termes plus odieux encore. Il parlait « de poursuivre l'iniquité des pères sur leurs enfants et sur les enfants de leurs enfants ». A cette profanation des termes de l'Écriture, il joignait la menace plus positive « de faire pendre les bandits sur les remparts », voulant désigner par là des partisans qu'on avait enrôlés pour les opposer aux irréguliers russes, mais dont il déclarait l'emploi contraire au droit des gens et

---

[1] CHEVRIÈRES, t. II, p. 83. — *Mémoires de Brandebourg,* dans les *OEuvres de Frédéric.* Berlin, 1846, t. I, p. 164.

aux usages de la guerre, comme s'il se faisait faute lui-même de se servir de semblables auxiliaires, Cosaques, Kalmoucks, Sznapans (ou Schenapans), qui ravageaient le pays à quinze lieues à la ronde et dont les noms devaient devenir synonymes de brigands et de pillards.

Le siége se poursuivait avec des alternatives de succès et d'échecs pour les défenseurs de la ville qui, en somme, bourgeois et soldats, faisaient preuve d'une louable fermeté. Dans la nuit du 18 au 19 mars, huit cents hommes de la ville défendirent une redoute garnie de six canons au village d'Ohra, contre les Russes qui, malgré la supériorité du nombre, — environ quatre mille hommes, — y perdirent quinze cents des leurs, dont plusieurs officiers et le colonel Haneman, gendre de Lacy[1]. Le lendemain, nouveau combat non moins acharné au faubourg de Shotland. Le capitaine français Fraissinet, après une vigoureuse résistance, y fut blessé mortellement. Ses troupes, forcées d'évacuer le faubourg, n'hésitèrent pas à l'incendier plutôt que de

---

[1] La *Relation impartiale du siége* (*Unpartheische Nachricht*, etc.) écrite par un témoin oculaire, dit que, dans ce combat sanglant qui dura quatre heures, les Russes perdirent 1,473 hommes, et les Dantzickois 200 hommes seulement.

le laisser au pouvoir des Russes. Le 24, ceux-ci
occupèrent à moins de frais un ancien fort nommé
la Tête de Dantzick, le Haupt, situé au sud-est de la
ville, à l'endroit où la Vistule se sépare en deux
branches, et le principal passage aux convois que
la ville aurait pu recevoir par terre, poste important où l'on avait eu le tort de laisser une garnison
insuffisante. Heureusement, de l'autre côté, les
Russes, en se plaçant entre le fort de Veichselmünde[1]
(bouche de la Vistule) et la mer, et tout en rendant
les communications difficiles, n'avaient pas réussi à
les intercepter tout à fait.

Vers la fin du mois de mars, le comte de Munich
avait commencé à jeter dans la ville des petites
bombes de quinze livres environ, qui, écrivait Monti,
« faisoient pleurer les femmes et les enfants et tourner la tête aux hommes[2] »; mais on se familiarisa
bientôt avec ce danger. Une lettre du 20 avril, insé-
rée dans la *Gazette d'Amsterdam* du 4 mai, peint bien
l'état des choses et la disposition des esprits à cette
époque.

« *Extrait d'une lettre de Dantzick.*

« Jusqu'à présent tout l'avantage que les Russiens ont

---

[1] Nommé souvent par abréviation la *Münde* ou la *Minde* dans
les documents que nous aurons occasion de citer.

[2] Monti à Plélo, 24 mars.

remporté se réduit à la prise du *Holm* et de quelques
forts ou redoutes que nous avons jugé à propos d'abandonner, en partie à cause de leur éloignement, et en
partie pour ne pas affoiblir notre garnison. On croit
que, pour la même raison, on pourra bien retirer huit
cents hommes que nous avons encore dans quelques
petits forts sur la *Vistule.* Il est vrai que les Russiens ont
poussé leurs approches bien près de nos ouvrages extérieurs ; mais, tant qu'ils n'auront pas une plus grosse et
plus nombreuse artillerie que celle qu'ils ont, il n'y a
point d'apparence qu'ils soient en état de s'en rendre
maîtres. Il est très-remarquable que, quoqiue depuis
huit jours les ennemis aient jeté dans la ville une
grande quantité de boulets rouges, le feu n'a pris en
aucun endroit, et qu'il n'y a eu qu'un seul garçon de
tué. Toutes les menaces du général comte de Munich
n'ont fait qu'animer davantage la bourgeoisie à se défendre, et à essuyer même un bombardement, jusqu'à
l'arrivée du secours que le marquis de Monti assure être
parti de France et devoir se rendre ici incessamment.
L'amour de la liberté, la crainte d'être obligé de recevoir une garnison étrangère, et la vénération qu'on a ici
pour le roi Stanislas, contribuent beaucoup à cette fermeté : mais, au cas que le secours n'arrive point au
commencement de mai, et que les Russiens reçoivent
leur grosse artillerie, le magistrat se trouvera obligé,
pour éviter la ruine de la ville, d'entrer en négociation
avec le général comte de Munich par la médiation de Sa
Majesté Prussienne. On assure que le magistrat l'ayant

insinué au Roi, Sa Majesté a reçu sa déclaration très-gracieusement, en l'assurant que le secours viendroit à temps. Tout dépend à présent de la diligence que fera l'escadre de France, et si elle arrivera avant la grosse artillerie russienne, et le renfort des troupes saxonnes en marche pour se rendre au camp. »

Malheureusement cette grosse artillerie russe si redoutée, arrêtée jusque-là par la Prusse qui venait enfin de la laisser passer sur ses terres, et que quelques vaisseaux français de plus, arrivés à temps, auraient pu enlever au passage [1], cette artillerie parvint sous les murs de Dantzick dans les derniers jours d'avril, et le 1er mai commença un bombardement bien fait pour jeter la terreur dans une ville riche et commerçante [2]. Les principaux habitants se réfugièrent au faubourg de Langgarten, où les bombes ne portaient pas. Le Roi voulut demeurer dans son palais; mais, au bout de quelques jours, quand on vit que la furie du feu augmentait, et que les mai-

---

[1] Plélo le dit positivement dans une lettre du 4 mai au Garde des Sceaux : « Si nos deux vaisseaux étoient arrivés, avec les troupes qui sont ici, ils auroient pu enlever une partie de la grosse artillerie russienne, qui s'étoit embarquée à Libaw et à Riga. »

[2] Une gravure curieuse représentant ce bombardement se trouve dans un ouvrage hollandais intitulé : *Beknofte Beschryving van de Stadt Dantzig.* Amsterdam, 1735, in-8°, p. 204.

sons des deux côtés étaient ruinées, on le pressa d'en
sortir. Il se rendit aux instances de Monti, et passa
dans le même faubourg, dont la partie extérieure,
ou Kneipab, fut vainement attaquée par les Russes.
Au dehors, le comte Pocci, régimentaire de Lithuanie,
avec sa cavalerie, et le comte de Tarlo, vayvode de
Lublin, avec douze mille hommes, manœuvraient
pour secourir les assiégés. Presque en même temps,
on annonçait l'approche de l'armée saxonne, sous.
les ordres de Jean-Adolphe prince de Weissenfels.
Lacy, jaloux de ne partager avec personne l'honneur
du commandement et de la réducion de Dantzick,
résolut de frapper un coup qu'il croyait décisif.

Parmi les hauteurs sablonneuses qui dominaient
la ville du côté du nord, il en était une dont les
ouvrages plus ou moins perfectionnés avaient déjà
été le théâtre de plusieurs combats, mais dont la
prise, au jugement de Lacy, « n'aurait laissé aux
habitants ni les moyens de se défendre, ni même le
loisir de capituler [1] ». C'était le Hagelsberg (montagne de la grêle), appelé à jouer un rôle important
dans tous les siéges de Dantzick [2]. Le 8 mai, à la
suite d'un conseil tenu entre le comte de Munich, le

---

[1] *Lettre du roi de Pologne,* etc. *Avis de l'Éditeur,* p. 13.
[2] Rapprochement curieux : lors du fameux siége de 1807, ce

général Lacy et le major général Biron, on fit reconnaître les positions qu'on se proposait d'attaquer
le lendemain ; le soir du 9 mai, Munich réunit dans
un banquet les principaux et les plus braves officiers de son armée, et fit tirer au dessert une espèce
de loterie dont les billets indiquaient l'ordre assigné
à chacun. Vers dix heures, six mille hommes, mu-
nis de fascines et d'échelles, s'avancèrent sur trois
colonnes. Mais déjà l'alarme était donnée dans la
place : au bruit des mortiers des assiégeants qui
continuaient de jouer sans relâche se mêla bientôt
celui du tocsin de la ville et du tambour battant la
générale dans toutes les rues. Les troupes régulières
étaient déjà à leurs postes. Les bourgeois prirent les
armes et se portèrent aux remparts malgré les lamen-
tations des femmes et des enfants qui remplirent les
églises, implorant l'aide du ciel par des prières et
des cantiques. Le Roi lui-même parut au milieu de
cette population effarée ; il se mit à genoux, priant
Dieu d'assister ceux qui combattaient au Hagelsberg.

Des trois attaques des Russes du côté de Schied-

fut aussi le Hagelsberg que le général Chasseloup choisit comme
point d'attaque, avec une fausse démonstration sur le Bischoffsberg. Thiers, *Histoire du Consulat et de l'Empire*, t. VII, p. 503.

En 1870-71, les prisonniers français furent casernés dans les
deux forteresses du Hagelsberg et du Bischoffsberg.

litz, du Bischoffsberg et de la Vistule, une seule était leur véritable objectif, celle qui avait pour but de forcer la demi-lune droite du Hagelsberg. Ce fut là qu'au bout d'une demi-heure se concentrèrent tous leurs efforts. Déjà leurs troupes, protégées par les feux de la contrescarpe, étaient descendues dans le fossé, arrachant les premières palissades ; déjà, remontant à l'assaut, elles s'étaient emparées d'une batterie de six pièces de canon, lorsque le commandant de la ville, Wittinghoff, fit avancer quatre cents grenadiers tenus en réserve, qui chargèrent avec tant de vigueur et d'à-propos que les Russes, culbutés dans le fossé, durent abandonner les positions qu'ils venaient de conquérir. Comme ils se préparaient à donner un second assaut, ils furent attaqués en flanc par un corps de troupes que le Roi avait fait sortir de la ville. Décimés par la mousqueterie de deux côtés, foudroyés par quatorze pièces de canon qui tonnaient du haut de la montagne, ils se retirèrent définitivement, après cinq heures de combat, ayant perdu presque tous leurs officiers [1].

Les Russes eux-mêmes accusèrent une perte de quatre mille quarante-huit hommes ; ils deman-

[1] La *Relation impartiale* affirme que les Dantzickois n'eurent dans cette affaire que 42 morts et environ 40 blessés.

16.

dèrent une suspension d'armes pour enlever leurs morts ; quant à leurs blessés, ils les évacuèrent dans trois villes, Elbing, Marienburg et Dirschaw, au nombre de plus de trois mille, dit Chevrières, qui moururent presque tous. Rulhières, dans son *Histoire des révolutions de Pologne,* s'exprime ainsi à ce sujet : « Le siége fut sanglant et opiniâtre. On montre encore dans les fortifications un lieu nommé depuis ce temps le Cimetière des Russes. Huit mille de leurs soldats y périrent dans une seule attaque[1]. » Quoi qu'il en soit de ces chiffres contradictoires, un point demeure hors de doute, c'est que les défenseurs de la ville se conduisirent dans toute cette affaire avec une remarquable vigueur et infligèrent à l'ennemi des pertes considérables. L'auteur de la *Relation impartiale,* présent sur les lieux, n'hésite pas à dire qu'une sortie en masse de la garnison, faite à ce moment de démoralisation pour les Russes, aurait pu amener un résultat décisif. Eh bien ! dans ce moment même, c'est-à-dire le 13 mai, avant

---

[1] Frédéric II, dans ses *Mémoires de Brandebourg,* avait d'abord indiqué ce nombre, qu'il réduisit plus tard à quatre mille dans les éditions postérieures. Le chiffre que nous avons adopté, d'après le chevalier de Solignac et Chevrières, peut se concilier avec celui de Rulhières, si l'on suppose qu'il y a compris les blessés morts après l'action.

que les troupes saxonnes eussent fait leur jonction,
avant que les Russes eussent reçu un renfort de
quatre mille hommes, nos soldats arrivaient, en
bien petit nombre il est vrai, mais enfin une avant-
garde française, le drapeau de la France était là à
quelques lieues de la ville assiégée ! Et qui sait ce
qui serait advenu si la sortie dont nous venons de
parler avait pu être combinée avec un mouvement
en avant de notre petit corps de débarquement ?
Il y eut là un de ces moments qu'on a appelés
psychologiques, sans doute parce que l'effet moral y joue un grand rôle, moment rapide et décisif,
qui ne se représente pas deux fois dans une opé-
ration de guerre. On s'en convaincra si l'on veut
lire attentivement et rapprocher sur ce point les
témoignages de deux hommes possédant l'un et
l'autre les secrets et la pensée du roi Stanislas :
le marquis de Monti[1] et le chevalier de Solignac[2].

[1] Il écrivait à M. de Lamotte le 18 juin, c'est-à-dire moins
d'un mois après l'événement : « Je ne veux pas, monsieur, vous
rappeler la fatale démarche que vous avez faite de vous en aller la
première fois; vous et les troupes ne seriez pas dans cet état, parce
que nous vous aurions fait entrer, non par le Nehrung, mais du
côté d'Oliva, vis-à-vis de Herrenschants, et *nous faisions des
dispositions pour cela.* » Arch. de la guerre. — *Allemagne, Pologne,* juin, juillet, août, nº 2746.

[2] Parlant, dans l'*Avis de l'Éditeur,* en tête de la *Lettre du roi*

Mais il faut que nous revenions sur nos pas pour faire comprendre la fatalité qui présida à ces derniers événements et les causes de la catastrophe finale. Depuis quelque temps, la France suivait, avec un intérêt qui s'était étendu de la Cour à la ville, les péripéties du siége de Dantzick. Ce mouvement de l'opinion se révélait par des articles insérés dans les feuilles publiques, — non pas seulement la *Gazette* et le *Mercure de France*, mais le *Journal de Verdun*, les gazettes de Hollande, etc., — où l'on annonçait l'équipement à Brest d'une escadre de vingt, de trente vaisseaux avec dix mille ou quinze mille hommes de troupes. On nommait comme devant les commander Duguay-Trouin et le lieutenant général de Court[1]. Nous avons sous les yeux trois plans gravés à cette époque, sans compter un autre manuscrit[2], qui témoignent combien l'atten-

---

de Pologne, déjà citée, du premier débarquement de nos troupes, il ajoute, page 17 : « Leur commandant, par je ne sais quelle raison, avoit négligé de faire dans le temps ce que l'ennemi n'avoit pu donner qu'une seule fois le temps de faire. L'occasion de vaincre étoit passée. Quelques jours plus tôt, Lamotte auroit pu, sans beaucoup d'expérience et d'efforts, remporter un avantage qui échappa au zèle et à l'habileté de Plélo, et que ce François trop valeureux ne put acheter par la perte de sa vie. »

[1] *Gazette d'Amsterdam,* n⁰ˢ des 16 et 27 avril, 4 et 7 mai 1734.

[2] L'un d'eux, gravé par Beaurain, dédié et présenté à la Reine,

tion publique était éveillée sur les moindres détails de ce siége, et portée, selon son usage, à prendre ses vœux pour des réalités. Nos agents dans le Nord, mieux instruits à la fois du véritable état des choses et des dispositions du gouvernement, se concertaient entre eux pour présenter la vérité aux ministres de France et pour la dissimuler aux défenseurs de Dantzick. Plélo, craignant sans doute de compromettre en les donnant sous son nom des avis si souvent méconnus [1], faisait parler dans une lettre au Garde des Sceaux, du 23 mars, « un vieux général de ses amis », dont le ministre avait trouvé d'autres fois les raisonnements sensés.

« Comptez, — me disoit-il, — que les Russes et les Saxons vont redoubler tous leurs efforts pour serrer Dantzick, et ne vous flattez point que les habitants de

est accompagné d'une légende descriptive qui se termine ainsi : « En 1556, cette ville résista aux Suédois avec beaucoup de vigueur et fit paroître une grande fidélité pour le roy Casimir, son prince. La résistance qu'elle fait aujourd'hui aux troupes russiennes n'est pas moindre, étant animée par la présence et soutenue par la valeur du roy Stanislas, et ce qui se passe actuellement au siége de cette ville la rendra recommandable à jamais. »

[1] « Vous souvient-il de Cassandre : *Non unquàm credita Teucris?* Voilà mon rôle depuis longtemps. » Plélo à Poussin, 22 décembre 1733.

cette ville se laissent amuser plus longtemps par l'attente
d'un secours qui n'arrive jamais. »

Fleury avait donné avis à Monti du départ de
deux frégates, l'une de soixante, l'autre de qua-
rante-six canons, qui devaient se rendre sous les
ordres du commandant Du Barailh, d'abord à Copenhague, puis à Dantzick. Sur quoi Monti écrivait à
Plélo le 15 avril :

« C'est dix frégates qu'il auroit fallu envoyer. Tout
ceci est une fatalité qu'on aura peine à comprendre.
Nous sommes sur le point de perdre toute notre considération en Europe par la captivité du roi de Pologne
et par la perte de Dantzick qu'on pouvoit sauver si aisément... Je ne publie pas encore ici cette nouvelle (du
secours qu'on lui annonçait), parce que, dans la situation où nous sommes, trois bataillons et deux frégates
sont un objet bien peu considérable. Il faut laisser croire
au roi de Pologne, aux Polonais et aux Dantzickois qu'il
nous arrive un plus nombreux secours. La Cour de
France ne peut s'empêcher de l'envoyer, si elle veut
sauver l'honneur du Roi et de la nation. »

Plélo insistait dans le même sens : le 20 avril, il
écrivait au Garde des Sceaux :

« Je ne saurois vous exprimer, monseigneur, quel
plaisir vous m'avez fait en m'apprenant que non-seulement les bâtiments de transport étoient actuellement en

mer, mais même *que l'escadre les suivroit dans les premiers jours de mai.* »

Le 24 avril, son langage devient plus pressant ; il ne craint plus de parler en son nom :

« Monseigneur, ce sont de ces occasions dans lesquelles il faut vaincre ou mourir... Si nous avions bientôt ici douze ou quinze mille hommes de débarquement et quelques galiotes à bombes, je croirois pouvoir vous répondre que nous serions avant trois mois au-dessus de toutes nos affaires et que le Nord trembleroit pour longtemps. Quelle gloire pour la France, monseigneur, si cela pouvoit être, mais aussi quelle honte, si nos gens, trop foibles pour secourir Dantzick, n'arrivent que pour participer à la chute, ou pour en être les témoins ! »

Enfin, le 1ᵉʳ mai, il revient à la charge :

« Envoyez-nous donc au plus vite une flotte : nous ne devons plus compter que sur nous-mêmes. Je voudrois bien surtout que M. Duguay-Trouin eût ce commandement : son nom seul vaut une escadre. D'ailleurs il nous faut un homme audacieux qui n'ait pas envie de revoir Brest sitôt.

« Si vous envoyiez diligemment vingt à vingt-cinq vaisseaux du Roi et quinze à vingt mille hommes de troupes réglées, je vous répondrois bien que nous donnerions bientôt la chasse aux Russes par terre et par mer, que le roi de Pologne seroit tranquille sur son trône avant qu'il fût six mois, et que le Nord trembleroit pour longtemps. Vous savez quelles ont été mes idées là-dessus il y a longtemps. Les événements n'y ont que trop répondu : permettez-moi donc de vous les rappeler, et de vous représenter de nouveau qu'il faut des efforts prompts et extraordinaires. Ma liberté est excusable dans une occasion où il s'agit de l'honneur du Roi, du vôtre et de celui de toute la nation. Toute l'Allemagne et toute l'Italie enlevées à l'Empereur ne relèveroient pas tant notre considération, que la captivité du roi de Pologne et la chute de Dantzick nous donneroient de honte et nous porteroient de préjudice. »

Cette prétendue escadre, commandée, disait-on, par Duguay-Trouin, que le Garde des Sceaux annonçait positivement pour les premiers jours de mai à Plélo et à Monti [1], que le ministère français laissa espérer jusqu'au dernier moment aux partisans de Stanislas, n'était qu'un mirage présenté à leur impatience pour les tenir en haleine. Voltaire a dit le dernier mot de la politique suivie alors par le cabinet de Versailles, lorsqu'il a écrit ces lignes : « Le cardinal de Fleury, qui ménageait l'Angleterre [2], ne

---

[1] Néanmoins, dans une lettre à Plélo de la même époque, il glissait cette espèce de rectification significative : » Notre flotte partira incessamment; mais il est inutile que vous en fixiez l'époque d'une manière plus précise. »

[2] Le comte de Walpole lui écrivait que « les whigs ne seraient plus maîtres du parlement et de la paix si la France mettait

voulut ni avoir la honte d'abandonner entièrement Stanislas, ni hasarder de grandes forces pour le soutenir. » Sa suprême habileté dans toute cette affaire consista à faire regarder comme une avant-garde le secours dérisoire qu'il envoyait en Pologne [1].

en mer une escadre de transport pour douze mille hommes », ce qui supposait une flotte de soixante à quatre-vingts voiles de guerre. Cité par A. Gabourg, *Histoire de France,* t. XVI, p. 236.

[1] Ce système est d'ailleurs hautement avoué dans une lettre du 29 mai, où le Garde des Sceaux recommande à Plélo d'éviter d'entretenir les ministres des Cours du Nord « dans l'idée où il lui paraît être de la possibilité d'envoyer des secours aussi considérables ». La recommandation était tardive, et ne parvint jamais à celui à qui elle était destinée. Au moment où Chauvelin l'écrivait, le comte de Plélo avait cessé de vivre depuis deux jours. Mais on peut lire l'original de la dépêche dans le volume n° 100 des *Archives des Affaires étrangères.*

CHAPITRE XVI

ARRIVÉE DU SECOURS DE FRANCE.
PREMIER DÉBARQUEMENT A L'EMBOUCHURE DE LA VISTULE.
RETOUR A COPENHAGUE.

Trois bataillons de six cent cinquante hommes de chacun des régiments de Périgord, Blaisois et la Marche, commandés par M. de Lamotte de la Peirouze, brigadier des armées du Roi et colonel de Blaisois, et deux navires de guerre, l'*Achille*, vaisseau de soixante-cinq pièces de canon, monté par M. Du Barailh, chef d'escadre, dit Boencourt, la *Gloire*, frégate de quarante pièces, par le comte des Goutlles, tel est l'état exact des forces qui, embarquées à Brest, à Dunkerque et à Calais le 13 avril 1734 et jours suivants, se trouvèrent réunies à Copenhague du 22 avril au 4 mai [1]. Mais une lésinerie

[1] Voltaire et le chevalier de Solignac parlent de quinze cents hommes seulement. Nous reproduisons les chiffres précis donnés

coupable, une incroyable négligence avaient présidé
à l'équipement et à l'embarquement des troupes.
Pas de munitions, pas de poudre, pas de provisions.
On n'avait ni compté sur les hasards de la mer, ni
pensé à la consommation que devaient faire quatre
cents hommes sur chaque bâtiment. Du pain noir
et du biscuit, donnés comme *en cas,* étaient leur
seule nourriture. Chaque soldat n'avait que sept
balles pour marcher à l'ennemi. Quant aux pierres
à fusil, leur condition était telle que les trois quarts
des armes n'auraient jamais pris feu si on ne leur
en avait fourni d'autres.

Plélo se plaignit amèrement aux ministres d'une
semblable incurie, « d'autant plus impardonnable,
disait-il, que le service du Roi devoit infailliblement
en souffrir ». Rien n'égale la vivacité de ces plaintes,
qui vont parfois jusqu'à l'indignation [1]. Mais il fit
mieux que de se plaindre, il se multiplia pour ré-

par M. de Boencourt, dans le rare et curieux volume imprimé à
Édimbourg, 1831, in-4°, par A. Henderson, d'après un manuscrit
ayant appartenu à Lefèvre d'Ormesson, intitulé : *Voyage des
troupes françaises en Pologne, par M. le chevalier de Boencourt,
enseigne d'infanterie au régiment de Blaisois.*

[1] « A-t-on vu ne donner que sept balles à des gens qui vont à
l'ennemi?... Quant aux pierres à fusil, il est honteux qu'on ose
en fournir de pareilles, etc. » Lettres au Garde des Sceaux, à
Castéja, des 1er et 8 mai.

parer le mal. Non content de faire distribuer des vivres aux soldats à mesure de leur arrivée, il ne cessa jusqu'au dernier moment de faire expédier à Weichselmunde et à Dantzick des provisions de pain blanc et de vivres frais sans lesquels, ainsi que l'attesta plus tard l'ingénieur Ségent, ils auraient été exposés à mourir de faim [1]. Il s'occupa de leur procurer de la poudre, des balles, des pierres à fusil, et leur fit donner de quoi tirer chacun vingt coups, « pour qu'ils eussent au moins les moyens de se défendre en chemin si on les attaquoit et de faciliter leur débarquement si l'on s'y opposoit », ce à quoi on ne paraissait pas avoir songé [2].

Tandis qu'il prenait ces dispositions dans l'intérêt des soldats, il faisait rester à bord les officiers pour

---

[1] Lettre de M. de Ségent du 1er juin 1734.

[2] Plélo au Garde des Sceaux, 1er mai 1734. — M. de Lamotte lui-même, dans une lettre au ministre du 4 mai, rendait ainsi hommage aux services rendus par Plélo en cette occasion : « Les sept compagnies de Blaisois étoient dépourvues de toutes provisions et munitions de guerre ou de bouche, auxquelles M. le comte de Plélo a suppléé avec toute la vivacité imaginable et les expédients dont il est capable. » Archives de la Guerre. *Allemagne-Pologne*, avril-mai, n° 2745. — Plus tard, et dans la lettre au même du 28 juin où il tâchait de rejeter sur d'autres la responsabilité de la malheureuse affaire du 27, il disait en propres termes : « Si M. de Plélo n'avoit pas eu le soin de faire venir quelques bateaux de vivres, nous serions déjà morts de faim. »

qu'on ne s'aperçût pas de leur petit nombre, et allait
se concerter avec eux sur le débarquement, sur les
moyens de remonter la Vistule à l'aide de bâtiments
légers tirant trois à quatre pieds d'eau et garnis
chacun de deux cent cinquante hommes ; il s'occupa
aussi de les faire équiper et de fréter en Suède une
corvette montée par des pilotes du pays, experts
dans la navigation de la Baltique.

Le 8 mai 1734, jour de saint Stanislas, au matin,
l'avant-garde partit, en apparence dans les meilleures dispositions, sans attendre les trois derniers
navires, le *Fleuron*, le *Brillant* et l'*Astrée*, retenus à
Elseneur et qui devaient rejoindre dans un bref
délai. Plélo écrivait le jour même au Garde des
Sceaux :

« Enfin, monseigneur, le vent, de moscovite qu'il
était, est devenu bon françois, et toute notre avant-
garde est partie ce matin… Tous nos officiers de terre
sont résolus à marcher dans l'eau s'il le faut, et M. de
Lamotte veut, dit-il, être le premier à s'y jeter, quand
il en auroit jusqu'au menton. »

Il voulut accompagner nos gens jusqu'à Dragoë,
à une demi-lieue de Copenhague, pour s'assurer par
ses propres yeux qu'ils avaient franchi le passage
difficile appelé *les Tonnes*, et ne revint qu'après les

avoir suivis en mer le plus loin possible de ses regards et de ses vœux. « Dieu donne bon vent à ce
petit secours! » lui avait écrit Monti sur l'annonce
du départ, et nous nous imaginons que Plélo lui-
même, s'il eut le loisir en ce moment de songer à
son poëte favori, dut murmurer la prière d'Horace
au vaisseau qui portait Virgile.

Il avait été convenu que M. du Barailh enverrait
aussitôt avis du débarquement à notre ambassadeur,
afin qu'il pût prendre de nouvelles mesures pour
l'envoi des trois vaisseaux annoncés, et qui devaient
eux-mêmes précéder l'escadre. Ils arrivèrent en
effet sept jours après, avec le bataillon du régiment
de la Marche. Le même jour, 15 mai, M. du Barailh
avait, conformément à sa promesse, dépêché une
galiote annonçant que le débarquement avait eu
lieu sans obstacle le 11, et, au bout de quelques
jours consacrés aux derniers préparatifs, ils allaient
mettre à la voile, lorsque tout à coup on vint annoncer à Plélo que les régiments de Périgord et de
Blaisois venaient de rentrer en rade avec les deux
frégates et les bâtiments de transport. Il refusait d'y
croire, mais bientôt arrivait, comme un coup de
foudre, une lettre de Monti, datée de Dantzick le
19 mai, à six heures du soir.

« Que direz-vous de nos messieurs qui arrivent le 10 au soir à la rade, après la belle nuit que nous avions eue, où les ennemis ont perdu près de deux mille hommes [1]? Ils débarquent le 12 [2]... m'annoncent qu'ils vont prendre poste au Fahrwasser, qui est une île en sûreté presque sous le canon de la Münde, et sans attendre mes réponses, sans dire un mot à M. de Stackelberg [3], ils s'embarquent la nuit du 14 au 15 à la sourdine et reviennent vous trouver ! Le roi de Pologne est plongé dans la plus vive affliction : jugez de la mienne. Toute la ville est dans les larmes. Un secours si longtemps attendu, qui faisoit tant d'honneur au Roi... il ne part de France que pour devenir la risée de toute l'Europe... Je vous envoie la lettre ouverte pour M. Duguay-Trouin. Au nom de Dieu, qu'il vienne, et qu'il n'écoute pas les mauvais propos que M. de Lamotte et autres lui tiendront : ils en seront responsables à Dieu, au Roi et à la nation. Jamais la Vistule n'avait vu de drapeaux français ; il faut qu'ils ne viennent que pour fuir. Plaignez-moi. Que diront à présent les États de Suède, et quelle belle réputation ces messieurs donnent-ils aux armes du Roi ! »

Nous n'essayerons pas de peindre la stupéfaction,

---

[1] Monti veut parler de l'affaire du Hagelsberg.

[2] Ou plutôt le 11 après midi, comme le porte formellement le *post-scriptum* d'une lettre de Plélo à madame de Ségent, lettre qui est en notre possession.

[3] Officier suédois qui commandait le fort de Weichselmunde, avec le titre d'adjudant général du roi de Pologne.

le désespoir de Plélo. Son premier mouvement fut de se rendre à bord de l'*Achille*, dont le commandant, M. du Barailh, lui avait paru se distinguer des autres officiers par une trempe d'esprit supérieure. Il ne se trompait pas. Ce brave marin n'avait pas été appelé au conseil de guerre convoqué pour se prononcer sur la question du rembarquement, et il avait protesté, autant qu'il était en lui, contre la résolution de la majorité, en manifestant sa répugnance à recevoir les troupes dans ses vaisseaux[1]. Du reste, le désir de dégager sa responsabilité apparaît d'une manière encore moins équivoque dans la lettre qu'il écrivit au Garde des Sceaux, de la rade de Copenhague, le 20 mai 1734, et il nous paraît bon d'enregistrer cette protestation d'un homme de cœur, pour ceux qui ne voudraient voir dans l'attitude prise par le comte de Plélo que l'effet d'un entêtement aveugle et d'une rancune personnelle :

« Je sens toute la surprise et toute la peine que vous fera la nouvelle de mon retour à Copenhague avec les troupes. Le parti fut pris dès le 13, et il a été exécuté la nuit du 14 au 15 avec des mouvements de crainte de la part des troupes, qui n'ont jamais eu d'exemple, de la

---

[1] DE BOENCOURT, *Voyage des troupes françaises en Pologne*, pages 22 et 23.

17.

part même de celles qui ont été repoussées l'épée dans les reins. Il est des circonstances dans ce qui s'est passé qui font horreur par la honte que la nation a soufferte. J'en suis exempt à mon particulier aussi bien que les vaisseaux du Roi. J'ai employé toutes les représentations les plus vives de ma part par mes discours et par mes lettres à MM. de Lamotte et de la Luzerne, colonel du régiment de Périgord, et par l'entremise de M. de Ségent que j'ai prié plusieurs fois de leur parler, ce que je sçais qu'il a fait. J'ai mon journal de tout ce qui s'est passé depuis mon arrivée jusqu'à mon départ. Je le laisse à M. le comte de Plélo pour vous l'envoyer lorsqu'il aura une occasion favorable. Il paroît pourtant dans le dessein de venir avec nous, jugeant que sa présence seroit nécessaire pour raffermir les esprits et les courages éteints, etc... »

En effet, le parti de Plélo était pris : il avait trouvé les troupes découragées, les officiers troublés par la supériorité numérique de l'ennemi. Les plus timides s'écriaient qu'on voulait les mener à la boucherie ; les raisonneurs déclaraient qu'avec un si faible contingent, on n'avait pu compter que sur une simple démonstration de leur part. De ce nombre était leur commandant, le brigadier général de Lamotte, vieux soldat qui avait fait vingt campagnes, mais qui, comme le dit Voltaire, « n'avait pas cru que sa commission fût sérieuse [1] ». Il était dans un trouble d'esprit incroyable ; en vain Plélo l'interpella sur les raisons qu'il pouvait avoir de revenir sans avoir rien tenté, il n'obtint d'autre réponse, sinon qu'il était facile de faire dans son cabinet le plan d'une entreprise, mais moins facile de l'exécuter. — Je vous en ferai voir la possibilité, s'écria l'impétueux Breton. Au nom du Roi, votre maître et le mien, dont je tiens ici la place, je vous ordonne de me suivre. « En même temps, il fit tout disposer pour remettre à la voile [2]. » Avant son départ, Plélo écrivit plusieurs lettres datées du 20 mai en rade de Copenhague, à bord de l'*Achille*. Les deux premières sont adressées au Roi.

« Sire, Votre Majesté aura vu par ma dernière dépêche les nouvelles que j'avois eues de l'heureux débarquement de nos premières troupes au fort de la Münde. Ces mêmes troupes revinrent hier à la rade d'ici sans s'être présentées devant l'ennemi, par des raisons dont Votre Majesté verra le détail dans un mémoire que

[1] Ses dépêches, du reste, annoncent un esprit étroit et peu cultivé. Nous regrettons d'avoir à en dire autant de la plupart des écrits et lettres émanés des autres officiers de l'expédition, que nous avons rencontrés dans le volume déjà cité des Archives de la guerre.

[2] *Vie du comte de Plélo,* par le chevalier DE LA VIEUVILLE, deuxième partie, p. 200.

M. de Lamotte a dressé et que j'aurai l'honneur de lui
envoyer à la première occasion[1]. J'avoue, Sire, que ces
raisons ne m'ont pas paru suffisantes pour autoriser un
pareil embarquement, ou pour mieux dire une pareille
retraite ; la honte qui pourroit rejaillir sur la nation, et
les conséquences qui peuvent en résulter pour la sûreté
du roi de Pologne, m'ont même affecté si fortement que
j'ai cru devoir prendre une résolution qu'il n'y a que la
nécessité absolue qui puisse justifier ; c'est de faire re-
tourner nos gens sur leurs pas, moi à leur tête. Je ne
dois pas cacher à Votre Majesté que nous ne marchions
à une entreprise d'autant plus hardie, que les Russes
auront vraisemblablement profité de notre éloignement
pour rendre nos tentatives plus difficiles ; mais nous y
allons à dessein de périr tous plutôt que de revenir avec la
moindre tache. Vous ne nous reverrez que victorieux, ou,
si nous restons, ce sera du moins d'une manière digne
de vrais François, et de fidèles sujets de Votre Majesté. »

« Votre Majesté sera sans doute surprise, dit Plélo
dans la seconde de ses lettres au Roi, lorsqu'elle
apprendra que les régiments de Périgord et de Blaisois
revinrent hier au soir à cette rade sous l'escorte de

---

[1] Une dépêche de Lamotte au ministre de la guerre, en date du
25 mai, renferme à ce sujet des explications fort embarrassées :
ainsi, mentionnant une lettre qu'il a reçue le jour même du marquis de Monti, il ajoute : « Si j'en avois reçu autant à mon premier débarquement, je ne serois pas entré dans les soupçons qui,
quoique mal fondés, avoient cependant de l'apparence et ont été
en partie cause du parti que j'ai pris. »

l'*Achille* et de la *Gloire,* et cela sans avoir fait aucun effort en faveur de Dantzick.

« Jamais, Sire, les armes de Votre Majesté n'ont essuyé un affront plus honteux. Une terreur panique avoit saisi si fortement les soldats et les officiers, même jusqu'aux commandants, que cela ne sauroit s'exprimer sans frémir. Je me rendis sur-le-champ à bord de M. du Barailh, où je ne pus m'empêcher d'exposer mes sentiments à M. de Lamotte avec franchise; mais je trouvai un homme étonné, battant la campagne et absolument incapable d'aucune résolution vigoureuse. Les autres chefs étoient à peu près dans la même disposition d'esprit. Il n'y a que les officiers de marine qui se soient montrés et qui se montrent encore dignes de servir Votre Majesté. Dans une extrémité si fâcheuse, je n'ai eu que la seule ressource de me mettre à la tête des troupes, et de marcher à l'ennemi. Je sais tout ce qu'il y a à dire sur un pareil parti qui n'a point d'exemple. Votre Majesté m'a chargé de veiller à ses intérêts, et le plus considérable de tous est de ne point laisser déshonorer la nation qui vous obéit.

« Nous allons donc partir, Sire, avec l'*Achille,* la *Gloire,* le *Fleuron,* le *Brillant,* l'*Astrée,* quatre bâtiments de transport, plusieurs corvettes pour le débarquement, et les régiments de Périgord, de Blaisois et de la Marche.

« ... Votre Majesté saura de nos nouvelles bientôt plus amplement[1]. »

---

[1] Il y a une troisième lettre de la même date que les précé-

La lettre au Garde des Sceaux est conçue dans des termes analogues :

« La résolution que je prends, disait-il, est des plus extraordinaires, mais l'événement qui la cause l'est encore davantage. »

Il ajoute que jamais les troupes n'auraient renouvelé leur tentative, s'il ne s'était servi de l'autorité de son caractère et du poids de son exemple pour les y porter ;

« La honte et l'infamie de ce qui est arrivé ne peut s'effacer que par une pleine victoire ou par tout notre sang... Quand vous serez d'ailleurs informé de tout le détail de ce fatal événement, vous verrez que le parti auquel je me porte, tout irrégulier qu'il est, étoit absolument nécessaire. Il falloit une tête à nos gens pour rallumer leur courage. Celle de M. de Lamotte n'est pas reconnoissable depuis son expédition ; les autres ne valent guère mieux. J'avoue qu'il me manque bien des choses pour suppléer à ce défaut, mais ce ne sera pas

dentes, où Plélo expose au Roi avec calme et lucidité les mesures qu'il a prises pour que le service de Sa Majesté ne souffre point de son absence, les instructions qu'il a données au sieur Malbran de la Noue, son secrétaire, pour l'expédition des affaires courantes, pour la transmission des nouvelles qu'il lui enverra, enfin pour l'envoi régulier à Dantzick de vivres, de munitions, entrant à ce sujet dans les détails les plus minutieux, qui prouvent combien il était maître de lui dans ce moment critique.

du moins le courage, et le rang que je tiens me servira
à empêcher les effets des conseils timides. Nous nous
trouvons dans une occasion où il faut vaincre ou mourir.
Si nous ne marchons point, le roi de Pologne est pris,
et ma présence étant indispensable pour faire marcher,
je n'ai pas cru devoir balancer un instant. Quoi qu'il
arrive, le Roi verra que je suis digne de le servir. »

Mais il restait à Plélo à remplir la partie la plus
pénible de sa tâche : il fallait laisser sa femme enceinte de sept mois. Là seulement son courage l'a-
bandonna : il n'osa lui faire ses adieux et lui écrivit
la lettre suivante, où il tâchait de donner à cette
épouse chérie, à la compagne de ses jeunes années,
à la mère de ses enfants, l'espoir — qu'il ne partageait guère — que leur séparation n'était que mo-
mentanée :

« Je sens aussi vivement que vous tout ce que mon
voyage va vous coûter de chagrin et d'alarme, mais il
est indispensable que je marche; mon autorité et mon
exemple peuvent seuls ranimer le courage à demi éteint
de nos troupes. Je serois indigne du nom de François
et de votre amour si je ne faisois ce que je dois en cette
occasion. J'ai le cœur trop serré pour vous en dire davantage. Amour, devoir, gloire, que de maux vous me
causez! Vous saurez bientôt de mes nouvelles; soyez
sûre que je vous rejoindrai dès qu'il me sera possible.
Il ne s'agit que de faire passer nos gens à Dantzick; je

n'y prévois pas de grandes difficultés. De là je viens vous retrouver pour ne plus vous quitter de ma vie. »

A la suite de cette lettre que madame de Plélo reçut au moment où les vents emportaient son mari vers des rivages d'où il ne devait plus revenir, on trouve, parmi les papiers pieusement conservés dans la famille de Chabrillan, une feuille froissée, jaunie, couverte de caractères incertains et souvent effacés. Le style et l'orthographe en sont également incorrects, mais jamais peut-être la tendresse conjugale ne s'exprima en accents aussi passionnés. Cette réponse aurait déchiré l'âme héroïque de celui auquel elle s'adressait ; mais il est probable qu'elle ne lui parvint jamais.

« Quelques maux que vous me fassiez souffrir, mon cher amant, je ne blâme point ce que vous avez fait : il me suffit que vous l'avez cru nécessaire, mais songez à n'en pas trop faire. Je vous conjure par mon amour, par le votre, à (*sic*) ne pas vous exposer sans nécessité. Que votre ardeur et votre courage ne vous emportent point. Vous en seriez même blâmé par la Cour. Ce que vous avez fait est déjà assez généreux ; ne gâtez point une si belle action en vous exposant témérairement comme un enfant ou comme un soldat ; et pour cet effet restez dans les vaisseaux, n'entrez point dans la ville : ce n'est point là votre poste. Songez que vous êtes nécessaire ici pour le service du Roi... Quelque zèle et quelque peine que M. de La Noue se donne, vous savez vous-même que sans vous on ne peut rien faire. Si l'escadre passe dans votre absence et qu'il est besoin de quelque chose, il ne l'obtiendroit pas et seroit obligé d'attendre votre retour. Je ne vous parle pas de ma santé; je suis hors d'état de sentir quelque chose que mon inquiétude et ma douleur. J'ai été obligée de me faire saigner, le saisissement m'ayant ôté la respiration.....

« Adieu donc, mon cher amant, revenez bientôt ; soyez persuadé que mon sort est attaché au vôtre, et que je me porterai bien dès que je pourrai vous embrasser et vous dire moi-même que je vous adore et vous adorerai jusqu'au dernier moment de ma vie... Je vous embrasse de tout mon cœur. »

CHAPITRE XVII

La petite expédition, renforcée de trois vaisseaux, d'un bataillon, et, ce qui valait mieux, de
la présence d'un homme de tête et de cœur, fit donc
la même route pour la troisième fois et arriva au
fort de Weischselmunde le 23 mai, à deux heures
après midi. Le débarquement eut lieu sans plus
d'obstacles que précédemment. Les soldats réin-
stallèrent leur camp dans l'ile de Fahrwasser, entre
deux canaux de la Vistule et la mer. Plélo resta
dans le fort avec M. de Lamotte, M. de Ségent,
commissaire ordonnateur, et M. Wiar, ingénieur en
chef. Il retrouva toute son ardeur et son intelligence
militaire pour prendre, de concert avec eux, les
mesures qu'exigeait la circonstance. Il avait tout
d'abord assuré le camp par l'établissement de trois
postes avancés et d'une redoute. Du haut de la

tour qui dominait le fort, il reconnut la disposition du terrain et celle des assiégeants. Les communications avec la ville étaient coupées, mais on maintenait toujours celles avec le camp, malgré les Cosaques et les Kalmoucks qui voltigeaient sans cesse dans l'intervalle. Malgré le dédain exagéré qu'il professait pour nos adversaires, il put constater qu'ils avaient profité du départ de nos troupes pour pousser leurs retranchements du côté de la Nehrung jusqu'au bord de la mer, au lieu qu'il s'en fallait autrefois d'un quart de lieue qu'ils n'allassent si loin. Leur armée forte, disait-on, de cinquante mille hommes[1], tant Moscovites que Saxons[2], était à cheval sur la Vistule; les premiers sur la rive droite et les seconds sur la rive gauche du côté de l'abbaye d'Oliva, avec un pont de communication sur la rivière dont ils étaient maîtres depuis la Weterchance jusqu'au corps de la place assiégée.

Malgré cet investissement presque complet, Plélo

---

[1] Chiffre donné par M. de Boencourt, mais évidemment exagéré en tant qu'il s'appliquerait aux forces présentes sur les lieux. Une lettre de Monti à M. de Lamotte, en date du 10 juin, dit positivement : « Les Russes ou Saxons n'ont pas plus de quinze mille hommes. » Arch. de la guerre. — *Allemagne, Pologne,* n° 2746.

[2] Ils arrivèrent le 25 et prirent poste à Langenfurh, ou habitait Rapp lors du siége de 1807.

put, grâce au dévouement de quelques hommes courageux, avoir des lettres de Monti :

« J'y vis, dit-il, Dantzick réduit à la plus dure extrémité, mais tenant toujours bon; le fort de la Münde étoit toujours à nous, et le Fahrwasser toujours libre. »

Tel était l'état des choses dont il rendait compte au Roi dans une dépêche du 25 mai [1], où il raconte la plupart des faits que nous venons de résumer, ce qui s'est passé depuis le départ des troupes de Copenhague, et les mesures qui ont été prises depuis leur arrivée; puis il ajoute :

« La première pensée de M. du Barailh et des autres officiers de marine qui étoient avec moi fut que nous marchassions dès la nuit même au retranchement (celui du côté de la mer, dont il est question ci-dessus) pour tâcher de le forcer. C'étoit un point auquel j'étois aussi assez porté. Les représentations cependant du baron de Stackelberg nous déterminèrent à ne rien entreprendre sans avoir des nouvelles de M. de Monti, afin que nous puissions nous concerter, de sorte que pendant notre attaque il fît faire une sortie. D'ailleurs le silence des Russes faisoit croire à cet officier qu'ils avoient porté toutes leurs forces dans le bois par lequel nous avions

______

[1] Elle débute ainsi : « Sire, l'indigne manœuvre qui s'étoit faite ici demandant d'être réparée sans délai, j'engageai M. du Barailh à lever l'ancre, etc. »

à passer, et que ce seroit peut-être exposer les troupes
à faire une tentative inutile. Nous nous rendîmes à ces
raisons, et le parti fut pris de nous tenir ici et dans
notre camp jusqu'à ce que M. de Monti nous eût envoyé
ses ordres. Nous trouvâmes dès le soir même un soldat
qui voulut bien, moyennant trente ducats, percer à la
ville et y porter nos lettres écrites du chiffre de M. de
Stackelberg. Nous espérons revoir cet homme aujour-
d'hui et savoir à quoi nous en tenir.

« Au reste, le silence des Russes cessa sur les
dix heures du soir, et ils n'ont pas cessé depuis de tirer
du canon et des bombes. Nous en vîmes même une qui
mit le feu dans la ville ; mais il fut éteint en trois quarts
d'heure. Ils tirèrent aussi quatre ou cinq coups de canon
sur nous, à quoi nous répondîmes de notre côté. Voilà,
Sire, où les choses en sont présentement. Quelles que
soient les nouvelles de M. de Monti, j'ose vous répondre
qu'il ne sera pas question de rembarquement, ni de
rien qui soit honteux à nos armes. Je crains plus les
conseils timides de certaines gens que tous les efforts
de nos ennemis. Aussi ai-je protesté que je ferois mettre
aux fers le premier qui en donneroit de pareils, et je
tiendrai parole. Je sais, Sire, que c'est étendre mon autorité beaucoup au delà de ses bornes ; mais nos gens
ne le savent pas, et Votre Majesté me pardonnera si je
leur en impose là-dessus ; ce n'est que pour les décider
à la mieux servir. — Je suis, etc. [1]. »

<hr>

[1] Arch. Aff. étr. *Négociations.* Copies, t. IV, et LA VIEUVILLE,
Vie du comte de Plélo, deuxième partie, p. 212.

Le même jour, il écrivait au roi de Danemark du fort de la Münde :

« Sire, la démarche que j'ai faite de partir de la Cour de Votre Majesté sans aucun ordre de la mienne seroit autant sans excuse que sans exemple [1], si le service du Roi mon maître ne l'avoit absolument exigé. Nous arrivâmes hier, Sire, au fort de la Münde et au Fahrwasser, où nous fîmes notre débarquement sans aucune opposition. Nous ne tarderons pas, à ce que j'espère, à entrer dans la ville de Dantzick et à la délivrer de l'oppression où elle est. Si Votre Majesté, généreuse comme elle l'est, pouvoit voir ce que souffre cette ville et la fermeté héroïque avec laquelle elle se défend, elle seroit touchée de pitié et d'admiration... Si je suis assez heureux pour

---

[1] L'histoire de la diplomatie devait présenter en 1788 un cas offrant, du moins dans quelques détails, de singulières analogies avec l'aventure du comte de Plélo. On vit cette année Hugh Elliot, ministre d'Angleterre à Copenhague, quitter furtivement son poste, traverser la Baltique, et se rendre à Stockholm pour proposer la médiation de l'Angleterre au roi de Suède en guerre avec le Danemark ; n'y trouvant pas Gustave III, courir après lui dans le fond de la Dalécarlie, l'en ramener, se jeter avec lui dans la ville de Gothenbourg, assiégée par les Danois, mettre la place en état de défense, puis alors négocier un armistice, suivi d'un traité. Ainsi, sans ordres, sans instructions, il avait quitté la Cour du souverain près duquel il était accrédité pour se mettre au service d'un prince étranger. La chose lui réussit : il eut les remerciments de Gustave, ceux des magistrats de Gothenbourg, et, après coup, les éloges du Cabinet anglais. *A Memoir of Hugh Elliot, by the countess of Minto*. Edinburgh, 1868, in-8°.

y entrer avec les troupes du Roi, je ne m'y arrêterai que pour baiser la main à Sa Majesté Polonoise, et je reviendrai aussitôt reprendre mes fonctions auprès de vous, bien persuadé que mon voyage ne m'aura rien ôté de votre estime [1]. »

A ceux qui ne veulent voir dans l'action du comte de Plélo que le coup de tête d'un ancien colonel de dragons qui s'ennuyait dans son ambassade, on peut opposer les termes de cette lettre, et l'approbation que lui donna le roi de Danemark. En effet, Plélo n'eut jamais la folle pensée d'abandonner son poste diplomatique pour aller guerroyer à la tête d'une poignée d'hommes contre deux corps d'armée. Tout en protestant jusqu'à la fin contre la faiblesse du secours qu'on lui envoyait, il se regardait comme responsable de ce secours, qu'il avait reçu en quelque sorte des mains du roi de France, et qu'il devait remettre entre celles du roi Stanislas, après l'avoir remonté matériellement et moralement. Quant à lui, se servir, comme il le disait, de l'autorité de son caractère et du poids de son exemple pour réparer les suites d'une panique passagère et introduire enfin nos bataillons dans la

[1] Arch. aff. étr., et LA VIEUVILLE, *loc. cit.*

place, voilà ce qu'il croyait être de son devoir, et ce n'est qu'après l'avoir rempli jusqu'au bout qu'il voulait reprendre ses fonctions d'ambassadeur.

Le lendemain 26, il adressait au roi de France une dernière lettre annonçant qu'il venait, dans le moment même, de recevoir des nouvelles de M. de Monti, par un officier français, que celui-ci leur avait envoyé. Elle se terminait ainsi :

« Nous comptons attaquer demain matin les retranchements des ennemis et les forcer. J'en ferai le détail à Votre Majesté lorsque je serai arrivé de Dantzick. Nous allons, Sire, secourir votre beau-père ou mourir à la peine ; mais, si vous voulez le sauver, il vous faut plus de troupes et une plus forte escadre : je suis un trop fidèle sujet pour le dissimuler. »

La réponse attendue arriva le 26 après midi ; elle fut apportée par le même exprès que l'on avait envoyé à Dantzick : M. de Monti ordonnait une attaque pour le lendemain 27. Comme on ne pouvait, dit l'officier qui a écrit le journal de cette campagne[1], risquer le passage par la Vistule dont les Russes étaient maîtres, il fallait nécessairement le

---

[1] *Journal de la campagne de Dantzick en 1734*, par M. M..., alors officier dans le régiment de Blaisois. Amsterdam et Paris, 1761, in-12, p. 54.

tenter du côté de la terre, et tâcher de forcer les retranchements des ennemis [1] : c'est ce que portaient les ordres de M. de Monti. En conséquence, un conseil de guerre fut assemblé le 26 pour régler les détails de l'exécution [2], et le 27, à sept heures du matin, après avoir détaché environ trois cents hommes, tant Français que Suédois, partie pour une fausse attaque, partie pour la garde du camp, on passa de ce camp dans le chemin couvert du fort. Là, les trois régiments se disposèrent à marcher par piquets, les grenadiers en tête, en ne formant qu'une colonne sur dix-huit hommes de front, dont Périgord tenait la droite, la Marche la gauche et Blaisois le centre [3].

En ce moment suprême, Plélo, dit la Vieuville, mesurant le danger, donna une pensée à sa femme — *Linquenda tellus... et placens uxor,* — puis il prit son poste de combat. Ce fut à côté du porte-drapeau de Blaisois [4], personnification du devoir et de la

---

[1] Ces retranchements étaient ceux que les ennemis avaient faits dans le bois à gauche du fort de Weichselmunde.

[2] Archives de la guerre. *Expéditions étrangères.* — *Mémoire pour servir à la relation du siége de Dantzick par les Russes en 1734.*

[3] *Ibid.* et Arch. Aff. étr. *Danemarck*, 1734, n° 102. — Lettre de M. de la Noue au ministre, en date du 5 juin.

[4] « L'auteur qui portait dans ce combat le drapeau, colonel de

patrie absente, qu'on le vit longtemps marcher, l'épée à la main, encourageant les troupes de ses paroles et de son exemple. Il fallut d'abord traverser un marais où nos hommes, ayant de l'eau jusqu'à la ceinture, étaient de plus fortement incommodés par le canon du fort de Sommershantz qui les prenait en flanc. On continua de marcher en avant, et l'on entra dans un bois de chênes et de sapins entremêlés de hêtres et de bouleaux, sans se laisser arrêter par la fusillade d'une troupe embusquée à l'entrée. Bientôt on se trouva en présence de deux retranchements défendus chacun par un avant-fossé, crêtés et palissadés, ayant pour première défense un abatis d'arbres à une hauteur considérable, composé de grosses poutres piquées en terre et entrelacées par d'autres. Nos grenadiers, après avoir essayé de briser cet obstacle à l'aide de leurs sabres qui s'émoussaient sur des troncs énormes, prirent le parti de s'ouvrir un passage, moitié en les écartant, moitié en les escaladant, au milieu d'un feu terrible dirigé contre eux

Blaisois, eut à ses côtés pendant longtemps **M.** de Plélo, qui prit le parti d'avancer, et il ne parut plus. » BOENCOURT, *Voyage des troupes françoises en Pologne,* p. 26.

du premier retranchement, à la distance de quatre ou cinq toises. Déjà cet intervalle était franchi, les palissades arrachées, et un petit nombre de braves, leurs officiers en tête et Plélo avec eux, quelques-uns disent le premier de tous, montaient à l'assaut du retranchement. Mais le feu des ennemis redoublait; le nôtre, au contraire, était presque nul, et nos hommes, dont la poudre avait été mouillée au passage du marais, n'avaient que l'arme blanche et la baïonnette. Forts de la supériorité du nombre, les Russes firent filer des troupes à droite et à gauche de leurs retranchements; nos grenadiers, placés entre trois feux, reculèrent sur l'abatis qu'ils venaient de franchir, entraînèrent dans ce mouvement les piquets qui le franchissaient à leur tour, et ainsi de suite sans qu'il fût possible de les rallier avant la sortie du bois[1]. Là, le vieux Lamotte,

---

[1] Le volume des Archives de la guerre, n° 2745, souvent cité par nous, renferme une lettre où le lieutenant-colonel de la Marche, M. Donquoy de Vaillant, dans la forme incorrecte qui était commune à la plupart de nos officiers, raconte ainsi l'affaire à laquelle il avait pris part : « ..... Les trois régiments partirent du camp à sept heures du matin, faisant chacun une colonne avec les grenadiers à la tête de chaque régiment, avec un piquet à chaque compagnie pour les soutenir. » Il décrit ensuite le passage du marais, l'entrée dans le bois, l'abatis d'arbres : « En defesant cet abatis nous essuyâmes un feu terrible du retranche-

qui voyait un grand nombre d'officiers et de soldats tués ou blessés[1], qui, d'ailleurs, ne s'était pas épargné lui-même, car il avait eu son habit percé d'une balle[2], se décida à faire rentrer les troupes au camp. Au même moment, Monti faisait rentrer de son côté les huit cents hommes — d'autres disent quinze cents — destinés à effectuer la sortie

ment, et étant entré, on ne voyoit que les fusils et leur feu au travers des gabions et sacs à terre; quoique nous fussions presque au pied, notre feu ne faisoit presque rien. Nous aperçûmes encore au delà un second retranchement et, derrière, un gros corps d'infanterie avec de la cavalerie, et une plaine d'une grande lieue à passer jusques à la rivière de Dantzick...Un grand nombre d'officiers et de soldats ont été tués, la compagnie de grenadiers presque toute défaite, et, pour comble de malheur, le comte de *Brelot* qui avoit voulu venir avec nous fut tué, et nous sommes très en peine de savoir comment nous subsisterons, n'ayant plus le comte de *Prélo.* »

Telle est l'oraison funèbre consacrée par cet officier à l'homme qui s'était fait tuer à ses côtés, pour la même cause que lui, et dont il ne savait pas même le nom!

[1] *L'état des officiers et soldats tués ou blessés à l'attaque des retranchements devant Dantzick* se trouve dans une dépêche, du 28 mai, du commissaire Ségent au ministre de la guerre. Il indique trente et un officiers et deux cent deux soldats sur quinze ou seize cents combattants, contre quinze mille Russes environ; car les Saxons ne donnèrent pas dans l'affaire du 27. On trouvera les noms des principaux officiers tués ou blessés dans la Relation du chevalier de Boencourt, pages 26 et 27.

[2] « J'ai vu bien des affaires et des situations depuis cinquante et un ans que je sers, mais je n'en ai jamais vu de pareilles. » M. de Lamotte au ministre de la guerre, 28 mai 1734.

qui devait favoriser notre attaque, et dont l'heure avait été, paraît-il, mal combinée avec la nôtre.

La journée était perdue; mais qu'était devenu le comte de Plélo[1]? Suivant quelques témoignages, après avoir vainement essayé d'entraîner nos soldats jusqu'au second retranchement, il l'avait repassé seul, et c'est à une centaine de pas en deçà que, criblé de blessures, perdant tout son sang, il se serait assis au pied d'un arbre, près duquel les Russes le trouvèrent et l'emportèrent, vivant encore, dans leur camp où il expira étouffé par l'hémorragie[2].

[1] Parmi les versions contradictoires qui coururent sur la mort de Plélo, il en est une d'après laquelle, déjà blessé deux fois par l'ennemi, il aurait été achevé par ses propres soldats. Nous ne voulons point nous arrêter à réfuter les bruits qui coururent à cette époque, et qui sans rien ôter à l'héroïsme de Plélo tendraient à imprimer une flétrissure à nos soldats. Qu'il nous suffise de dire que ces bruits ne reposent que sur des allégations exprimées en termes vagues et sans détails dans les premiers moments de la mort du Comte, et que si les documents officiels que nous avons pu consulter n'éclaircissent pas complétement cette question, rien ne vient confirmer une si odieuse hypothèse.

[2] La Vieuville, *Vie du comte de Plélo,* deuxième partie, p. 243 et suiv. — Voy. plus loin les termes de l'inscription gravée sur la tombe à Saint-Bihi.

CHAPITRE XVIII

COMPLÉMENT DU RÉCIT. — FIN.

Le 28 mai, le général français fit porter par un tambour une lettre au comte de Munich, pour le prier de nous rendre les corps de ceux des nôtres qui avaient été tués dans l'action de la veille. Le comte fit une réponse courtoise et manda à M. de Lamotte que le lendemain matin nos morts seraient transportés hors du bois et remis à un détachement qui devrait venir sans armes; il lui fit savoir en même temps que parmi ces morts il y avait un officier de distinction percé de plusieurs coups de baïonnette, qu'un grenadier français, blessé et prisonnier, disait être le comte de Plélo[1]. Ici nous laisserons parler la *Relation du siége de Dantzick*, dont l'auteur, on se le rappelle, officier au régi-

[1] Lettre, déjà citée, de M. de la Noue au ministre, en date du 1er juin 1734.

ment de Blaisois, fut précisément désigné pour conduire le détachement dont il vient d'être question.

« Je. me rendis, le lendemain 29, auprès de M. de Munich, qui eut la bonté de me faire fournir des chariots pour transporter nos morts. Je retournai au camp avec ce triste dépôt, dont le spectacle faisoit horreur. Tous ces cadavres étoient dépouillés, et la plupart absolument défigurés par les blessures dont ils étoient couverts. Ce fut alors qu'on fut éclairci sur le sort de l'infortuné comte de Plélo. On reconnut son corps : la jambe gauche avoit été cassée d'un coup de fusil; il avoit reçu quinze à seize coups de baïonnette dans le ventre, et il avoit de plus un coup de sabre au visage[1]. »

Le corps de M. de Plélo, mis dans un cercueil de plomb, fut rapporté à Copenhague par le fidèle domestique qui l'avait seul accompagné en Pologne[2]. Depuis le départ de son mari, la malheureuse comtesse, seule, abandonnée à elle-même, ne cessait de répéter : « Il est mort. Ah! s'il vivait, il ne me le laisserait pas ignorer. » Elle voulut partir,

---

[1] *Relation du siége de Dantzick en* 1734, p. 65.

[2] Les détails navrants qui suivent, et que nous ne pouvions pas omettre, sur celle qui tint une si grande place dans la vie du comte de Plélo, nous sont fournis par le chevalier de la Vieuville, bien instruit de ces pénibles circonstances.

donna des ordres pour équiper un bâtiment. M. de
la Noue fut forcé de lui apprendre l'affreuse vérité. Elle s'évanouit, resta cinq jours en proie à des
convulsions telles, qu'il fallut lui desserrer les dents
pour lui faire avaler de l'éther. On assure même
qu'elle tenta d'avancer ses jours avec de l'opium.
Le comte de Moncamp, capitaine des gardes du roi
Stanislas, vint la prendre pour la ramener en
France; mais elle ne voulut partir qu'après avoir
acquitté toutes les dépenses que son époux avait faites
pour nourrir, armer, équiper les troupes, dettes contractées pour le service du Roi, et qui, cependant, ne
lui auraient pas été remboursées, si l'on en croit la
Vieuville, le ministère s'étant borné à lui payer les
appointements de l'ambassade jusqu'au jour de la
mort de Plélo, et à lui constituer une pension de
10,000 livres.

Elle partit enfin, emmenant ses enfants, dont
deux jumelles posthumes [1] qu'elle faillit voir expirer
entre ses bras pendant une longue et pénible traversée. Une nourrice et une vache qu'elle avait
emmenées manquèrent de lait toutes deux, et ce
furent les matelots qui nourrirent avec du vin les

---

[1] Nées le 11 août 1734.

pauvres petites, dont l'une mourut presque en arrivant, et l'autre vécut jusqu'à neuf ans [1].

Lorsque, arrivée à Paris vers la fin de décembre
1734, la malheureuse comtesse revit ses parents,
ses amis, les témoins des premières années de son
mariage, la maison où elle avait passé avec son
époux les plus doux moments de sa vie, elle éprouva
d'abord un plaisir mêlé d'amertume, puis elle s'ab-
sorba dans sa douleur. La première fois qu'elle vit
le portrait du Comte, placé vis-à-vis de son lit, elle
tomba sans connaissance. Elle lui parlait la nuit ;
elle passait les jours à relire les vers qu'il avait
composés pour elle. Elle éprouvait souvent ces douleurs, suites ordinaires des couches fréquentes et pénibles, qui conduisent trop souvent les femmes au tombeau. Cependant elle ne s'en plaignait jamais : elle
désirait la mort ; mais on lui faisait entendre qu'elle
se devait à ses enfants, au soin de rétablir les affaires
de la famille. En effet, dans cette liquidation des
dettes de Plélo, dont nous avons parlé page 98, et
qui laissait subsister des échéances rendues plus
impérieuses par sa mort, n'étaient pas prévues les
dépenses considérables dont nous venons de parler

____

[1] *Mémoires du duc de Luynes,* t. X, p. 312.

et dont le remboursement devait tout au moins se faire attendre. Il fallait aussi faire entrer en ligne de compte ses libéralités envers les savants danois et autres, ses avances à la Bibliothèque du Roi, ses frais de représentation dans les diverses circonstances où la dignité de la France lui paraissait intéressée, sa facilité même à céder sur des questions d'intérêt dès qu'on faisait appel à la concorde et aux sentiments de famille. C'est ainsi que, malgré ses griefs contre son père, malgré le refus de ce dernier de lui céder comme il l'avait promis sa part dans la succession de l'évêque de Metz, on le voit, à la fin de 1733, saisir l'occasion d'une réconciliation avec lui.

« Je me flatte, écrit-il à d'Autry le 18 août, que mon père est présentement assez content de moi. Je lui envoyai par le dernier ordinaire une lettre de change de ces malheureux dix mille francs qui lui tenoient tant au cœur. Je me suis gêné et saigné pour cela, mais au bout du compte, y a-t-il rien de préférable à satisfaire un père et à mettre la paix dans la famille ? »

Et le 15 septembre :

« Je suis charmé des bonheurs qui arrivent à mon père. J'attends des nouvelles de la réception des dix mille francs. Jamais argent ne m'auroit fait tant de

plaisir à dépenser que celui-là, s'il pouvoit nous remettre ensemble comme nous devons être. »

En présence des difficultés pécuniaires dont nous
venons d'indiquer l'origine, madame de Plélo, prête
à tous les sacrifices, parlait déjà de se réduire à
une pension de quatre mille livres. Heureusement,
parmi les amis qui rivalisaient de dévouement autour
de cette grande infortune, il s'en trouva un, le plus
ancien de tous, M. de Saint-Georges, qui, par son
intelligence des affaires, réussit à libérer en cinq
ans ce patrimoine si longtemps obéré[1].

En 1736, elle alla passer quelque temps dans ses
terres de Bretagne. Elle venait de perdre le second
de ses fils qu'elle avait ramené de Copenhague, et
qui mourut de la petite vérole entre ses bras. L'aîné

---

[1] Nous devons à l'obligeance de M. du Chatellier, si instruit
des choses de la Bretagne, les renseignements suivants, qui prouvent l'état prospère des biens de la famille dans la seconde moitié
du dix-huitième siècle :

« Je vois par les comptes de gestion d'un des fermiers généraux
de la famille d'Aiguillon, que je possède, qu'en 1777 le revenu du
comté de Plélo montait, tant en argent qu'en blés, à 24,424 livres.
Je sais par ces mêmes comptes qui furent poursuivis jusqu'au
1er octobre 1790, entre madame veuve d'Aiguillon, née Bréhan, et
son fermier général, qu'à cette époque, le revenu formant le
douaire de madame d'Aiguillon s'éleva à 55,200 livres. Outre la
terre de Plélo, elle possédait en même temps la baronnie de
Pordic, dont le revenu en 1777 était de 25,050 livres. »

fut attaqué de la même maladie pendant l'absence de sa mère, mais on put lui cacher ce nouveau sujet d'inquiétude. Elle revint à Paris vers la fin de l'année. La reine Marie Leczinska, qui avait témoigné à M. de Plélo vivant un intérêt bien mérité[1], s'était enquise de sa femme et de ses enfants. Elle voulut voir madame de Plélo; celle-ci, renfermée dans la dignité de sa douleur, éprouvait pour se rendre à la Cour une répugnance qui ressemblait à un pressentiment. Le jour où elle s'y décida enfin, elle rencontra dans la galerie de Versailles M. de Lamotte, que le Roi avait nommé maréchal de camp à la suite de l'affaire du 27 mai. A la vue de celui qu'elle regardait comme l'auteur de la mort de son époux, la malheureuse veuve tomba sans connaissance. Bientôt attaquée elle-même de la terrible maladie dont ses deux fils avaient ressenti les attein-

---

[1] Nous l'avons vu, dans ses lettres, faire plus d'une fois allusion à ces témoignages d'intérêt de la part de la Reine. Celle-ci vantant devant le cardinal de Fleury l'héroïque résolution de notre ambassadeur, lorsqu'on ne connaissait encore que son départ de Copenhague, le cardinal, qui n'avait qu'une médiocre sympathie pour l'ancien membre de la Société de l'*Entresol,* répondit assez sèchement : « Il hasarde sa vie et sa fortune. — Oh! pour sa fortune, reprit la reine, je m'en charge, quelle que soit l'issue. » *Mémoires du marquis d'Argenson,* t. I, p. 194. — *Le Comte de Plélo,* par le marquis de Bréhan, p. 15.

tes, son premier soin, dit la Vieuville, fut de re-
commander au comte de Mauron les restes de ce
qui lui avait été si cher.

« Comme je me vois, lui écrivit-elle, attaquée de la
petite vérole, et que c'est une maladie dont les suites
sont très-douteuses, trouvez bon, Monsieur, qu'en cas
de malheur je vous recommande les enfants d'un fils
qui vous a toujours tendrement aimé et respecté. Il n'a
malheureusement pas eu le bonheur de vous faire connoître tout ce qu'il valoit... Ne refusez pas aux gages de
l'amour légitime et profond que nous avions l'un pour
l'autre l'amitié paternelle que vous deviez à ses vertus.
Je quitterai cette vie sans peine, persuadée que vous
recevrez favorablement mes justes prières, et que vous
me ferez la grâce de croire que j'emporte avec moi les
sentiments de respect que je vous dois et dont j'ai fait
profession toute ma vie. »

Ces pressentiments d'une fin prochaine, ajoute la
Vieuville, ne trompaient pas madame de Plélo :

« Malgré tous les soins de ses amis qui s'étoient ren-
fermés avec elle, elle expira le 3 mars 1737, les yeux
fixés sur le portrait de celui qu'elle désiroit depuis si
longtemps rejoindre... Je ne puis sans fondre encore en
larmes me rappeler ce trop cruel moment où, me donnant sa main, et me priant de me charger de tous les
papiers de M. de Plélo, elle me dit un éternel adieu. »

Ainsi se termine le triste récit du Chevalier. On n'y reconnaît guère le commensal joyeux du Palais-Royal et de l'hôtel de Parabère, le camarade de garnison du jeune comte de Plélo à Metz, le témoin des premières années de son mariage. La perte de son ami, la vue de sa veuve inconsolable, peut-être des mécontentements personnels[1], ont assombri ses tableaux et prédisposé son esprit à de certains soupçons, sans néanmoins ôter à son témoignage l'intérêt et la confiance qu'il mérite sur les faits dont il a été bien instruit.

Ajoutons aux détails donnés par la Vieuville que la comtesse de Plélo mourut de la petite vérole le neuvième jour de sa maladie, dans la communauté du Bon-Pasteur, à Paris, où elle occupait un appartement[2]. Le seul fils survivant de son mariage,

---

[1] Devenu au mois d'août 1733 sous-lieutenant de la compagnie des gendarmes bourguignons, il se démit de ce grade et quitta le service en 1734. Le passage suivant d'une lettre de Plélo donne à entendre que cette retraite fut accompagnée de circonstances désagréables : « L'aventure du chevalier de la Vieuville m'a fait une vraie peine. Il est mon ami depuis près de vingt ans, et certainement il n'a point mérité qu'on en usât avec lui d'une manière si désobligeante. Toute ma consolation est que cela le rend à la liberté, et qu'il pense assez juste pour en connoître le prix. » Lettre à l'abbé Alary, du 20 avril 1734.

[2] *Mercure de France*, mars 1737, p. 640.

Théodore-Cerbonnet de Bréhan, comte de Plélo, avait quatorze ans lors de la mort de sa mère. Le roi lui avait promis la survivance du premier régiment vacant, mais il mourut lui-même un an après, en février 1738, au collége de Louis-le-Grand, où il faisait ses études [1]. Il ne resta de ces nombreux enfants qu'une fille : Louise-Félicité de Bréhan de Plélo, mariée le 30 juillet 1740 à Armand-Emmanuel du Plessis de Richelieu, duc d'Aiguillon. Elle fut dame du palais de la reine Marie Leczinska, et mourut à Rueil le 27 juillet 1796 [2].

Il nous reste à indiquer quelques événements publics ou privés qui furent la conséquence ou la suite de la mort du comte de Plélo. Et, d'abord, ces secours tant promis, et sur la foi desquels tant d'hommes de cœur avaient hasardé leur fortune et leur vie, ces secours — avons-nous besoin de le dire? — n'arrivèrent pas. On ne vit ni la flotte française, ni Duguay-Trouin qui, dit Voltaire, comptait bien se mesurer avec les maîtres de la mer, et qu'on laissa rongeant son frein à Brest, où on lui fit successivement équiper, puis désarmer dix vais-

---

[1] *Zedlers Universal Lexicon.* Leipzig, 1741, in-f°, t. XXVIII, p. 798.

[2] *Généalogie de la maison de Bréhan,* p. 102.

seaux[1]. Rien, suivant nous, ne fait tant d'honneur
à ce brave marin que la croyance universelle,
obstinée, reproduite à satiété dans les documents
de toute nature qui nous ont passé sous les yeux,
que lui seul pouvait sauver la situation, qu'il allait
venir, qu'il était impossible qu'il ne vînt pas. Amis
et ennemis, tous le nommaient dans leurs craintes
comme dans leurs espérances, et le ministre de la
guerre, d'Angervilliers, dans une note confidentielle, raturée et presque illisible, comme s'il avait
honte de laisser voir toute sa pensée, exprimait bien
cette attente générale, en même temps qu'il lui
donnait un cynique et cruel démenti.

« Il faut, disait-il, que M. de Monti *se désabuse de*
M. Duguay-Trouin, attendu que les Anglois pourroient
le suivre dans la Baltique, et qu'il ne seroit pas sûr de
revenir[2]. »

Plélo, qui ne pouvait pas croire à ces ménage-
ments pusillanimes, fut un des derniers à se désa-
buser de Duguay-Trouin, car deux jours avant sa
mort il lui adressait encore une lettre que nous nous

---

[1] *Biographie bretonne*, Brest, 1852, t. I, p. 620, article *Duguay-*
Trouin, par Charles Cunat.

[2] Note sur une dépêche de M. de Ségent, du 28 mai 1734.
Archives de la guerre.

reprocherions de ne pas citer, bien qu'elle revienne sur des faits déjà exposés par nous; mais il nous a paru que cet appel suprême d'une âme courageuse à un cœur digne de la comprendre était trop caractéristique pour n'être pas conservé à l'histoire.

A Monsieur,

Monsieur Dugué-Troüin, lieutenant général des armées du Roy, commandant l'escadre de Sa Majesté dans la Baltique,
à son bord.

« Au fort de la Münde, le 25 may 1734.

« En cas, Monsieur, que le capitaine Berthe, porteur de la présente, vous rencontre en chemin, je le charge de vous aller aborder pour vous informer d'avance de ce qui se passe ici. Nous y débarquâmes hier sans aucune opposition, et nos troupes sont campées dans le Fahrwasser, en attendant des ordres du roi de Pologne pour aller plus loin. Quant aux cinq vaisseaux de guerre, ils sont allés croiser vers Pilaw pour empêcher les Russes de recruter leur artillerie. Pour vous, Monsieur, si vous avez des troupes à bord, comme je l'espère, vous ne sauriez trop vous hâter de venir les débarquer à la Münde, et en général vous devez toujours vous montrer à la rade de Dantzick, cela ne pouvant que faire un grand effet; ne faites d'ailleurs aucun fonds sur toutes les nouvelles qu'on pourra vous dire de la prise de Dantzick et de la défaite de nos troupes. Ce sont des ruses ordinaires aux Moscovites...

« Au reste, Monsieur, je serai charmé de trouver cette occasion de renouveler connoissance avec vous, et de vous témoigner moi-même avec combien d'estime, de considération et d'attachement j'ai l'honneur d'être, Monsieur, votre très-humble et très-obéissant serviteur.

« Le comte DE PLÉLO. »

Non-seulement, comme nous venons de le dire, nul secours ne vint de France pour grossir le petit nombre des défenseurs de Stanislas, mais ses ennemis croissaient à mesure que notre inertie devenait plus certaine; le corps saxon était enfin entré en ligne, et Monti pouvait écrire le 18 juin :

« La flotte russe nous est tombée sur les bras au moment où nous avions lieu d'espérer la nôtre. »

Dantzick capitula le 9 juillet 1734, après cent trente-cinq jours de siége; le roi Stanislas s'échappa de la ville sous un déguisement et regagna la France après une nouvelle série d'aventures qu'il a lui-même décrites dans une *Lettre* souvent citée par nous. Le comte de Monti, sans égard pour son caractère d'ambassadeur, fut emmené prisonnier à Thorn, ainsi que le Primat, le Maréchal de la Diète et les autres partisans de Stanislas [1]. Mais les restes

---

[1] On assure que les ministres de Russie auraient dit que, puisque la France avait des ambassadeurs qui se battaient, elle ne devait pas

du petit corps français renfermé dans le fort de Weichselmunde, et qui, décimé par les combats, les privations et les maladies, ne s'était rendu qu'après une vigoureuse résistance, obtinrent une capitulation honorable, et, transférés en Russie, furent traités avec égards et échangés plus tard contre l'équipage d'une frégate russe capturée par M. Desgouttes [1]. Quant à Plélo lui-même, amis et ennemis ne purent lui refuser leur admiration. On lit dans une lettre de M. de la Noue au Ministre (1er juin) :

« Il m'est revenu de bon endroit que le roi de Danemark avoit parlé avec de grands éloges de l'embarquement de M. de Plélo, même jusqu'à dire qu'une telle action est la plus grande marque qu'un ministre également fidèle, brave et dévoué pût jamais donner de son zèle pour la gloire de son souverain et de sa patrie. »

La Vieuville enregistre un témoignage de sympathie plus précieux encore :

« Je dois, dit-il, à la mémoire d'un ami de déclarer

se plaindre de les voir traiter avec la rigueur des lois de la guerre.

Monti, arrêté avec son secrétaire Tercier, fut retenu dans une captivité rigoureuse qui ne dura pas moins de dix-huit mois. Il fut fait chevalier des ordres du roi en 1737, et mourut à Paris en 1738, âgé de cinquante-quatre ans. FLASSAN, *Histoire de la Diplomatie française*, t. V, p. 72 et suivantes.

[1] Tous ces faits sont racontés en détail dans le *Journal historique de la campagne de Dantzick*.

ici que la grandeur d'âme qui le conduisit sous les murs de Dantzick, et que quelques François ont osé traiter d'imprudence, d'autres de folie, a fait l'admiration des peuples du Nord. Son nom y est encore en vénération. La feu czarine [1] voulut avoir son portrait et l'a conservé dans son appartement tant qu'elle a vécu. »

Cette admiration que les étrangers témoignèrent alors pour le comte de Plélo, la France ne refusera pas de la ratifier aujourd'hui qu'un siècle et demi, écoulé dans l'intervalle, a plongé dans un profond oubli les passions hostiles, en même temps qu'il a permis de demander aux archives publiques et privées les titres qui recommandent ce nom éteint sur les pages du Livre de la Noblesse, mais digne de vivre dans celles de l'histoire.

On voit encore aujourd'hui dans la chapelle de Saint-Bihi, paroisse de Plélo, près de Saint-Brieuc, le tombeau du comte de Plélo que se sont transmis, avec son héritage, les familles d'Aiguillon et de Chabrillan. On y lit cette inscription, qui trahit une plume amie et lettrée, et que nous reproduisons d'après la *Généalogie de la Maison de Bréhan :*

   « *Virtuti sacrum et honori Lud. Robert. Hippolyti de*

____
[1] Anne Ivanowna.

Brehan, Comitis de Plelo, qui fuit Johannis Alm. de Brehan, Comitis de Mauron, filius. Ludovicæ Phelipeaux de la Vrillière amantissimæ uxoris conjux amantissimus. Militum equipeditum tribunus, pacatâ Europâ, militiâ otiosâ cessit qui paci conservandæ operam daret. Legatus ad Fredericum Daniæ regem, cum iniqua factio Moscovitarum sustentata viribus Stanislaï Poloniæ regis ancipitem faceret coronam, solâ jussus virtute, non cessit quin generosissimæ et fidelissimæ urbi regique periclitanti succurreret. Ex oratore dux factus, milites ære proprio conduxit, mare pervolavit certiorem mortem, dubiam victoriam prædiceret. Rerum necessitate et Gallici nominis gloriâ citus, hostes duplici aggere cinctos aggreditur, primoque superato, dum in alterum irruit, eheu! eheu! variis telis perfossus morte sublatus est. Vir morum comitate simplex, bonarum artium cultu eruditus, animi indole philosophicus, fortitudine heros, hostibus ipsis desideratus, occubuit An. vulg. M.DCC.XXXIV. *Æt.* XXXV.

« Sparge lauris sepulcrum, viator, et benedic nomini Armorico. Hic quoque in mortui patris sinu recubant Frederici filii infantuli graciles artus, sinu quo exorti erant. Quam post mortem reversi lauris adde rosas et lilia, viator ! »

A côté de cet hommage purement privé, rendu par la famille à une chère mémoire, nous avons entrepris d'élever, à l'adresse du public cette fois, un monument d'un autre genre, auquel, à défaut d'une mise en œuvre digne du sujet, n'auront manqué ni les matériaux précieux, ni le choix d'un héros vraiment digne de ce nom. Nous le dédions à la France qui n'a pas trop de toutes ses gloires passées pour se consoler des tristesses du présent et pour prendre confiance dans l'avenir.

FIN.

TABLE DES MATIÈRES

FIN DE LA TABLE.

PARIS. TYPOGRAPHIE DE E. PLON ET Cⁱᵉ, RUE GARANCIÈRE, 8.

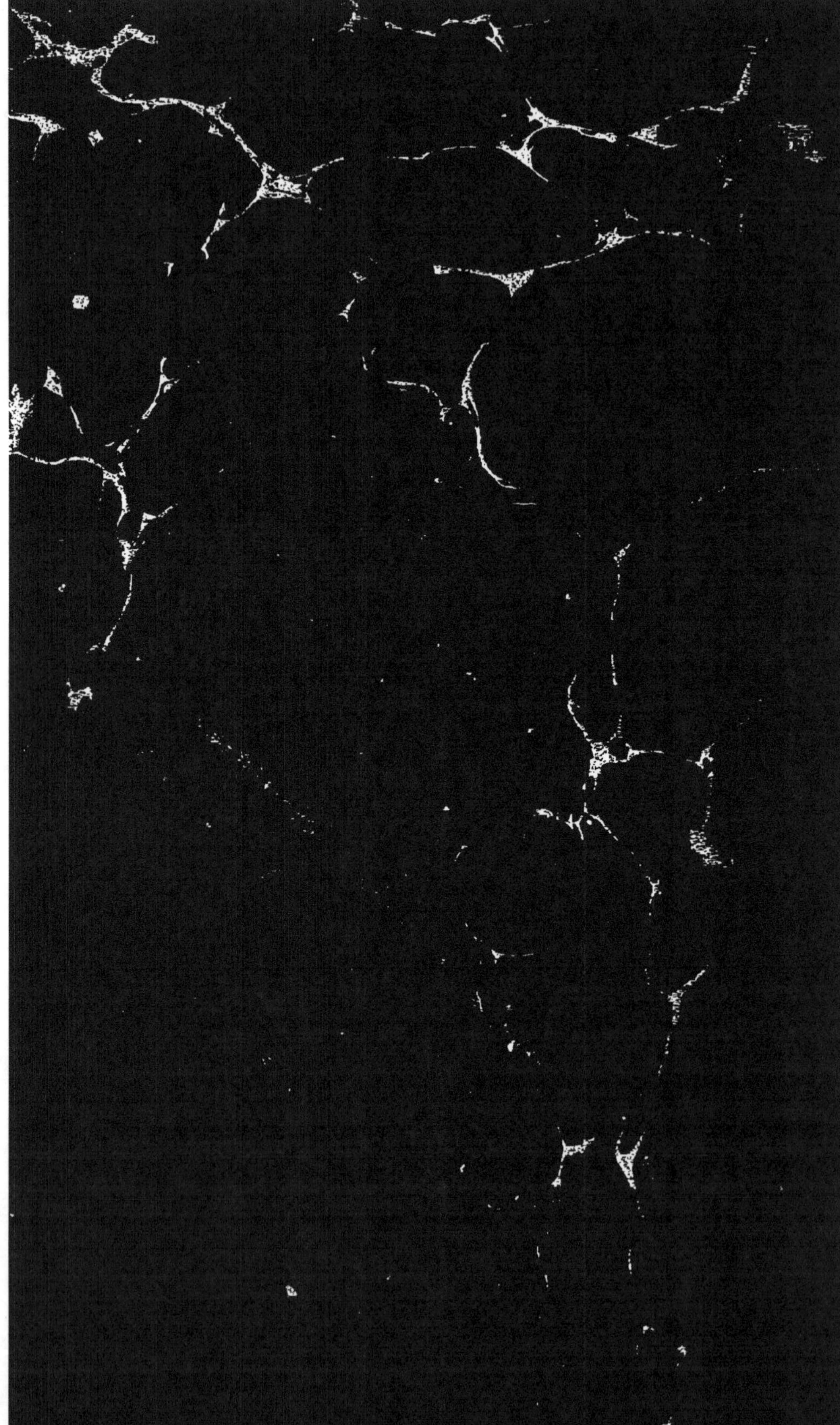